本书出版得到"中央高校基本科研业务费专项资金"资助

（Supported by "the Fundamental Research Funds for the Central Universities"）

本体论的逻辑基础
——奎因逻辑观研究

阴昭晖 ■ 著

THE LOGICAL BASIS
OF ONTOLOGY:

A STUDY OF QUINE'S CONCEPTION OF LOGIC

中国社会科学出版社

图书在版编目（CIP）数据

本体论的逻辑基础：奎因逻辑观研究／阴昭晖著. — 北京：中国社会
科学出版社，2023.8
ISBN 978 - 7 - 5227 - 2316 - 7

Ⅰ.①本… Ⅱ.①阴… Ⅲ.①奎因（Quine，Willard Van Orman
1908 - 2000）—逻辑哲学—研究 Ⅳ.①B81 - 059

中国国家版本馆 CIP 数据核字（2023）第 140536 号

出 版 人	赵剑英	
责任编辑	朱华彬 李 立	
责任校对	谢 静	
责任印制	张雪娇	

出 版	中国社会科学出版社	
社 址	北京鼓楼西大街甲 158 号	
邮 编	100720	
网 址	http://www.csspw.cn	
发 行 部	010 - 84083685	
门 市 部	010 - 84029450	
经 销	新华书店及其他书店	

印 刷	北京君升印刷有限公司	
装 订	廊坊市广阳区广增装订厂	
版 次	2023 年 8 月第 1 版	
印 次	2023 年 8 月第 1 次印刷	

开 本	710×1000 1/16	
印 张	15.25	
插 页	2	
字 数	235 千字	
定 价	98.00 元	

凡购买中国社会科学出版社图书，如有质量问题请与本社营销中心联系调换
电话：010 - 84083683

序

奎因是 20 世纪美国最主要和最重要的哲学家，也是 20 世纪以来世界最重要的哲学家之一。他的观念、思想和著作，对 20 世纪的哲学以及之后的哲学，都产生了重大而深远的影响。国内外关于奎因的研究一直在进行。

奎因有两个非常显著的特点。其一，他是逻辑学家，但是他的逻辑工作主要不是体现在逻辑体系和理论方面，而是体现为使用逻辑理论和方法进行哲学研究。其二，他是著名哲学家，却写了好几本逻辑教材，其中《逻辑方法》成为当时最畅销的逻辑教材。奎因本人非常重视他的逻辑教材，直言喜欢它们胜过了他的名著《语词和对象》。遍数 20 世纪以来的哲学名家，大概只有奎因是这样的。他的逻辑教材，对一阶逻辑的普及，对人们提高对现代逻辑观念的认识，对美国哲学的发展都起到了实际的、积极的作用。奎因对经典逻辑和非经典逻辑的区别，对一阶逻辑和模态逻辑的区别，澄清了人们在逻辑观念和基础理论方面一些模糊理解，也提高了人们的相关认识和能力。奎因取得的哲学成果，无论是经验论的两个教条、本体论承诺，还是翻译的不确定性、整体主义，以及真即去引号、语义上溯等，都为人们树立了使用逻辑理论和方法进行哲学研究的典范。

本书以奎因的逻辑思想为对象展开深入研究具有理论意义和现实意义。就理论意义而言，本书细致探讨了奎因逻辑思想的发展过程，特别是讲述了奎因一开始认为逻辑包括集合论，后来认为集合论不是逻辑的思想变化过程，这就说明，奎因关于什么是逻辑，什么不是逻辑的认识，有一个思想发展和演变的过程。而他认为一阶逻辑是逻辑，而模态逻辑不是逻辑，以及他对这一问题的讨论，包括与同时代逻辑学家和哲学家们的相互批评和争论，既有思想基础，又是深入研究和讨论的产物。尽管本书聚焦于奎因的逻辑思想，但实际上也呈现了当代许多哲学家和逻辑学家对相关问题的认识。这是纯粹的理论性探讨，是具有普遍意义的。就现实意义而言，本书讨论了奎因的逻辑理论和方法是如何应用到哲学问题的研究和讨论之中的这一重要问题。试图以此表明，一些重要的哲学问题是可以通过逻辑的理论和方法来说明的，而且只有通过逻辑的理论和方法，一些哲学问题才可以得到说明。

本书的构思和写作都受到了清华大学王路教授的指导。王路教授是国内著名的哲学家、逻辑学家，也是笔者在清华大学时的博士生导师。王路教授以弗雷格哲学研究见长，但他对奎因、达米特、戴维森等哲学家的思想也都有深入研究。在本书的写作过程中，笔者曾与王路教授围绕奎因学说做过多次讨论（其中部分内容以对谈的形式收录在本书的附录部分）。笔者认为，王路教授关于奎因以及西方哲学与逻辑的看法是可靠而具有建设性的，非常值得国内学界重视。

本书也受益于中国政法大学终身教授李德顺先生的指教。德顺先生是国内享有盛誉的哲学家、思想家，也是笔者在法大的博士后合作导师。笔者在法大期间的学习和科研等都有幸得到德顺先生的支持和帮助。德顺先生曾发起对一些关键哲学概念的中外文互译的研讨会，对"本体论""主体性"等哲学概念的翻译和理解做了深入的探讨。

此外，感谢清华大学人文学院的刘奋荣教授、中国社科院哲学所的刘新文研究员、中国人民大学哲学院的余俊伟教授，他们都审阅了本书的初稿并提出了宝贵的修改建议。

阴昭晖　谨识

目 录

第一章　引言

第一节　选题背景

一　奎因及其哲学与逻辑

威拉德·冯·奥曼·奎因（Willard van Orman Quine）被公认为是 20 世纪最有影响力的逻辑学家和哲学家之一。[①] 奎因有着漫长的学术生涯，从 1930 年进入哈佛大学哲学系攻读博士学位为始，至 2000 年在波士顿逝世为止，在长达 70 年的学术研究中，奎因笔耕不辍，在哲学的众多领域都有所涉及，产出了丰富的哲学论著，其中很多原创性的哲学观点被当作相关研究领域的学术常识和耳熟能详的理论口号。其实，在现代西方哲学中有所谓的弗雷格—罗素—奎因传统，这一传统中既包含了对现代逻辑的技术和方法的创立、继承和完善；也包含了使用现代逻辑的技术和方法，来分析和解决一些特定的哲学和数学问题的研究进路。奎因在这两方面都作出了重要的贡献：奎因完善了现代逻辑的技术和方法，改进和优化了当时被广泛接受的罗素式的逻辑的形式的表述方式，使后者变得更为简洁和有效。此外，奎因还利用数理逻辑的方法重新阐述和分析了本体论和认识论等传统的哲学问题，使它们获得了新的活力，可以说正是奎因的研究真正

[①] 奎因（也被译为"蒯因"）（1908 年 3 月 25 日—2000 年 12 月 25 日），生于美国俄亥俄州，父亲为企业家，母亲为教师，早年在俄亥俄州的奥柏林学院（Oberlin College）学习数学，后转入哈佛哲学系跟随怀特海学习逻辑和数学。此后，除了在"二战"期间在美国海军服役 3 年外，奎因一直在哈佛哲学系从事学术活动。

开启了形而上学的当代复兴。

在奎因的逻辑和哲学思想中始终都秉持着一种逻辑的观念，这种逻辑的观念不仅塑造了奎因的研究方法和研究取向，更重要的是，这种逻辑的观念也贯穿于奎因所有重大逻辑和哲学问题的思考和论证当中，为它们提供了坚实的基础。可以说，奎因的整个理论体系都是建立在该逻辑的观念之上的。所谓逻辑的观念，简言之，就是对逻辑是什么这一问题的解答。其中具体包括了逻辑的性质、特征和研究对象等主题。基于不同角度或立场，会形成不同的逻辑观，如从逻辑理论的历史角度会有：传统逻辑观和现代逻辑观；从逻辑哲学角度会有：实在论逻辑观和非实在论逻辑观等。但是，不同于上述角度，本书采用逻辑的内在机制为研究视角，逻辑的内在机制指决定逻辑这门科学得以产生和发展的东西，而且这种东西在逻辑的产生和发展过程中必然是贯穿始终的，去掉这些东西逻辑就会名存实亡。这就是说，本书所讨论的主题——奎因逻辑观——就是从逻辑的内在机制的角度，去论述和分析奎因关于逻辑是什么这一主题的相关理论和观点。我们认为，尽管奎因在不同时期对逻辑的表述和理解有所区别，但是他始终都秉持着一种逻辑的观念，即逻辑就是带等词的一阶逻辑。

奎因逻辑观并非一个孤立的和特有的观点或理论。我们认为，奎因坚持的逻辑与亚里士多德坚持的逻辑就是"必然地得出"以及弗雷格（Friedrich Ludwig Gottlob Frege）坚持的"真为逻辑指引方向"，尽管它们的表述方式和内容不尽相同，但是它们所具有的逻辑的思想是一脉相承的，所呈现的逻辑的观念也是一以贯之的。这体现在两方面。

第一，奎因逻辑观是建立在现代逻辑理论基础上的。如果以1932年奎因完成其博士论文为时间节点的话，在此之前现代逻辑已经经历了一个从诞生到完善的发展历程。现代逻辑的思想肇始于莱布尼茨（Gottfried Wilhelm Leibniz），莱布尼茨通过对亚里士多德的传统逻辑的深入研究后，认为应该推理建立一种"普遍语言"，当我们发生争论时就可以使用这种语言进行"理性演算"，消除推理中的歧义。尽管莱布尼茨的这种设想并没有被实现，但是在他的思想中蕴含着两个重要的现代逻辑的概念：

普遍语言和理性演算。1879 年弗雷格的《概念文字——一种模仿算术语言构造的纯思维的形式语言》的出版标志着现代逻辑的诞生。弗雷格在这本书中真正构造了一种形式语言，并且用它建立了一个谓词演算系统，基本实现了莱布尼茨关于逻辑演算的梦想。弗雷格的工作对于现代逻辑具有开创性的意义。然而由于弗雷格把逻辑中的真这个语义概念看作自明的，在弗雷格那里并没有产生逻辑语义学的形式化研究。弗雷格之后直到 20 世纪的前 30 年，现代逻辑的研究不断完善。其间 1913 年出版的罗素（Bertrand Arthur William Russell）和怀特海（Alfred North White-head）的《数学原理》（Principia Mathematica）改善了弗雷格的谓词演算系统中的记号方式，使得现代逻辑演算变得简便和易书写；1921 年命题演算系统的一致性和完全性最早被波斯特（Emil Post）等人证明，到 1928 年谓词演算系统的一致性又被希尔伯特（David Hilbert）和阿克曼（Wilhelm Ackermann）所证明，1929 年哥德尔（Kurt Friedrich Gödel）证明了一阶谓词演算系统的完全性，第二年哥德尔又证明了皮亚诺算术系统的不完全性，1933 年塔斯基（Alfred Tarski）发表的波兰语论文中最早给出了真之语义学定义，至此现代逻辑的形式语义学得以真正确立。这些现代逻辑的成果都为奎因逻辑观提供了理论基础和发展方向。

第二，奎因逻辑观也继承了传统逻辑的思想成果。亚里士多德是逻辑学的创立者，虽然他并没有使用"逻辑"这个词，但其逻辑思想被后人编入了《工具论》中。亚里士多德建立了三段论系统以及四谓词理论等传统逻辑的主要内容。亚里士多德通过这些研究，实际上刻画出了一个从真前提推导出真的结论的形式论证的推理结构，这充分体现出了作为一种科学的逻辑学所具有的独特的研究方式，这一研究方式被亚里士多德归纳为"必然地得出"，① 这也是亚里士多德所坚持的逻辑的内在机制。斯多葛学派（Stoicism）在亚里士多德逻辑的基础上，研究出了命题逻辑（或句子逻辑）的推理结构以及排中律等基本逻辑规律。这些传统逻辑的成果构成

① 王路：《逻辑的观念》，商务印书馆 2016 年版，第 16 页。

了奎因逻辑观的历史样本和知识谱系，它们所论述的逻辑的内在机制也同样在奎因逻辑观中得到充分的体现。

二 逻辑观：一元论与多元论

（一）逻辑观的发展

针对任何理论问题的解释和回答都会呈现出不同的理论建构。逻辑观的分歧往往以一种二分法的形式表现出来：逻辑一元论（Logical Monism）与逻辑多元论（Logical Pluralism）。简而言之，逻辑一元论坚持有且仅有一种正确的逻辑；与此相反，逻辑多元论则坚持正确的逻辑不止一种而有多种。一元论与多元论的逻辑观分歧属于元逻辑问题，它涉及逻辑与世界的关系，逻辑与我们对世界的认知的关系，以及逻辑与我们基于语言的推理实践的关系等，也牵涉到逻辑本身的本体论特征和认识论地位。因而通过一元论和多元论逻辑观的研究有助于进一步深入理解逻辑的基本理论。

通过本书的分析可知，奎因逻辑观认为只有带等词的一阶逻辑才是逻辑。即按照奎因的观点，带等词的一阶逻辑是唯一正确的逻辑。可见，奎因逻辑观是典型的逻辑一元论。然而，被奎因在理论上反复批判的一阶逻辑或经典逻辑之外的各种逻辑系统，以及逻辑多元论所坚持的"有多种不同的且正确的逻辑"，似乎也有十分充足的现实合理性。因为从某种程度上看，其就是对当代逻辑发展中显而易见的事实的实然描述（陈波，2018）。我们建构了许多不同的经典逻辑系统，也构建了更多的经典逻辑的扩充系统，如模态逻辑、道义逻辑和认知逻辑等，还有经典逻辑的变异系统，如相干逻辑、直觉主义逻辑、次协调逻辑和多值逻辑等。这些由逻辑学家和数学家所构造的逻辑系统，几乎都有严格的语义理论，很多也都具有很好的可靠性和完全性这样的元逻辑性质，并且在一些重要的实践领域内都有成功的应用，如法律逻辑和人工智能逻辑等。可以说这些都是不同的逻辑，也都是正确的逻辑。尤其是当我们试图对传统理论领域（如分析哲学和基础数学等）之外的实践领域的推理关系作刻画时，经典逻辑的解释力和语言表达力往往表现出了很大的限制。那么我们该如何理解和看待一元论和多元论逻辑观分歧呢?

这部分将梳理一元论与多元论的核心论题和根本分歧,以及双方的典型观点和论证,如:什么是逻辑?什么是逻辑的正确性?正确的逻辑有一种还是多种?并且基于这些分析,我们认为,从一元论到多元论可能代表着逻辑观的一种实践发展的取向,即借助各种逻辑技术和理论去刻画和解释各种实践领域中的推理现象。在这种发展取向下,多元论逻辑观具有了一个相对优势,即可以"合法"地使用多种逻辑手段以达到尽可能有效地刻画一些具体领域的推理实践的目的。

通常我们都要求说话写文章符合逻辑,但往往并不会深究细说符合的是哪种逻辑,而默认只有一种逻辑。这种逻辑是什么呢?一般而言,它最基本的一条要求就是所说与所写一致自洽,即满足不矛盾律。其他的内容还包括,观点清楚鲜明、不含糊,即满足排中律;概念明确、论题确定,即满足同一律;内容前后相关、理由能支撑结论,即满足充足理由律。不矛盾律、排中律、同一律以及充足理由律是逻辑的四大基本规律。这些逻辑规律是任何论证都需要遵循的(余俊伟,2019)。逻辑一元论所坚持的那个唯一正确的逻辑往往包含了上述基本逻辑规律的经典逻辑。然而,逻辑多元论所认可的各种非经典逻辑系统也并非简单地完全否定上述基本规律。那么一元论和多元论的具体分歧究竟体现在哪些方面呢?一般而言,针对是否存在着一种唯一正确的逻辑,往往会产生三种典型的看法。(1)逻辑一元论认为有或者至少可能有一种唯一正确的逻辑;逻辑多元论认为存在着彼此不同的多种逻辑且在某些程度上都是正确的。(2)多元论还可以进一步细分为整体多元论与部分多元论,前者认为多种正确的逻辑普遍适用于所有领域或任何内容的推理,后者认为多种正确的逻辑分别适用于不同的专名领域或逻辑系统的正确性是相对于特殊的论域而言的。(3)逻辑工具论则认为不存在任何"正确的"逻辑,逻辑只是用来处理某些问题的工具,只有是否高效方便的问题,而没有正确与否的问题。可见,逻辑工具论认为"正确性"对于逻辑或逻辑系统而言是无意义的,而一元论和多元论则都承认讨论逻辑的正确性是有意义的。苏珊·哈克(Susan Haack)把上述三种逻辑观概括为下图①：

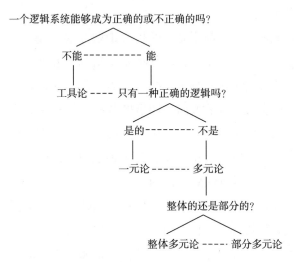

一个逻辑系统能够成为正确的或不正确的吗？

不能 --------- 能

工具论 ---- 只有一种正确的逻辑吗？

是的 -------- 不是

一元论 ------ 多元论

整体的还是部分的？

整体多元论 ----- 部分多元论

从表面上看，一元论对"逻辑"的理解狭窄一些，多元论对"逻辑"的理解宽泛一些，但是问题的关键并非在此。实际上，一元论与多元论涉及了逻辑的本体论与认识论方面的多个问题，围绕它的讨论也成为西方哲学界和逻辑学界的热门话题之一（陈波，2018），国内外一些学者对此话题也都有专门研究。

一元论者一般认为经典逻辑及其扩充与其他的变异逻辑构成竞争关系：要么经典逻辑是正确的，要么变异逻辑是正确的。

奎因（Quine）作为一元论的最著名代表，也可以说是多元论的最坚定反对者。在他的论著中始终十分明确坚定地坚持着一元论逻辑观：逻辑就是带等词的一阶逻辑，只有带等词的一阶逻辑才是唯一正确的逻辑。相反，集合论、高阶逻辑、模态逻辑和命题态度词逻辑等都不是逻辑，而是一些特别的理论。其他的变异逻辑，如直觉主义逻辑、相干逻辑和多值逻辑等，由于改变了逻辑词项的意义，也就改变了主题，因此也都不再是逻辑。而达米特（M. Dummett）则认为经典逻辑存在着错误，只有直觉主义逻辑才是唯一正确的逻辑。

刘壮虎（1999）使用领域语义学对蕴含关系作了刻画后，提出了他认

---

① ［美］苏珊·哈克：《逻辑哲学》，罗毅译，商务印书馆2003年版，第277页。

可的一元论观点：推出关系只有一种，因而从逻辑是研究推出关系的意义上说，逻辑只有一个，不同的逻辑系统的区别仅在于它们研究的是不同的命题算子。因为"一个可能世界上为真的条件可以是不同的，但它们的有效性的条件都是相同的。而推出关系是由蕴涵的有效性刻画的，所以推出关系只有一个"①。

逻辑多元论成立的一个基本前提，是在日常生活中我们能够使用自然语言对各种问题作出非形式论证，对这些论证的正确与否都能作出基本分辨，只是所依据的标准是直观的甚至模糊的和歧义的，它们成为逻辑学家进行论证的形式构造的空间。因此，不同的逻辑学家对系统之外的非形式论证的有效性理解不同，也就构造出了不同的逻辑形式系统。这些不同的逻辑系统都只有某种程度的正确性，但又不是完全的绝对的正确，不同的逻辑系统适用于处理我们日常思维中的不同方面的论证和推理。

卡尔纳普（Carnap）被认为是多元论的支持者，在《语言的逻辑句法》中，他提出逻辑是语言的规则，但语言的这种规则或逻辑构造不可能是唯一的。在多种逻辑之间无须区别哪个逻辑是唯一正确的，只需要根据"宽容原则"按照自己的语言框架建立相应的逻辑或句法规则即可。可见，按照卡尔纳普的观点，逻辑的多元性和多样性来自我们对语言框架选择的多元性和多样性，不同的语言就有不同的逻辑。

毕尔（J. C. Beall）和雷斯托（G. Restall）陆续发表了一系列论文阐述多元论思想，还共同出版了一本专著《逻辑多元论》（2006）。他们在认可卡尔纳普以"宽容原则"为多元论辩护的恰当性的基础上，提出了自己的多元论论证方案（之后对多元论的讨论将以他们的论证为主）。

陈波（2018）详细分析了支持逻辑多元论的四个主要论证，以及质疑了多元论的两类论证之后，认为逻辑多元论并不够清晰以至于不是一个可以严格辩护的立场。逻辑多元论目前的支持性论证太弱，说服力很差；逻辑多元论有很多严重的理论困难需要去克服。

余俊伟（2019）认为应该区分出两种不同的层次来看待逻辑多元

---

① 刘壮虎：《逻辑系统中的蕴涵》，《逻辑今探》，社会科学文献出版社1999年版，第58—64页。

论。第一层次的多元论是基于对"真"这一概念的理解的分歧而来的，即从不同的"真"的概念出发，会获得不同的逻辑观。第二层次的多元论则是从应该如何采用当代逻辑研究范式去刻画正确推理而展开的。众多非经典逻辑即属于第二层次的多元论。余俊伟坚持第二层次的多元论是不争的事实，并且在这一层次上的多元论可以消解与一元论的争论。真正有争议的是第一层次上的多元论，它是形而上学之争，难以消解甚至不可消解。

（二）什么是逻辑

逻辑通常被理解为研究前提和结论之间的推理关系的科学。由亚里士多德开创的传统逻辑借助自然语言来研究非形式推理关系。现代逻辑产生后，逻辑具有了更加鲜明的理论特征：遵循弗雷格开创的路线，凭借对形式语言的句法规范、语义解释以及句法和语义的相互关联的研究来刻画某些领域的推理关系。

在现代逻辑中，推理关系被进一步明确为"后承关系"。可以从句法和语义角度来看后承关系。句法后承是指在某个形式系统中，从一个公式集 $\sum$ 中，根据该系统的一些推导规则得到的新公式 α，它就叫作该公式集的"句法后承"，用 $\sum \vdash \alpha$ 表示。后承关系其实更多地表示为"语义后承"，也被称为"逻辑后承"（logical consequence）。假设 $\sum$ 是一个语句集，α 是一个语句，若任何一个解释使得 $\sum$ 中的任意语句都为真，则必定也同时使得 α 为真，那么就称 α 是 $\sum$ 的语义后承，用 $\sum \models \alpha$ 表示。

毕尔和雷斯托就主张用后承关系来界定逻辑，不同的后承关系意味着不同的逻辑，进而以此来支持逻辑多元论。"逻辑是关于后承的。逻辑后承是逻辑核心。"在毕尔和雷斯托看来，一个合格的逻辑后承关系应该具备以下四个特征[1]。

一是保真性。毕尔和雷斯托用广义的塔斯基论题（GTT）来刻画后承关系的保真性，并且断言 GTT 是关于后承关系的"公认的核心要素"。

---

[1] Beall & Restall, 2006, p. 29。

GTT：一个论证是 x – 是有效的，当且仅当，在 x – 的每一个情形（case）中，若该论证的前提是真的，其结论也是真的。

GTT 是对逻辑后承关系具有保真性的模式表达，其中随着参数 x 的变化，会得到不同的后承关系。而一种后承关系就被视为一种逻辑。毕尔和雷斯托讨论了由三种不同的"情形"得到的三种不同的后承关系，进而得到的三种不同的逻辑。具体而言，当"情形"是塔斯基模型和克里普克可能世界时，必须是完全的和一致的（极大一致集），由此导致不同形式的经典有效性。当"情形"是情景（situation）时可以是不完全的和不一致的，导致相干的有效性；当"情形"是"一种构造性的担保"时，构造是一致的但有可能是不完全的，导致直觉主义的有效性。由此，可以得到对逻辑后承关系的三种不同刻画：经典的后承关系、相干的后承关系、直觉主义的后承关系（陈波，2018）。这也就有了三种不同的逻辑：经典逻辑、相干逻辑、直觉主义逻辑。

二是必然性。毕尔和雷斯托使用广义的莱布尼茨论题（GLT）对逻辑后承关系的必然性做了模式说明。

GLT：一个主张是必然 x 真的，当且仅当它在每个情形 x 中都为真。每个"必然 x"都意味着一种必然性。

因此，只要把情形 x 分别看作可能世界、我们所在的物理世界，或者到目前为止与我们相似的历史等，就可以分别得到形而上学的必然性、物理必然性，或者历史必然性。

三是形式性。逻辑后承关系对必然性的担保仅仅基于作为其前提和结论的逻辑形式。

四是规范性。"逻辑后承是规范性的。在一种重要的意义上，如果一个论证是有效的，那么若你接受其前提而拒绝其结论，则你肯定以某种方式犯了错。"[1] 换言之，逻辑被强调为我们在实践推理中都需要遵守的推理规范。

在毕尔和雷斯托看来，这四个特征"对于（逻辑学的）传统来说是至

---

[1] Beall, Jc & Restall, Greg, *Logical Pluralism*, Oxford, England：Oxford University Press. 2005, p. 16.

关重要的，关于逻辑的任何说明都必须考虑它们"① "我们认为，这一想法确定了所有候选的逻辑后承关系的某些但并非所有的特征"②。

尽管以后承关系来界定和区分逻辑被很多学者所认同，但是这种方式也存在着一些值得讨论的问题。例如，余俊伟（2019）认为，应该以逻辑学中的最基本概念来界定逻辑，而后承关系并非逻辑的最基本概念，因为后承关系是以更为基本的"真"这一概念为基础来建构的。并且人们对所依赖的"真"这个概念的观点并非一致。"使用一个自身含义不明确的概念定义后承关系，所获得的多种后承关系可能就不清晰、不完全的。"③ 人们先理解了"真"，然后借助真去说明后承关系。因此，"真"这个概念先于后承关系，界定某种逻辑后承关系是无法避开"真"这个概念的。亦即与其说是用不同的后承关系来界定逻辑，不如说是用不同的"真"概念来界定逻辑。并且弗雷格和罗素等现代逻辑的开创者都将"真"作为逻辑的最根本概念，提出"真为逻辑指引方向"。尽管人们一般都认可逻辑是研究后承关系的，而逻辑真只是后承关系的一种特例，"但是，从学科发展史来看，这种视角是欠妥当的，有本末倒置之嫌。这种视角割裂了逻辑与形而上学"④。

毕尔和雷斯托区分逻辑后承的目的是论证不同逻辑后承导致的逻辑多元论。而对逻辑多元论的辩护除了要明确区分逻辑的标准之外，还需要厘清另外一个重要问题，即什么是逻辑的正确性。

（三）什么是逻辑的正确性，正确的逻辑是一种还是多种

逻辑工具论者否定了讨论逻辑"正确性"的意义，他们认为不存在任何"正确的"逻辑，正确性对于逻辑而言是不适当的。他们只承认逻辑的"内部问题"，即一种逻辑系统是否一致与可靠的等问题；而不承认任何逻辑的"外部问题"，即一种逻辑系统是否正确地刻画了日常语言中的非形

---

① Beall，Jc & Restall，Greg，*Logical Pluralism*，Oxford，England：Oxford University Press. 2005，p. 14.

② Beall，Jc & Restall，Greg，*Logical Pluralism*，Oxford，England：Oxford University Press. 2005，p. 29.

③ 余俊伟：《不同层次的逻辑多元论》，《逻辑学研究》2019 年第 2 期。

④ Beall，Jc & Restall，Greg，*Logical Pluralism*，Oxford，England：Oxford University Press. 2005，pp. 12 – 13.

式论证，特别是逻辑系统是否可以正确地刻画世界和心灵的结构等问题。在逻辑工具论者看来，逻辑只是我们进行推理的工具，只有是否方便高效等问题，没有正确与否的问题。

逻辑多元论和一元论都认可逻辑的"正确性"是有意义的问题。它们都认为逻辑除了"内部问题"之外，还存在着"外部问题"，同时逻辑也与我们的自然语言有关、与我们用自然语言进行的推理实践有关，也与世界或心灵的结构有关。奎因曾强调，尽管逻辑理论极大地依赖于语言，但并不是面向语言而是面向世界的。用奎因的话说：真谓词维持了逻辑学家与世界的联系，世界乃是他的注意力之所在。吉拉·谢尔（Gila Sher）也曾论述："逻辑和所有其他知识分支一样也需要建基于心灵和世界之中""一个逻辑理论为了正确起见，它就必须把世界考虑进来。"为此，谢尔区分了逻辑层面、语言层面和世界层面，逻辑层面的后承关系借助于语言层面而刻画和反映了世界层面的一些结构、性质和规律。

多元论更多还是从实用主义的角度来考虑和理解逻辑及其正确性。如拉塞尔（Russell）就认为："如果一个形式系统可以被正确地称为'逻辑'，而'正确'的涵义是它有一定的用处，那么似乎很显然可以有不止一种正确的逻辑。例如，线性逻辑有计算机方面的应用，而直觉主义逻辑在构造性数学方面是有用处的。"[1]

库克（R. Cook）则对逻辑正确性的实用主义角度的理解作了更加专业的概括。他认为，逻辑的形式系统的作用是为自然语言建立模型，而模型总是现象的一种简化结构，因此，对于同一种语言可以存在几种相互竞争的模型，它们各自把握了这种语言的不同方面。因此在库克看来，模型的正确性是相对于个体的目标而言的，比如说，对于模糊性的研究，正确的逻辑可能是三值或多值逻辑；而如果研究同一性，则一阶逻辑可能是更恰当的。

哈克提倡一种整体多元论思想，她在《逻辑哲学》中对其作出了系统论证，并且认为逻辑的正确性源于逻辑系统的形式论证及其有效性对系统外的非形式论证及其直观有效性的刻画和规范。[2] 哈克论证多元论思想的关键在

---

[1] Russell, Q. , *Logical Pluralism*, Stanford Internet Encyclopedia of Philosophy. 2013.

[2] ［美］苏珊·哈克：《逻辑哲学》，罗毅译，商务印书馆2003年版，第272—284页。

于，区分出了系统内的有效性（形式有效性）和系统外的有效性（直观有效性），并且将它们与用符号语言表达的形式论证和用自然语言表达的非形式论证结合起来。按照哈克的观点，在这四个关键概念之间，形式有效性刻画和表征直观有效性，形式论证刻画和表征非形式论证，并且这种刻画和表征是由多种逻辑实现的，逻辑的正确性的很大一部分就源自这种刻画和表征。此外，形式论证依赖于形式有效性，非形式论证则依赖于直观有效性。

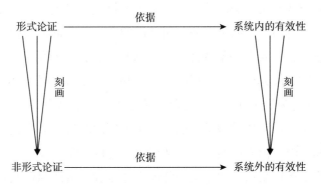

毕尔和雷斯托基于后承关系界定逻辑，并以不同的后承关系就意味着不同的逻辑来为多元论做辩护。他们提出逻辑多元论的观点："存在不止一种演绎后承关系。这种多元之所以产生不仅是因为有多种语言，而且在由一种语言所表达的断定种类当中也会产生多元。"① 可见，毕尔和雷斯托的多元论不同于卡尔纳普基于不同语言框架的多元论，前者强调在同一语言下也有多元的逻辑。其实以不同的逻辑后承或逻辑常项来界定和区分不同的逻辑的思想在塔斯基那里就出现了。塔斯基曾表示，在逻辑词汇和非逻辑词汇之间并没有截然分明的界限，把哪些词项当作逻辑词汇在很大程度上取决于我们的选择，这些不同的选择又会导致不同的后承关系②。但是，毕尔和雷斯托与塔斯基的不同之处在于，他们认为即使把逻辑词汇和后承关系的选择固定下来，仍然可以有逻辑多元论。他们论证了在一个单一的语言内，在对逻辑词汇的单一选择下，仍然有对 GTT 的多种可允许的

---

① Beall, Jc & Restall, Greg, *Logical Pluralism*, Oxford, England：Oxford University Press. 2005, p. 3.

② ［美］塔斯基：《逻辑后承的概念》，陈波主编《逻辑学读本》，中国人民大学出版社 2009 年版，第 357 页。

精确化方式，由此会在某些论证的有效性上产生不一致。

毕尔和雷斯托以及其他逻辑多元论者提出了一些论证方案试图证成或为逻辑多元论做辩护。例如，毕尔和雷斯托通过诉诸多元论的诸多优点为其辩护："优点之一是（承认）多种后承关系只有很小的代价，甚至不必付出任何代价。另一个优点是，多元论对哲学逻辑中的许多重要（但困难）的争论提供了比其他方式更为宽容的解释：我们会论述说，多元主义在结合20世纪许多逻辑辩论中发现的洞见和困惑的时候做得更为公正。"①此外，毕尔和雷斯托还通过以下方式为逻辑多元论辩护：以不同方式给出逻辑联结词的真值条件，就可以生成不同的逻辑。如我们可以给出直觉主义的或经典的真值条件，前者得到了构造的有效性概念，它比经典的有效性概念更严格，可以完全合理地应用于某些领域的推理实践。

但是，按照奎因的看法：逻辑词汇变化了，主题也就变化了。换言之，如果逻辑常项的意义发生了改变，就会使得有效性的意义也发生改变，导致"不同的"逻辑，它们之间可以是不冲突的，且都是正确的。但是，这样做会使逻辑多元论者所主张的观点变为一种相对主义的多元论观点，即多个不同的逻辑相对于不同的逻辑常项和不同的后承关系而言都是正确的。这样的相对主义多元论不会被任何逻辑学家所反对，也因此不再具有了哲学上的重要性。

在质疑或反驳逻辑多元论的诸多方案中，多元论导致的"坍塌论证"是较有影响的一种。逻辑多元论的坍塌论证源自逻辑多元论的断言与逻辑的规范性作用之间的冲突。根据逻辑多元论，即使选择了同样的逻辑常项，我们也可以有多种不同的后承关系，由此得到不同的甚至是相互冲突却同样正确的逻辑。假设我们有两个逻辑 L1 和 L2，它们都普遍适用于我们的推理实践。L1 认定从 A 到 B 的推理是有效的，L2 认定从 A 到 B 的推理是无效的。假设我们已经知道前提 A 是真的，由于逻辑规律具有规范性作用，要求我们在进行推理时必须遵守它们，那么，我们究竟是应该根据 L1 推出 B，即承认 B 是真的；还是应该根据 L2 不推出 B，即不明确承

---

① Beall, Jc & Restall, Greg, *Logical Pluralism*, Oxford, England：Oxford University Press. 2005, p. 31.

认 B 是真的。由于 L1 和 L2 对我们的推理实践给出了相互矛盾的指令，我们不可能同时遵守它们，这样就导致了"如果我们选择遵守其中之一而不遵守另一个，逻辑多元论就'坍缩'为逻辑一元论"①。

此外，毕尔和雷斯托提出的逻辑后承的 GTT 框架最大的问题在于过于宽泛，尤其是其中的关键概念"情形"并非一个有明确标准的、可清晰界定的概念。他们曾给出"情形"的一个说明："情形"是能够使断言在其中成为真的东西，一旦明确了一些断言的真值条件，你就明确了"情形"是什么。其实对于 GTT 的五条原则，经典的命题逻辑和谓词逻辑就足以支持多元论，因为它们有不同的语义模型适用于不同的"情况"，由此可以针对同一推理的有效性给出不同的回答。面对这些质疑，毕尔和雷斯托主张在解释"情形"时，保持必要的节制，不要对其作过度概括和推广，让它们停留在一定的范围和限度之内，从而得到在那个范围和限度内适用的逻辑；若超出那个范围和限度，则或许有另一个逻辑在起作用。

第二节　文献综述

一　国外研究现状

从 20 世纪 40 年代开始，国外学界就围绕奎因提出的一些逻辑和哲学论题开展了持久深入的讨论，奎因的论题长时间作为相关领域研究的核心议题，产生了很多的研究成果。我们从两方面概述一些与本书主题相关的观点和理论。

第一，对奎因所建立的逻辑系统的讨论。奎因建立了诸多逻辑系统，其中对奎因逻辑观的发展和完善产生了较大作用的分别是《数理逻辑的新基础》（1937）中的 NF 系统，和《集合论及其逻辑》（1963）中的 SL 系统，尤其是 NF 系统（及其改进的 ML 系统）在逻辑学和数学中都产生了很大影响。

NF 系统实际上是一个公理化的集合论系统，它对罗素分支类型论做

---

① 陈波：《逻辑多元论：是什么和为什么》，《哲学研究》2018 年第 9 期。

出了很大的改进和简化，并且本身也具有一些特性，所以 NF 系统提出后就引起了很大关注。罗瑟尔（Barkley Rosser，1953）对 NF 系统的特性以及问题都作了细致的论述和证明。例如，NF 系统中的全集 V 具有两个特点：（1）$V \in V$，即全集 V 从属于自身；（2）P（V）$=V$，即全集 V 的任意幂集都与 V 等势。根据这两个特点，罗瑟尔证明了 NF 系统中存在非康托尔集，康托尔定理（其断定了一个集合的势小于其幂集的势）在 NF 系统中是不成立的。此外，施佩克尔（Ernst Specker，1954）还证明了选择公理在 NF 系统中也不成立。

但是，NF 系统本身也存在着一些问题，如由于 NF 系统中并没有要求所有公式都得是分层公式，但是数学归纳法（准确地说是数学归纳法的证明）只有针对分层公式才能够成立，非分层公式不适用数学归纳法。而在 NF 系统中存在着非分层公式，这就意味着，在 NF 系统中数学归纳法不是普遍有效的。此外，NF 系统的一致性也没有被证明。[①] 为了改进 NF 系统，奎因在《数理逻辑》（1940）中提出了一个比 NF 系统"更强大更方便"的系统：ML 系统。但是，罗瑟尔证明了由 ML 系统能够推出悖论，所以 ML 系统也是不一致的，并且更为严重的是，罗瑟尔还发现在 ML 系统中自然数集合 N 的集合性（sethood）是不可证的，除非 ML 系统是不一致的。自然数集合是任何经典数学的基本元素，如果一个系统不能表达自然数集合，那么这个系统将毫无意义。随后，王浩（Hao Wang，1950）对 ML 做出了一个修正，并且证明经过此修正后的系统与 NF 系统是一致的。奎因采纳了王浩的这个修正，并且在新版《数理逻辑》（1951）中对 ML 进行了相应修正。ML 系统对于 NF 系统的改进在于，其把集合分为两类：一类是可以充当某一集合成员的集合，奎因称其为"元素"（element）；另外一类是不能成为集合的成员的集合，奎因称其为"真类"（proper class）。在此基础上修改了 NF 系统中的抽象公理，使其中任意公式中的约束变元都被限制为类变元，这样数学归纳法就满足了 ML 系统内任意公式（分层化公式和非分层化公式），数学归纳法在 ML 中重新变得普遍有效。

---

① 最近有学者（Randall Holmes，2017）声称证明了 NF 系统的一致性。

第二，对奎因逻辑和本体论观点的讨论。关于量化解释的理论，按照奎因的观点，对象量化把变元的值的取值范围设定为全域，并且论域中的东西是外界世界中的对象。相反，置换量化的变元的取值范围并不是外界世界中的对象，而是可置换类的元素（置换例），这些置换例被看作一些对象的名称。也就是说，对象量化的论域中的东西是外界的对象，而置换量化的东西则是语言或名称。置换量化并没把逻辑表达式与现实世界联系起来，只是语言符号间的操作。

对此，有哲学家提出不同观点，如范·因瓦根（Van Inwagen，1981）认为与其说是同一种量词有两种不同的语义解释，不如说在根本上就是有两种不同的量词，即两种不同的约束变元的算子。也就是说，他认为我们所持有的量词本身就是不同的，而这些不同的量词自然也就导致了不同的量化解释。针对范·因瓦根的观点，杰夫（Georgi Geoff，2015）又提出一种不同的理解，他认为两种量化理论中的不同，既不在于量词的不同，也不在于它们的量化语义解释的不同。他认为真正的不同在于被量词所约束的变元及解释的不同，即变元的不同导致了两种量化解释的不同。杰夫依据句子中变元的不同提出两种量化表达式：（1）置换量化式：$(\sum x)\phi(x)$，其中"$\sum$"被称为置换存在量词，被其约束的变元就称为置换变元，$\phi(x)$ 是置换变元 x 自由出现的式子；（2）对象量化式：$(\exists x)\varphi(x)$，其中"$\exists$"就是通常的对象存在量词，被其约束的变元就称为对象变元，$\varphi(x)$ 是对象变元 x 自由出现的式子。杰夫又根据克里普克的理论给出了置换量化的真值条件：$(\sum x)\phi(x)$ 为真，当且仅当 $(\exists t)\phi(x/t)$ 为真。其中 $\phi(x/t)$ 是指在置换类中的任意项 t，对于 $\phi(x)$ 中出现的置换变元 x 所进行的任意置换之后的式子。置换变元和对象变元的不同体现在：每一个对象变元都需要指称论域中的对象或者说论域中的对象都要被指派到每一个对象变元上，且对象变元只能指称个体；而置换变元则不需要指称任何对象，置换变元只是充当被置换项，用来被置换类中的项所置换，而置换类中的项可以是任何的句子表达式。此外，对象存在量词"$\exists$"指称的是个体域，而置换存在量词"$\sum$"并不指称个体域，只对应于置换类。

关于奎因消去单称词项的理论。格洛克（Hans-Johann Glock，2003）认为奎因那种直接通过单称词项转换而来的特殊谓词是难以理解的，因为对这种谓词的理解一定是要以对在先的单称词项的理解为前提的，即只有先理解了这个单称词项才能去理解基于它而来的谓词。要理解"是飞马的"这个谓词，就首先需要理解"飞马"这个单称词项，否则是无法理解这个谓词的。作为单称词项的"飞马"要是被消去了，那么作为谓词的"是飞马的"自然也就变成无法被理解的了。所以，格洛克相信奎因这种消去全部单称词项的做法势必会直接导致语言的无效。

关于奎因的同一性标准及其相关论证的理论。克里普克（Saul Kripke，1980）认为奎因的这种同一性标准本身就是一种"还原主义的同一性标准"（reductivist identity criteria），即把某种类型的对象的同一还原为一种更基本类型的对象以及这些对象间的关系，以此作为满足前一种对象同一性的条件。物理对象的同一性标准就是把物理对象的同一还原为更为基础的两个对象：时间和位置，并且借用它们间的关系——同一时间占据同一位置——来作为物理对象的同一性条件。在克里普克看来，这种做法的问题在于会导致无限倒退（infinite regress），因为如果同一性标准不得不为同一性提供一个分析的话，那么就必须承认两种对象：一种是需要通过同一性标准来还原的对象，如物理对象；另外一种是需要通过同一性标准的还原所达到的更为基础的对象，如时间和位置。但是，克里普克认为这些更为基础的对象的同一性标准也需要还原为下一层的对象，以此类推就必然导致无限后退。如把物理对象的同一性还原为时间和位置，并不清楚是否具有比时间和位置更基础的对象，如果有的话，就需要对如何判断"同一时间占据同一个位置"这个关系进一步还原为更基础的对象，这样就陷入了无限后退的循环。

此外，克里普克还坚持认为奎因对物理对象这一概念的说明或定义也是困难的。由正文可知，奎因对物理对象有一个定义，他认为物理对象就是空间—时间的任何一部分的物质内容，是分布在一段绵延的时间和扩展的空间上的持续流逝的微粒的总和。同时奎因也提到时间切片和事物片段等这样的表述，来描述同一个物理对象的不同时空阶段的持续性。但是，克里普克看来，这些概念都是模糊不清的，声称如果不预设对于后来概念，如物理对象、持续性等的理解，那么是不可能理解前面这些概念的，如物质内容、时间切片、事物片段等。然而克里普克认为，人们总是希望借助前面这些概念去理解后面概念。所以，奎因的物理对象及其同一性标准其实仍旧是不确定和不清晰的。

马西米利亚诺（Carrara Massimiliano，2004）则认为应该对同一性标准的作用先做出一个澄清。他根据所处理问题的不同，把同一性标准具有的作用分为两种：一种是，认知作用（epistemic function），其目的是讨论如何能给出对象的同一性标准，以此作为判断对象是否同一的依据。如对于任意对象 x 和 y，我们如何能够知道它们是同一的，这就要求给出一个含有等词的句子的真值条件；而对于任意含有等词的句子来说并不能提供一个能行的判定方法去获得这些句子的真值，所以，马西米利亚诺认为目前不能提供一种绝对可靠（infallible）的方法去做出这样的判断，只能提供一种局部（partial）有效的方法。另一种是，本体论作用（ontological function），其目的是为同一性下定义或者为同一性标准寻找成立的条件，并且以此作为建构一个理论的本体论的依据。如对于任意对象 x 和 y，什么条件下能使得 x 和 y 同一？这就要求给出使 $x = y$ 成立的充分必要条件，并且以此条件去建构本体论体系。欧斯瓦尔多（Chateaubriand Oswaldo，2010）从三个方面对奎因的本体论学说作了详细的梳理：本体论的承诺，本体论的还原以及本体论的同一性标准。他认为奎因的本体论学说为 20 世纪后半叶分析哲学内部和大部分的本体论讨论提供了一个最基本的分析框架。如果把塔斯基有关真的研究与奎因有关本体论的研究作一个对比，那么就会发现，塔斯基基于真之标准对真所做的研究促进了数学和哲学相关方面的重大发展，奎因基于本体论承诺对本体论所做出的研究，同样对当代哲学相关方面的发展产生了深远的影响。

二　国内研究现状

奎因的学说一直被国内学者所重视，从 20 世纪 80 年代初开始，就不断有学者对奎因及其思想做专门研究。

陈波教授较早出版了奎因研究论著，如《蒯因的逻辑研究》（1995）、《奎因哲学研究——从逻辑和语言的观点看》（1998）以及《论蒯因的逻辑哲学》（2014）等。陈波教授的专著《奎因哲学研究》对奎因理论作了全面翔实的论述和分析，是国内最早的关于奎因研究的专著。在近年的论著中陈波教授又进一步对奎因的理论作了批判性考察，如他认为"蒯因的逻辑哲学中有许多矛盾、冲突甚至悖论，其中最明显的是关于逻辑，他所说的和所做的之间的鸿沟"。陈波教授还详细讨论了与奎因逻辑哲学有关的四组悖论，并且在陈波教授看来，奎因理论中之所以会出现这样的悖论或冲突，一个主要的原因就是：奎因为逻辑加入了太多的本体论的思考，"在逻辑和本体论之间施加了过于紧密的联系"。陈波教授一直坚持并不断捍卫的一个观点是，从奎因理论中可以得出：逻辑理论中包含着描述性的经验内容，这些内容都是有真假的，也是可错的，所以逻辑真理也是可错的，逻辑也是可修正的。此外，陈波教授还组织国内众多学者翻译出版了《蒯因著作集》（1—6卷），其中收录了奎因的绝大多数论著。

王路教授较早提出了有关逻辑观的问题并且做了深入研究，如《逻辑的概念》（2000）、《走进分析哲学》（2009）以及《"是"与"真"——形而上学的基石》（2013）等。此外，王路教授也对奎因的逻辑和哲学做了专门研究，如《奎因的本体论承诺》（2015）、《逻辑真理是可错的吗?》（2007）、《语言与世界》（2016）等。王路教授在《逻辑的观念》中把传统逻辑和现代逻辑所体现出的一以贯之的逻辑观概括为"必然地得出"，并且以此作为逻辑的内在机制，对辩证逻辑和归纳理论提出疑问，认为后者都不符合"必然地得出"这一逻辑的内在机制，因此，它们都不属于逻辑。此外，在《语言与世界》中，王路教授还创建了一种用于理解和研究语言哲学的理论工具——句子图示，并且借助句子图示对语言进行逻辑分析，澄清和阐述了语言哲学的一些基本理论，讨论了包括奎因、弗雷格、达米特等哲学家的重要观点。如王路教授使用句子图示对专名的含义和意味作了分析之后，认为奎因所使用的消去单称词项的方式是无效的，并不能像奎因自己所希望的那样真正把全部的单称词项都消去。按照王路教授的观点，奎因把一个专名（单称词项）转变成一个摹状词之后，可能在摹状词中又出现了新的专名，这样旧的专名被消去，新的专名又出现，因此专名没办法真正被全部消去。如把专名"亚里士多德"转变成摹状词"《工具论》的作者"，那么又会出现"《工具论》"这个新的专名，而这个专名又需要另外一个含有专名的摹状词来消去。这样就导致了在用摹状词消去专名的过程中的无穷倒退。另外，王路教授反对陈波教授关于逻辑可修正的观点，王路教授认为从奎因的相关理论中得不出逻辑可修正的结论，并且逻辑本身也是不可错的和不可修正的。

马明辉教授近年来也对奎因的逻辑和哲学做了专门研究，如《论奎因的逻辑论题》（2015）、《逻辑等于初等逻辑》（2016）以及《奎因逻辑哲学研究》（2017）等。在《论奎因的逻辑论题》中，马明辉教授对奎因逻辑论题，即"逻辑就是初等逻辑"，作了全面论述后，进一步提出了一种可以为奎因逻辑哲学辩护的观点。他认为奎因理论中没有涉及有关"逻辑概念"的问题，但是，可以在塔斯基、费弗曼等人对于"逻辑概念"的严格定义的基础上，制定一种修正后的符合奎因逻辑论题的逻辑概念标准，为奎因逻辑哲学奠定更加牢固的基础，并且还可以借助此标准为奎因逻辑的一些观点提供支持，如由于模态逻辑不符合这逻辑概念标准，所以奎因坚持模态逻辑不属于逻辑是合理的。此外，国内还有其他学者对奎因的理论做了研究，如江怡（2005）、翟玉章（2012）、朱建平（2012）以及杨红玉（2015）等。

关于"本体论"这一术语的翻译与理解。目前国内学界普遍使用的"本体论"这个术语并非是中国传统哲学固有的概念，而是从西语"ontology"转译而来，"ontology"（包括其词根"on"）的汉译名一直是学术界讨论的一个热点问题。在汉语中也出现了不同的译名，如"万有论"、"存有论"、"本体论"、"存在论"，等等，其中以"本体论"流传最广。按照刘立群《"本体论"译名辨正》（1992）的考据，最初把它译为"本体论"的是日本学者。从19世纪末到20世纪上半叶，日本哲学界就开始普遍采用"本体论"这个译名，传到中国并延续至今。但20世纪30年代以后，日本学者已逐渐放弃"本体论"而采用"存在论"一词。① 中国学者陈康

---

① 刘立群：《"本体论"译名辨正》，《哲学研究》1992年第12期。

先生，早在上个世纪 40 年代就提出，用"本体论"来翻译西语中"ontology"这个概念，严格说并不确切。从国内学界的情况看，主张"ontology"译法大致有以下及种：（1）译为"有"或"万有"，如杨一之先生译黑格尔《逻辑学》；（2）译为"在"或"存在"，如熊伟先生译海德格尔《形而上学导论》，陈嘉映先生译《存在与时间》）；（3）译为"实体""本体"或"本质"（一般哲学史教材的处理）；（4）译为"本（存）态论"，如李德顺先生《价值论》；（5）译为"是"或"是者"，如陈康先生译注柏拉图《巴曼尼德斯篇》、王路的《一"是"到底论》。

多数人都认为把"本体论"对应与"ontology"是有问题的。因为在"ontology"的词根"on"没有汉语里本体或本源的涵义，至少不是它主要的基本的意思。"ontology"字面意思就是关于"on"的"logos"（学说）。这里面确实包含着两种意思，不能把它们混同（如李德顺先生就建议把其分别译为"本态论""本存论"。）因此，如同日本哲学界的做法一样，中国有的学者也主张彻底废除汉语中"本体论"这一术语。杨学功在《从ontology 的译名之争看哲学术语的翻译原则》认为，更多的人与主张把"on"翻译成"是"相一致，认为 ontology 只有译为"是论"，才忠实于这个西文词的本义，这是最近几年一种占主流地位的意见。

本书继续沿用"本体论"这一译名，因为（1）在中文中"是"并不符合中习惯。on、to be、sein 都有其动名词 to on、being、sein，从而可以成为谈论和认识的对象（这一点在西方哲学中很重要）。但"是"只能作系动词，没有名词形式，从而不能成为中文中谈论和认识的对象，不能被"落实"。尽管可以使用"是乃是我们认识的对象""是之理论"这样的表述，但仍然很不自然。（2）从术语使用的便利性和约定俗成来看，"本体论"这一术语多年来在国内学界流传的很广，有着很高的术语普及度。尽管有问题，但大家至少大致可以明确其对应的内容，很多时候可以降低解释的成本。

因此，本书所涉及的"本体论"特指西方哲学史上作为一门哲学分支学科的"ontology"，以及西方哲学家们在探讨"on"的问题时，历史地形成的一种哲学形态或问题域。

三 本书结构

威廉姆森（Timothy Williamson）在其论文《二十一世纪的逻辑和哲学》中曾对奎因作了以下评价：

> 在逻辑变得（用冯赖特的术语）更像科学而非哲学的过程中，一阶逻辑（当然是经典的非模态形式）开始拥有"标准逻辑"的地位。逻辑教科书传授一阶逻辑；它们却很少讲二阶逻辑，后者被边缘化了，被认为是异常的……奎因对于一阶逻辑的特权提出一种著名的哲学辩护。他将二阶"逻辑"视作集合论的一种惑人外表，后者的本体论承诺可以通过其在一阶框架下的明晰公理化更为真实地显现出来。奎因也不承认标准一阶逻辑之外的其它替代系统的逻辑地位，特别是模态逻辑等经典逻辑的扩充系统和直觉主义逻辑等非经典逻辑。①

在这个简短的评价中，威廉姆森概括出了与奎因逻辑观相关的所有重要论题。本书的主要内容就将围绕以下与奎因逻辑观相关的 8 个主题展开：

（1）逻辑就是带等词的一阶逻辑。

（2）等词理论属于逻辑。

（3）集合论（高阶逻辑）不属于逻辑。

（4）多值逻辑和直觉主义逻辑不属于逻辑。

（5）模态逻辑不属于逻辑。

（6）真之载体是语句。

（7）存在是变元的值。

（8）没有同一性就没有实体。

这些内容被具体分为三个部分来论述。

---

① ［英］威廉姆森：《二十一世纪的逻辑与哲学》，《北京大学学报》（哲学社会科学版）2009 年第 01 期。

第一部分（第二章）逻辑的观念。这部分主要基于奎因在不同时期所创立的两个逻辑系统及其特点，分别论述奎因逻辑观在前期的发展及后期的完善，其中重点分析前后两个时期奎因逻辑观的差异以及导致这种差异的内在依据。阐述了奎因把逻辑真句子作为其逻辑观的核心，并且归纳和概括了奎因逻辑观的四个逻辑特征。这部分主要涉及上述（1）、（2）和（3）三个主题。

第二部分（第三章）逻辑的论题。这部分论述了奎因逻辑理论中一些重要的论题以及这些论题与逻辑观的内在关联。分别通过一阶逻辑与多值逻辑、直觉主义逻辑、模态逻辑以及真之载体等四个方面的对比分析做出具体阐述。其中在每部分中重点论述奎因对这些理论提出的问题和看法，以及随着这些理论的进一步发展之后其他学者对奎因做出的回应。这部分主要涉及上述（4）、（5）和（6）三个主题。

第三部分（第四章）量化与存在。量化理论就是指由量词与量词所表达的东西共同构成的理论。这部分论述了奎因如何以逻辑观去重述和解答传统本体论所提出的问题，为此奎因澄清了造成传统本体论难以被解决的问题关键所在——试图使用单称词项指称存在；提出了自己对于本体论问题的解答路径——本体论承诺的标准；明确了本体论承诺的语义基础——对象量化的解释；建立了本体论承诺的标准记法——量化表达式；陈述了满足本体论合法性的实体的依据——同一性标准；形成了本体论承诺的体系——物理对象及物理主义的本体论体系。这部分主要涉及上述（7）、（8）两个主题。

第二章　逻辑的观念

本章以奎因思想发展的时间序列为脉络，围绕奎因在不同时期建立的逻辑系统及其特点，展现奎因逻辑观发展和完善的历程，以及奎因逻辑观的核心与特征。具体内容安排如下。

第一部分奎因逻辑观的形成。这部分主要围绕奎因进入逻辑领域的最初十年（大概始于 1932 年《序列的逻辑：〈数学原理〉的一个推广》，止于 1940 年《数理逻辑》）所做的逻辑研究，论述和分析他在 1937 年《数理逻辑的新基础》中的建构的 NF 系统及其特征，以及 NF 系统对《数学原理》中的 PM 系统的改进。奎因对逻辑理论的改进也促进了早期奎因逻辑观的发展。

第二部分奎因逻辑观的完善。随着奎因对逻辑的理解和研究的深入，基于一些新的观点，奎因逻辑观也得到了进一步的完善。1963 年出版的《集合论及其逻辑》中建构了一个一阶逻辑的形式系统——SL 系统，我们将基于此系统及其特点，并且通过对比奎因在前后两个时期逻辑观的异同，分析奎因逻辑观得以完善的内在依据，并且论述逻辑真句子是奎因逻辑观的核心这一观点。

第三部分奎因逻辑观的逻辑特征。结合现代逻辑的发展成果，概括和分析奎因逻辑观具有的四个逻辑特征：一阶量化、二值原则、外延性和完全性。

第一节　奎因逻辑观的形成

奎因的第一个逻辑系统是他在 1932 年完成的博士论文：《序列的逻辑：〈数学原理〉的一个推广》中建立的。此后又在他出版的一系列逻辑论著中建立了不同的逻辑系统，如《一个逻辑斯蒂系统》（1934）、《逻辑的集合论基础》（1936）、《数理逻辑的新基础》（1937）以及《数理逻辑》（1940）等。① 其中，《数理逻辑的新基础》是被公认的奎因在这个时期最有影响的论著。

一　NF 系统及其特点

从现代逻辑的观点看，NF 系统中的各个形式构成要件，如初始符号、形式定义、公理模式以及推理规则等，都是完善且完备的。不仅如此，NF 系统还具有一些自身的特点。

NF 系统的形式构造如下。

初始符号②：

［1］联合否定词③：↓

［2］量词：∀

［3］从属关系词：∈

［4］个体变元：x、y、z……

形式定义④：

$D1 \quad \neg A \overset{\text{def}}{=} A \downarrow A$

---

① 奎因一生出版了 20 多本著作，其中有 6 本是与逻辑学和集合论相关的，还有一本逻辑论文的合集。奎因曾经说，正是出于逻辑教学的动机促使他写了这些逻辑学的教科书或著作，在 1936 年，当他开始在哈佛大学授课时，发现市面上难以找到合适的用于教授现代逻辑的教科书。因此，他决定开始他所谓的"教学工程"，自己亲自撰写逻辑教科书。1950 年出版的《逻辑方法》，作为较早的现代逻辑的标准教科书大受欢迎，共历经四次改版（1950 年、1959 年、1972 年和 1982 年）并且被译为多国语言。

② 奎因在 NF 系统中使用的全称量词的符号是："（x）"。本书为了方便论述，使用目前通行的全称量词符号："∀"。此外，对于 NF 系统中的真值函项联结词："．"（合取）、"～"（否定）、"≡"（双条件句）和"⊃"（条件句）也都分别改用目前通行的符号："∧"、"¬"、"→"和"↔"。本书所涉及的奎因的其他逻辑系统也皆做此处理。

③ 奎因在 NF 系统中使用的初始联结词是析取否定词（alternative denial）："｜"，被解释为"并非既……又……"。按照其真值条件，"$A \mid B$"为真，当且仅当"A"与"B"至少有一个为假。奎因在 ML 系统中使用了联合否定词："↓"。但是这两个联结词都被称为舍弗函项或谢费尔竖线（Sheffer stroke），它们之间具有同等的表达和推理能力。为了方便论述统一使用"↓"。

④ 在 NF 系统中共引入了 15 个形式定义，其中主要包括对其余五种真值函项联结词、存在量词和摹状词等的定义；对两个类之间抽象运算的定义，如包含、交、并和等同等；此处只选取与本书相关的内容。

$D2\ A \wedge B =^{\text{def}} (A \downarrow A) \downarrow (B \downarrow B)$

$D3\ A \vee B =^{\text{def}} (A \downarrow B) \downarrow (A \downarrow B)$

$D4\ A \rightarrow B =^{\text{def}} ((A \downarrow A) \downarrow B) \downarrow ((A \downarrow A) \downarrow B)$

$D5\ A \leftrightarrow B =^{\text{def}} (A \rightarrow B) \wedge (B \rightarrow A)$

$D6\ \exists xA =^{\text{def}} \neg\ \forall x \neg\ A$

$D7\ x \subset y =^{\text{def}} \forall z\ (z \in x \rightarrow z \in y)$

$D8\ x = y =^{\text{def}} \forall z\ (x \in z \rightarrow y \in z)$

$D9$　$\hat{\ }xA =^{\text{def}} \hat{y} \exists z\ ((y \in z) \wedge \forall x\ (x = y \leftrightarrow A))$，其中 x、y 与 z 彼此不同且 y 与 z 也不同于 A 中的其他变元

$D10\ (x;\ y)\ =^{\text{def}} \{\ \{x\},\ \{x,\ y\}\ \}$

公理模式：

$A1\ (A \downarrow\ (B \downarrow C)) \downarrow ((D \rightarrow D) \downarrow ((D \downarrow B)\ \rightarrow\ (A \downarrow D)))$

$A2\ \forall xA \rightarrow B\ (y)$，其中 x 和 y 是不同的变元

$A3\ \exists x \forall y\ ((y \in x)\ \leftrightarrow A)$，其中 A 是任意不含有 x 的分层公式

$A4\ \forall x \forall y \forall z\ (((z \in x)\ \leftrightarrow\ (z \in y)) \rightarrow x = y)$[①]

推理规则：

$R1$ 如果 A 和 $A \downarrow\ (B \downarrow C)$ 都是定理，那么 C 也是定理

$R2$ 如果 $A \rightarrow B$ 是定理，而 x 不是 A 的自由变元，那么 $A \rightarrow \forall xB$ 也是定理

本书认为，NF 系统的设定具有以下四个特点。

第一个特点是联合否定词的设定。在 NF 系统的初始形式语言中包含三个逻辑词。其中，真值函项联结词使用的是联合否定词（joint denial），用符号"$\downarrow$"表示，其被解释为"既不，也不"（neither-nor）。由"$A \downarrow B$"的真值条件可知，只有当 A 和 B 同时为假时，或者 $\neg A$ 和 $\neg B$ 同时为真时，$A \downarrow B$ 才为真，$A \downarrow B$ 与 $\neg A \wedge \neg B$ 具有相同的真值条件。

---

① A4 被称为外延性公理（extensionality axiom），外延公理表明了任意一个类都是由其成员唯一地决定的，如果两个类的成员是同一的，那么这两个类也就是同一的。外延公理不仅对于类的形式论证必不可少，而且奎因还赋予了它更重要的作用，即把外延公理看作类的同一性的标准。因为奎因把是否具有明确的同一性标准（个体化原则）作为判断某一对象是否具有本体论合法性的标准，而正是有了外延性公理才使得类具有明确的同一性标准。

奎因曾在《逻辑哲学》中把逻辑句法中的词分为词典词和助词，其中词典词相当于谓词字母，助词相当于真值函项联结词。真值函项联结词和助词一样本身没有任何意义，只有与其他表达式结合才具有意义。按照现代逻辑的观点，真值函项联结词一共有五种：否定（¬）、合取（∧）、析取（∨）、条件句（→）以及双条件句（↔）。通常在一个现代逻辑系统中可以把全部五个联结词以及两个量词都作为系统的初始语言，或者至少可以把作为完全集的两个联结词以及一个量词作为初始逻辑词。这样设定较多的初始联结词在使用上具有很大的便利性，也有助于简化系统公式的表达，提高系统推理的效率。[①] 对于一个逻辑系统而言，五个联结词不都是必要的，可以相互定义，否定词可以分别与析取、合取以及条件句通过两两组合各自形成一个可以定义其他所有联结词的集合，即完全的真值函项联结词集：$\{¬, →\}$，$\{¬, ∨\}$，$\{¬, ∧\}$。这三个完全集的任意一个都能够定义其他联结词，并且表达系统中的所有公式。但是，并非否定词与其他任意真值函项都能够组成完全集，如否定与双条件句的组合集：$\{¬, ↔\}$ 被证明不能定义合取词"∧"，因此这个组合集不是完全集。此外 $\{∧, ∨, →, ↔\}$ 也是不完全的，因为其不能定义否定词"¬"。

但是，奎因在 NF 系统中坚持使用尽可能少的初始符号，而通过使用形式定义的方式引入其他的联结词。如 $D1 – D5$ 为使用"↓"定义其他五个真值函项联结词。如果使用析否词"|"有如下定义：$¬A =^{\text{def}} A \mid A$；$A→B =^{\text{def}} ((A \mid ¬B))$；$A∧B =^{\text{def}} ¬(A \mid B)$；$A∨B =^{\text{def}} (¬A→B)$；$A↔B =^{\text{def}} (A \mid B) \mid (A∨B)$。尽管仅使用一个联结词会丧失一些便利性，但是在奎因看来，较少的初始符号不会影响系统本身的形式论证能力，并且还会为系统带来更大的简洁性，"我们的逻辑具有熟悉性、简洁性以及优美性"[②] 这是奎因一直很看重的逻辑的理论优势。这种理论的简洁性也具体体现在逻辑重言式的判定上，可以简化逻辑重言式的判定程序。

---

① 弗雷格在他构造的第一个谓词演算系统中就使用了较多的初始联结词，《概念文字》的形式语言中共设定五个初始符号，分别是：判断符号、条件句符号、否定符号、函数符号以及普遍性符号。其中否定和条件句是两个真值函项联结词。罗素和怀特海在《数学原理》中的谓词演算系统里使用了否定和析取两个真值函项联结词。

② Quine, W. V. O., *Philosophy of Logic*, Cambridge：Harvard University Press, 1970, p. 87.

重言式一般被我们定义为其真仅仅取决于句子中的五个真值函项逻辑词，通常情况用于判定某一表达式是否为重言式的一个能行可判定的方法就是真值表的方法，通过列出这个式子中的所有真值条件，如果式子的主逻辑词之下的真值条件都为真，就可以判断此式子为重言式。然而主逻辑词之下有为假的情况，未必就一定能够得出此式子为非重言式，因为真值表的方法有一个前提条件就是需要把这个式子充分分解到最小真值函项分句，即原子句为止。如果没有分解到原子句，即使主逻辑词下出现假，也可能是由于这个式子的某一部分仅仅是句子模式而非原子句而导致为假。所以，奎因说："依据真值表的方法，一个重言式可以被描述为在任意一个对其最小真值函项分句的真值指派下都为真的句子。"[①] 这就是说，如果一个表达式中使用了五个联结词，那么联结原子式的主联结词就可能是五个中的任意一个，那么就需要按照五个联结词各自的真值条件分别予以判定。然而，如果只使用一个联结词"↓"的话，就可以把重言式定义为"实质上仅仅涉及'↓'的句子"[②]。这样就很大地简化了真值表的判定程序。如 $A \downarrow B$ 与 $\neg A \wedge \neg B$ 的真值条件相同，而 $\{\neg, \wedge\}$ 是一个真值函项的完全集，所以联合否定词集 $\{\downarrow\}$ 也是一个完全集，只需要单独地使用"↓"就可定义其他五个逻辑词，表达系统内所有的公式。

对此，奎因在《数理逻辑》中作了进一步表述：如果设定一个表达式 A 的第 i 个真值集（the i-th truth set）：S_i，并且使得 A 中的第 i 个在真值指派下为真的原子句进入 S_i 中。如果 A 有 n 个原子句 A_1, A_2, $\cdots$, A_n，那么一共就会有 $2n$ 个真值指派。这样 A 的真值集 S 就为 $\{S_1, S_2, \cdots, S_n\}$。在这些所有的真值指派下，我们就需要判断哪些真值指派可以进入 S 中，也就是说，对于 A 的任意一个有着"$A_i \downarrow A_j$"形式的原子句要判断其为真就需要依据"↓"的真值表，而按照其真值条件，我们可以把原子句"$A_i \downarrow A_j$"归入 S 中，当且仅当 S 既不包括 A_i，也不包括 A_j。我们说式子 A 在其真值表中的每一个原子式的真值指派下都为真，这也就意味着 A 属于它的所有

---

① Quine, W. V. O., *Philosophy of Logic*, Cambridge：Harvard University Press, 1970, p. 52.

② Quine, W. V. O., *Mathematical Logic*, Cambridge：Harvard University Press, 1940, p. 50.

的真值集 S。因为 A 的一个又一个的真值集：S_1，S_2，…，S_n 是由其真值表中每一行中那些显示为真的原子句所组成。这样，我们就可以获得重言式的另外一个定义：A 是重言式，当且仅当它属于它的所有真值集。这样，如果只有"↓"，那么还有一种形式的原子句："$A_i \downarrow A_j$。"而需要判断的真值集也被简化。[①] 因此，相较于包含了所有真值函项联结词的表达式，仅仅单独地使用联合否定词（或析取否定词）会使得使用真值表判断的重言式变得更加简明和清晰。

第二个特点是量词及其变元的设定。NF 系统中把全称量词"∀"设定为初始逻辑词，又通过形式定义引入了存在量词：$D6$ $\exists xA =^{\mathrm{def}} \neg \forall x \neg A$。这种设定其实是现代逻辑的通常做法。但是，如果比较在 NF 系统之前奎因所建立的逻辑系统就会发现，这种量词的设定对于奎因的逻辑来说是一个改进。因为奎因在最初的逻辑论著中并没有把量词作为初始逻辑词。如奎因在其博士论文《序列的逻辑：〈数学原理〉的一个推广》中，把全称量词设定为针对某一序列的命题函数，用以表示数量关系，他说："可以把普遍性定义为这样一个函数或谓词。从外延上来看，U 可以被描述为一个全称函数的类，如果这个类被所有序列所满足。因此，$U\phi$ 的意思就是对于所有的 x 而言，ϕx 是真的。"[②] 并且这里的个体变元"x"实际上也并非通常的变元，其并不覆盖论域中所有对象，不能在论域中自由地取值，仅仅对满足某一序列范围内的对象取值。此外，存在量词只是被称为"特殊性"（particularity）或"占位"（occupancy），其作用也仅充当 0 元函数（nullity function）的否定。然而，在 NF 系统中不仅把量词设定为初始逻辑词，而且个体变元也摆脱了之前系统的限制，成为真正的标准现代逻辑的变元。在 NF 中不仅扩大了个体变元的取值范围（把个体变元的值域扩充为全域），而且也扩充了个体变元取值对象的类型（量化变元既可以是以个体为取值对象的个体变元，也可以是以类或集合为取值对象的类变元），正如奎因所说："这些变元被认为可以取任意对象为其值，我们这里所说的

---

① Quine，W. V. O.，*Mathematical Logic*，Cambridge：Harvard University Press，1940，p. 52.

② Quine，W. V. O.，*The Logic of Sequences：A Generalization of Principia Mathematica*，New York/London：Garland，1990，p. 61.

对象包括由任意对象所组成的类，因而也包括由任意类组成的类。"① 因此，NF 系统中对量词及其变元的设定对于奎因逻辑自身的发展是一个进步，只有对量词及其变元做出了这样的设定才会产生之后奎因基于量词的那些重要理论。正如王浩所说的："在奎因看来，最重要的事就是把量词用好，因为量词在初等逻辑中扮演一个至关重要的角色。"②

除了量词及其变元不同之外，奎因在《序列的逻辑：〈数学原理〉的一个推广》中的序列逻辑系统与 NF 系统在其他的系统的形式建构上也存在很大的差别。序列逻辑系统共有六个初始符号："现在让我们转到这个系统的初始概念上来。它们共有六个：两个被动类型（passive variety）和四个主动类型（active variety）。被动类型有函数（function）和序列（sequence）……四种主动类型的初始概念，它们都被相应地指定为：连锁（catenation）、超丛（superplexion）、谓述（predication）和断言（assertion）。"③ 奎因在这里所说的四个主动概念其实就是逻辑常项，两个被动概念作为一些"不可定义的论域中的变元"，显然都是非逻辑常项。其中，"序列"是奎因这个逻辑系统的最大创新之处，也是对于 PM 推广的关键所在：奎因通过序列间的运算，把在 PM 系统中的谓词扩展到 n 元关系，而在此之前原来的 PM 系统中的谓词仅仅是一元和二元的。其实这里的序列就相当于一个有序对，一个序列的成员既可以是作为一个序列最基础元素的命题函数和个体，也可以是由这两个基础元素为成员所构成的其他序列。或者说，序列就是一些特定的集合，其成员既可以是个体和函数，也可以是另外的集合。四个主动概念："连锁"指用以形成某一序列的操作，两个不同的序列能够通过连锁的操作合并为一个序列。"谓述"指用于对一个序列的函数进行说明并且以此产生一个命题。"超丛"指对两个序列关系的一种操作。"断定"是对由序列或函数形成的表达的陈述。

第三个特点是从属关系词的设定。NF 系统中奎因把从属关系词 "∈"

---

① Quine, W. V. O. , New Foundations for Mathematical Logic, *Journal of Symbolic Logic*, 1937, 2 (2), pp. 86 – 87.

② ［美］王浩：《超越分析哲学》，徐英瑾译，浙江大学出版社 2010 年版，第 242 页。

③ Quine, W. V. O. , New Foundations for Mathematical Logic, *Journal of Symbolic Logic*, 1937, 2 (2), pp. 86 – 87.

也设定为初始逻辑词。"∈"表达是的类及其成员之间的一种二元关系，"$x \in y$"被解释为"x从属于y"或者"x是y的成员"。在所有的集合论系统中都是使用"∈"，但是，NF系统的不同在于，把"∈"作为初始的逻辑词。其特殊性在于：一方面，这表明了奎因认为在NF系统中由"∈"刻画的类的理论或集合论属于逻辑理论的一部分，从集合论更为基础性方面看，NF系统实际上是一个集合论公理系统。另一方面，NF系统没有设定谓词，奎因并未使用通常的谓词表达式去表达属性或关系，而是使用集合论语言的这种方式去表达。NF系统中把一元关系（属性）表达为成员与类的从属关系，如"苏格拉底是聪明的"，就被表述为："苏格拉底∈聪明的类"，其中"聪明的类"这一抽象对象被看作由所有聪明的东西（包括苏格拉底）所组成的一个类，把"聪明的"这一属性表达为由满足这一属性的个体所组成的类："聪明的类。"这样上述句子就被解释为：苏格拉底这个具体对象从属于聪明的这个类中的一个成员。此外，多元关系被表达为序偶对的类（ordered couples class）之间的从属关系，在 $D9$ $(x; y)$ $=^{\text{def}}$ $\{\{x\}, \{x, y\}\}$ 定义了序偶对的类，其表明所谓序偶对的类 $(x; y)$ 就是指以两个不同的类作为成员的类，其中一个类以 x 作为唯一的成员，另外一个类以 x 和 y 作为仅有的成员。在此基础上就可以表达多元关系了："x对y有关系z"就被表达为"$(x; y) \in z$"，也就是说，多元关系被表达为某种类的类。如"苏格拉底是柏拉图的老师"，使用上述方式可以被表述为："（苏格拉底；柏拉图）∈老师的类"。这样就通过借助类的成员的不同类型实现了对逻辑系统中属性和多元关系的刻画，并且相对于谓词表达式的方式，这是一种典型的外延的表达方式。

第四个特点是等词的设定。逻辑中的等词用来表达同一性关系，奎因非常重视等词，在不同逻辑系统中都要对等词进行专门的说明。在NF系统中，"＝"是通过形式定义的方式引入的。奎因认为有两种方式对其作出定义：一种是通过对从属关系表达式中的个体变元的分类去定义等词，对于表达式"$x \in y$"中的变元"x"和"y"的类型做出区分就可以定义等词，一般地，对于式子"$x \in y$"，如果其中的变元"y"只表示一个类（此时变元"x"既可以是个体变元，也可以是类变元），那么这个式子就被解

释为 "x 是 y 中的成员"；但是，如果 "y" 只表示个体（此时变元 "x" 也只能是个体变元），那么这个式子则被解释为："个体变元 x 是个体变元 y 的成员"，即 "个体变元 x 等同于个体变元 y"。这样就对等词作出了定义，即 $x = y$，当且仅当 $x \in y$，其中 x 和 y 都只是个体变元。但是，这种定义方式的不方便之处在于需要对句子中的变元进行额外的分类和解释：即只有在句子中的变元是个体变元时才能使用上述方式定义等词。奎因认为可以使用另外一种更为方便和直接的方法来定义等词：使用 "$\in$" 和 "$\leftrightarrow$" 去定义 "$=$"，即 $x = y$，当且仅当 $\forall z\ (z \in x \leftrightarrow z \in y)$，其中变元既可以是个体变元也可以是类变元，因为：当 x 和 y 都是类变元时，根据类的同一性标准（如果两个类的任意成员都同一，那么这两个类就同一）可知，上述定义有效。如果 x 和 y 都是个体变元时，对于任意个体变元 "z"，"$z \in x$" 和 "$z \in y$" 就相当于 "$z = x$" 和 "$z = y$"，即 "$x = y$"，所以上述定义仍然有效。

二　NF 系统对《数学原理》的改进

奎因早期研究逻辑理论的一个主要的动机就是对《数学原理》的改进和完善，他声称数理逻辑的进步就在于对《数学原理》的改进。从奎因博士论文题目（《序列的逻辑：〈数学原理〉的一个推广》）就明显地体现了奎因的这一研究初衷。

《数学原理》是罗素和怀特海在 1910 年至 1913 年合作完成的三卷本的著作，书中涵盖了数学、逻辑学以及哲学等主题。此书写作的一个主要的目的就是完成所谓逻辑主义的纲领，其核心就是把全部数学还原为逻辑。在《数理逻辑的新基础》的开篇，奎因就明确地回应和支持了逻辑主义纲领，他说："通过怀特海和罗素的《数学原理》，我们有了充分的证据表明：全部数学都可以翻译为逻辑……每个由数学和逻辑符号组成的句子都可以翻译为只由逻辑符号组成的句子。尤其是所有的数学原理都可以还原为逻辑原理，至少也是还原为那些无须借助任何超逻辑词所表达的原理。"[①]　奎因

---

① Quine, W. V. O., New Foundations for Mathematical Logic, *Journal of Symbolic Logic*, 1937, 2 (2), pp. 86 – 87.

又认为需要对上述立场中的三个关键词做出解释和说明："翻译""数学"
"逻辑"。"翻译"就是指任意一个只由数学和逻辑符号组成的句子都可以
转变为仅仅由逻辑符号（或逻辑词）组成的句子，并且转变前后的两个句
子的真值保持不变，"因此，尤其是所有的数学原理都可以还原为逻辑原
理，至少也可以还原为那些无须借助任何超逻辑词所表达的原理"。这里
说的数学原理就是指在 PM 中所使用的一些用于数学运算的规则，任意一
个原先只由数学和逻辑符号组成的句子都可以转变为仅仅由上述三个初始
逻辑词及个体变元所组成的量化表达式，翻译的原则就是转变前后的两个
句子的真值保持不变。"数学"包括了所有的传统数学的范围，如已经有
PM 通过逻辑概念构造出来的集合论、算术、代数、分析以及可以通过与
代数建立起对应关系的解析几何等。除了对于"翻译"和"数学"的解释
外，最主要的就是对"逻辑"做出的说明和解释，而这个逻辑就是由 NF
系统建立的逻辑。

　　但是，由于存在着集合论悖论，即关于集合 $\{x \mid x \notin x\}$ 的悖论，由
于这个集合是由所有不是自身元素（$x \notin x$）的集合组成的集合，它本身是
不是自身元素就成了悖论。所以，要实现逻辑主义纲领首先就是想办法克
服集合论悖论，其次才是建立一个逻辑系统并且由此推导数学。而《数学
原理》主要的工作就是围绕这两项任务进行的。类型论（type theory）是
用以解决集合论悖论的方法，包含分支类型论和简单类型论。罗素提出的
分支类型论的基本思想就是，从一个基本概念——命题函项出发，对命题
函项进行分阶，使其属于不同的阶层，处于最底层的是个体，不含有任何
的命题和命题函项，其是 0 阶函项；比 0 阶函项高一层的是一阶函项，一
阶函项以个体函项为变元构成；二阶函项是以个体或一阶函项为变元构
成，以此类推，直到 n 阶函项。罗素还进一步对命题和命题的真值也做了
分阶，同样也使它们属于不同的阶层。通过对命题函项、命题及其真值的
分阶，既可以保证谈论任何一个命题，又保证了所谈论的任意命题或函数
都是处于某一阶层下的，这样就自然避免了诸如"所有命题""所有命题
函项""所有集合"等这样笼统的表述所导致的集合论悖论。因为按照任
意对象都要分阶层的原则，导致悖论的集合：$\{x \mid x \notin x\}$，就不属于任何

的阶层，因此这样的集合在类型论中是非法的，也是不会出现的。

罗素的分支类型论实际上是通过对对象语言进行人为的分阶，删除掉其中所有不符合分阶原则的表达式而消除悖论。但是，分支类型论存在一些问题或者缺陷，对所有对象进行分层的思想使得理论过于复杂和烦琐，并且罗素所坚持的恶性循环原则和可还原公理之间存在内在的不一致。简单类型论是一种对分支类型论的改进。罗素自己也提出一个简化的思路，他主张对命题函项的复杂性做出限制，提出只有简单函项才能决定集合，只有由此决定的集合才是合理的，如空集可以由一个简单函项：$x \neq x$ 来表示，所以空集是合理的，全集则是由上述简单函项的否定：$x = x$ 表示的，这也是一个简单函项，全集也是合理的。但是，问题在于罗素并没有给出如下问题的解释：什么样的函项是简单的或复杂的？也就从而缺少一个判定函项复杂度的标准。这也导致了罗素的这一想法没有受到人们的重视，直到奎因的 NF 系统出现。[①]

NF 系统可以说就是沿着罗素的上述思路实现了对 PM 系统的改进，奎因在 NF 系统中为分支类型论提供了一种简化的方案，此方案可以在避免集合论悖论的前提下改进整个系统的表达和推理效率。奎因首先论述了他所认为的 PM 系统中的不足，主要体现在命题函数这一概念上。在 PM 中命题函项是一个重要的基础概念，分支类型论也是建立在对命题函项及其变元的分层基础上的。命题函项也被奎因在《序列的逻辑：〈数学原理〉的一个推广》《一个逻辑斯蒂系统》《逻辑的集合论基础》中采用，作为系统的初始概念。例如，《一个逻辑斯蒂系统》是奎因对其博士论文《序列的逻辑：〈数学原理〉的一个推广》修改的基础上完成的。

在这两个逻辑系统中，作为初始概念的"被动概念"是保持一致的，仍然为"函数"和"序列"。但是"主动概念"方面则有很大的变化，逻辑斯蒂系统不仅在数量上由之前系统中的四个改为三个，而且在内容上也完全不同，序列的逻辑系统中的：连锁、超丛、谓述和断定，其中"断定"被消去，另外三个被改为：同属性（congenerous）、分类排列（ordi-

---

① 冯棉：《奎因的逻辑系统 NF 和 ML》，《上海社会科学院学术季刊》1988 年第 01 期。

nation）和抽象（abstraction），其中"同属性"类似于"超丛"，是对两个序列或类的关系的表达，如一个类 φ 的同属性类「φ」就是指一个包含了 φ 在内的所有类的类。"分类排列"则对应于之前的"连锁"概念。"抽象"是指一个类被命题表达式而形成的操作。又如在《逻辑的集合论基础》中奎因形成了他的逻辑基本概念，相比之前的系统，其最主要的改进就是对于量词及其变元的表达和设定上。在这个系统中存在量词被正式引入作为一个真正的初始逻辑词，同时又取消了对于变元取值范围的限制，变元的值域涵盖了全部的论域。此外，在这个系统中还有一个较大的改变就是用"从属关系"取代了之前的"谓述"或"分类排列"，也被当成是一个初始的逻辑概念，这就意味着奎因对于系统中类或集合的处理方式的改进。也就是说，在《逻辑的集合论基础》中系统的初始符号是包括存在量词及其变元和从属关系词。可见，相较于之前的所有逻辑系统，这个系统在形式构造方面有了实质性的发展，已经非常接近 NF 系统了。

但是，奎因在《数理逻辑的新基础》中则认为，命题函数是一个没有被准确界定的不清晰的概念："'命题函项'一词在《数学原理》中的使用是有歧义的，它有时用来指开语句，有时又用来指属性。"[1] 奎因认为这种对同一概念的使用上的歧义直接导致罗素在《数学原理》中提出的一些重要观点变成无效的，如罗素使用一种无类论（noclass theory）表明对于类的记法是在一种具体的语境中定义的，从而试图消去类（当然最终目的是避免集合论悖论）。但是，奎因认为罗素的这种做法是无效的，因为"罗素的无类论在第二种意义上使用了命题函数，使之成为约束变元的值。因此，无类论只是把类还原为属性，但是属性理论本身又已经被不可分辨事物的同一性原则解释为类理论，这种还原似乎是完全没用的"[2]。因此，奎因说：

---

① Quine, W. V. O., *From a Logical Point of View*, Cambridge：Harvard University Press, 1953, p. 122.

② Quine, W. V. O., *From a Logical Point of View*, Cambridge：Harvard University Press, 1953, p. 122.

《数学原理》的基础被命题函项的概念弄得模糊不清了，但是，如果我们删掉这些命题函项，而宁愿选取它们相应的类和关系，那么我们就会得到一个三重的逻辑（three-fold logic）——命题、类和关系的逻辑。这些演算最终借以表达的那些初始概念，都不是标准的传统逻辑的概念；但是，它们仍然属于会被人们毫不犹豫地划归为逻辑的那一类概念。[①]

按照奎因的这些观点，可以得到三点认识：第一，奎因在 NF 系统中放弃使用命题函项，代之以更清晰的"三重的逻辑"；第二，"三重的逻辑"实际上就是真值函项理论（命题的逻辑）、集合论和量化理论（类和关系的逻辑）；第三，奎因明确了这三种理论都是逻辑理论。

具体分析在 NF 系统中奎因对罗素类型论的简化之前，先简要论述分支类型论中集合论悖论的原理及不足。PM 系统中有一个抽象公理（abstraction axiom）：$\exists x \forall y ((y \in x) \leftrightarrow A)$，其直观含义就是，对于任意属性都可以决定一个类。具体地讲，对于任意一个可用公式表达的、要求于 y 的条件 A，都存在一个类 x，其成员 y 正好就是满足条件 A 的对象。不对抽象公理中的变元或公式做任何限制是导致集合论悖论产生的一个直接原因。因为对于任意表达式而言：（1）$A \neg (y \in x)$，按照抽象公理由（1）可以得出：（2）$\exists x \forall y ((y \in x) \leftrightarrow \neg (y \in x))$，如果对（2）进行全称量词消去并以 x 替换 y，就会得出：（3）$\exists x ((x \in x) \leftrightarrow \neg (x \in x))$，这个式子表明存在着一种既属于自身又不属于自身的集合，集合论悖论产生。

按照罗素分支类型论的方法，为了防止（3）的出现就要把所有的变元从低到高区分为不同的阶层，为了避免混淆把不同阶层的变元进行不同的标注，如 x_0、y_0、z_0……是个体变元（0 阶变元），x_i、y_i、z_i……是 i 阶变元等。这种阶层分明的变元所组成的任意公式也就都是分层的。分支类型论要求在其系统中的任意公式都必须首先是一个满足类型论的公式，也

---

① Quine, W. V. O., New Foundations for Mathematical Logic, *Journal of Symbolic Logic*, 1937, 2 (2), pp. 86 – 87.

就是说只有分层公式才是类型论系统的合式公式。上述对任意公式的分层要求被表达到一个公式的形成规则中：$x \in y$ 只有在 y 的值比 x 的值处于更高一个类型时才是一个公式，否则其就不能成为一个公式。也就是说，一个由"$\in$"组成的类型论公式中，"$\in$"所联结的两个变元中，右边的变元需要比左边的变元处于更高的层次。但是，在奎因看来，类型论的处理方法有很多不足。他认为尽管类型论有效地避免了集合论悖论，但是，为此付出的代价是需要在系统中增加类型论公式的形成规则，并且这个规则是面向系统中的所有公式，这就很大程度上增加了整个系统的复杂性，降低了表达和推理的效率。此外，"类型论也带来了一些不自然和不方便的结果"[1]，如在类型论的要求下，系统中的空集和全集都被分为不同的阶层，这样就导致了任意阶层都会有空集和全集，系统中空集和全集不仅都不是唯一的而且是无穷多的。而且，在用逻辑定义算术时，由于分阶的需要（对于每一种类型都需要从 0 阶开始不断地分阶）导致数也不再是唯一的，这些不再唯一的对象使得类型论系统变得复杂和难以处理，对此奎因抱怨道："所有这些分裂和重复不仅在直观上很讨厌，而且它们不断地要求进行或多或少的技术处理来恢复被割断的联系。"[2]

鉴于类型论存在这些问题或不足，奎因提出了改进和简化方案：

> 我现在要提倡一种方法，可以避免上述悖论而无须接受类型论及其引起的那些令人难堪的后果。如上所述，类型论通过从语言中排除不分层的公式来避免悖论，其实我们不妨继续默认不分层公式而只是明确地把 A3 限制为分层的来达到这一目的。在采取这种方法时，我们抛弃了类型的谱系，并且把变元的值域看成是没有限制的。[3]

---

① Quine, W. V. O., New Foundations for Mathematical Logic, *Journal of Symbolic Logic*, 1937, 2（2）, pp. 86 – 87.

② Quine, W. V. O., New Foundations for Mathematical Logic, *Journal of Symbolic Logic*, 1937, 2（2）, pp. 86 – 87.

③ Quine, W. V. O., New Foundations for Mathematical Logic, *Journal of Symbolic Logic*, 1937, 2（2）, pp. 86 – 87.

　　要求对任意变元做分层这一点，是 NF 系统和 PM 系统的一个主要的相似之处。但是，在如何分层的具体方法上却存在很大的不同，不同于类型论要求对任意变元都做分层，NF 系统中并没有无差别地对任意变元做出固定的分层，系统中的变元的阶层是不固定的，在不同的公式中变元可以指称不同阶层的对象。具体而言，NF 系统给出了四条公理模式和两条推理规则。其中，公理模式中的 A3 $\exists x \forall y ((y \in x) \leftrightarrow A)$，其中 A 是任意不含有 x 的分层公式（stratified formula）。就是被奎因限制或改进过的抽象公理，这种改进就体现在对公式 A 做出了限制——只能是分层公式，并且满足分层的公式都可以构成集合。也就是说，在 PM 系统中的任意公式都被限制为分层公式，所以 PM 系统中的抽象公理就没有对公式做出额外限制说明。但是，在 NF 系统中并不要求所有的公式都是分层的，它仅把 A3 中的公式限定为分层公式，所以 A3 采用分层公式来表达，而没有采用任何类型论的方式。这就很大地简化了系统中公式表达的复杂性。

　　为此，奎因还设定了一种能行可计算的判定方法去判断系统中任意公式是不是分层公式。这种方法就是对系统中任意公式中的任意变元都分别指派一个自然数，相同的变元指称相同的自然数，如果任意一个由 " $\in$ " 作为联结词的公式能转换为 " $n \in n+1$ " 的形式（其中 n 是指派的自然数，其意味着 " $\in$ " 右边的自然数要大于左边的），那么这个公式就是分层公式。如 " $x \in y$ " 和 " $(x \in y) \wedge (y \in z)$ " 都是分层公式，因为如果对 x、y 和 z 分别指派自然数 1、2 和 3，那么这两个式子就转换为 " $1 \in 2$ " 和 " $(1 \in 2) \wedge (2 \in 3)$ " 符合上述判断要求。又如 " $x \in x$ " 就不是一个分层公式，因为 " $1 \in 1$ " 不符合上述形式。[①] 同样地，也可以判断出导致罗素悖论的式子：$\exists x ((x \in x) \leftrightarrow \neg (x \in x))$，不是一个分层公式，所以它不会出现在 NF 系统中，这样也就防止了悖论的产生。此外，上述只对 A3 中公式做分层化处理的方法，也使得 NF 系统中具有了唯一的空集和全集，它们的

---

　　① 此处奎因专门提醒："定义性简写都是与形式系统无关的，因此在检测一个式子是不是分层公式之前，必须把它扩展为初始记法。"也就是说，对于那些使用初始记法所定义的符号来联结的式子而言，需要把这些符号都还原到只有初始记法的形式下才能给予判断。如在能够还原为初始记法的情况下，" $x \subset x$ " 被判断为是分层公式，而 " $(x \in y) \wedge (x \subset y)$ " 则不是分层公式。

形式定义如下：空集 $\wedge \overset{\text{def}}{=} \{x \mid x \neq x\}$，全集 $V \overset{\text{def}}{=} \{x \mid x = x\}$，这样就简化了系统，也避免了模糊性。

这样看来，按照 A3 的方法，NF 系统比类型论更简单、更自然也更符合人们的直观。[1] 因此，相比 PM 系统，NF 系统以更少的初始符号、更简洁的公理系统，表达了更复杂的多元关系，推导出了更多的系统定理。在这些方面 NF 系统确实实现了对 PM 系统的改进和完善。

三 早期的奎因逻辑观

奎因早期对于逻辑理论的发展主要是通过他所构建的一系列逻辑系统实现的，而奎因逻辑观的发展主要是通过他早期对于逻辑理论的发展实现的，因此，奎因逻辑观的发展主要就是通过他所建立的一系列逻辑系统实现的。NF 系统的重要意义除了体现在逻辑技术上的改进之外，还体现在奎因据此形成了一个关于逻辑理论的范围的明确的看法。所谓的逻辑理论的范围其实就是指逻辑作为一个研究领域或者学科包含了哪些具体的理论。逻辑的范围和逻辑观是紧密联系的两个概念，它们只是同一个理论的不同表述：什么样的理论被认为包含在逻辑的范围内，就意味着持有什么样的逻辑观，反之什么样的逻辑观也决定了有什么样的理论被包含于逻辑范围内。关于逻辑理论的范围是什么，很多逻辑学家都有过明确的或不明确的观点，并且同一个人在不同的时期也会有不同的看法。例如，尽管罗素没有明确论述过这个问题，但是从他的《数学原理》中所体现出的逻辑主义的理论可知，罗素借以推导出全部数学的逻辑包含了集合论在内的逻辑。奎因在《数理逻辑的新基础》中对此做过论述，奎因认为《数学原理》只有在附加了额外的两个假定的前提下，才大致上能够推导出全部数学理论，这两个假定就是：无穷公理和选择公理，它们明显都属于集合论的公理。所以，可以认为罗素所认可的逻辑理论的范围包括了谓词演算系统和集合论。

奎因在《数理逻辑的新基础》再版时的一个"补充说明"中，论述了

---

[1] 陈波：《蒯因的逻辑研究》，《湖南师范大学社会科学学报》1995 年第 03 期。

他当时关于逻辑范围的看法。奎因首先说明了在 NF 系统中所使用的三个初始逻辑词（从属词、全称量词和析否词）其实并不是最简化的，它们可以被进一步还原为两个初始符号：从属关系和抽象关系。此后奎因进一步说道：

> 以从属和抽象组成作为系统基础比早先的三重的逻辑作为基础更加的精致，但是，三重的基础有它的优势。第一个优势就是便于我们把规则 3 修改为规则 3'，从而可以舍弃了类型论……第二个优势就是那三个初始符号对应于逻辑理论的三个部分，即真值函项理论、量化理论和类理论，这样也便于它们能相继发展。①

按照奎因的上述观点，本书认为可以从中得出两点认识：第一，奎因对于 NF 系统中三个初始逻辑词的选择有一种出于系统的精致化的考虑，两个初始逻辑词比三个精致，三个初始逻辑词自然就比更多个精致。第二，三个初始逻辑词分别对应于三种理论，即真值函项理论、量化理论和集合论，这三种理论都是属于奎因认可的逻辑理论的范围。因此，早期奎因逻辑观认为，逻辑就是真值函项理论、量化理论和集合论。具体而言，"↓"、$A1$ 以及 $R1$ 共同形成了真值函项理论；"∀"、$A2$ 以及 $R2$ 则是对于量词的处理，它们与真值函项理论共同形成了量化理论；"∈"、$A3$ 以及 $A4$ 则是对类的处理，它们共同形成了类的理论或集合论。因此，早期奎因逻辑是包含了集合论在内的逻辑。这一观点也完全符合奎因在当时所明确提出并坚持的逻辑主义纲领。

值得注意的是，尽管奎因明确把三种理论都包含在逻辑范围之内，但是，他也清楚地认识到这三种理论彼此间是存在着不同的，尤其是集合论与另外两者间存在着重大的差异。可以把奎因认为的这种差异归结为以下三点：（1）真值函项理论具备可判定性，量化理论不具备可判定性但具备完全性，集合论则既不具备可判定性又不具备完全性。（2）真值函项理论

---

① Quine, W. V. O., *From a Logical Point of View*, Cambridge: Harvard University Press, 1953, p. 96.

和量化理论只有一个系统，而集合论有多个系统。尽管真值函项理论和量化理论也会因为初始符号、公理或推理规则等的不同而形成不同的形式系统，但是奎因认为这些不同的系统间在表达力和证明力上是等价的，从这点上来说这些不同的逻辑系统都具有一种等价的"确定性"，实际上它们都只是同一个系统的不同形式。而集合论则不同，它也具有很多的可供选择的理论，也会形成一些不同的形式系统，但是这些不同的集合论系统间的表达力和证明力是有很大差异的，如策梅洛和冯·诺依曼等都形成了各自不同的集合论系统，但是奎因认为 NF 系统比策梅洛的系统在类的存在规则和构造上更优，而冯·诺依曼的系统在类的存在的证明上不如策梅洛的系统。可见，集合论的各个系统在这种形式论证能力上的差异导致了它们实际上就是完全不同的系统。（3）真值函项和量化理论与集合论的不同还体现在："前两部分的发展可以不需要预设类或其他任何特殊种类的存在物，但是第三部分却不能。"①

　　总之，奎因认识到了集合论与其他两种理论有着明显的不同。但是，他深受逻辑主义的影响，仍旧坚持集合论属于逻辑。因此，奎因在这个时期所秉持的是一种包含了集合论的逻辑观，这也是奎因早期逻辑观的一个明显特征。

第二节　奎因逻辑观的完善

　　从 20 世纪 40 年代开始，奎因进入其学术研究最活跃、学术成果最丰富的时期。在这个时期随着研究的深入，其逻辑观也获得了进一步的完善。在此期间奎因陆续出版了一些重要的论著，其中最主要的逻辑著作是《逻辑方法》（1950）、《集合论及其逻辑》（1963）以及《逻辑哲学》（1970）。这三本著作各有侧重：《逻辑方法》是一本标准的逻辑学教科书，其采用了现在通行的逻辑记法建构了一个标准的一阶逻辑系统，并且在此书的最后部分奎因还专门论述了一些与逻辑哲学相关的内容。《集合论及

①　Quine, W. V. O., *From a Logical Point of View*, Cambridge：Harvard University Press, 1953, p. 96.

其逻辑》是奎因继 NF 系统之后建构的又一个集合论公理系统，与 NF 系统的不同之处在于，此书把逻辑与集合论作了明确的区分，并且认为初等逻辑是建构各种集合论系统的"基本原理"。此书分为三部分，在第一部分奎因建构了一个初等逻辑系统，基于此奎因在第二部分讨论了一些基础的集合论问题，如有关数的理论；最后在第三部分奎因建构了一个自己的集合论公理系统，并且与流行的其他几种集合论系统，如罗素类型论、ZFC系统以及冯·诺依曼的集合论等作了比较。总体上说《集合论及其逻辑》还是侧重于逻辑技术和方法的形式建构和论证。《逻辑哲学》是奎因对他的逻辑理论和逻辑哲学的总结和概括，论述了一些与逻辑观相关的逻辑哲学论题。

在逻辑理论的不断研究中，奎因对逻辑观或者逻辑理论的范围形成了一个新的表述：逻辑等于初等逻辑，并且认为："如今普遍系统化的初等逻辑包含了真值函项理论、量词理论和等词理论。"[①] 而真值函项理论和量词理论一般被称为一阶逻辑。因此，可以说，奎因所秉持的是一种以带等词的一阶逻辑为基本内容的逻辑观，即在奎因看来，逻辑就是带等词的一阶逻辑。

对比前后两个时期的奎因逻辑观，前者认为逻辑包括了真值函项理论、量化理论以及集合论三个部分；后者则认为逻辑就是初等逻辑，即真值函项理论、量化理论以及等词理论。也就是说，奎因在早期的逻辑观中强调了集合论属于逻辑并且在系统中定义了等词。但是，后期的逻辑观中则强调了等词理论属于逻辑并且明确了逻辑不包括集合论。而两个时期的逻辑都包含了真值函项理论和量化理论（一阶逻辑）。可见，这两个时期奎因逻辑观的异同主要有三个方面：第一，对一阶逻辑的坚持是一以贯之、始终不变的；第二，对集合论的归属有很大差异；第三，对等词理论更加强调其归属于逻辑。

值得一提的是，塔斯基和奎因在逻辑观上有着非常类似的观点。塔斯基在他的著名的论文《真之语义概念和语义学的基础》（1943）中的一个

---

① Quine, W. V. O., *The Ways of Paradox and Other Essays*, Cambridge: Harvard University Press, 1966, p. 110.

注释（注释 12）中说道："'逻辑'和'逻辑的'这两个词在此文中被在一种宽泛意义上来使用，这种使用在过去的几十年中几乎已经成为传统；在这里逻辑被假设包含了整个的类和关系的理论（集合的数学理论）。出于许多不同的原因，我个人倾向于在一种更狭窄的意义上去使用'逻辑'这个词，所以只会把它用于时常被称为"初等逻辑"的东西中，也就是句子演算和（被约束）的谓词演算。"可见，塔斯基清楚地区别开了他认为的逻辑和在一般宽泛意义上的逻辑，而前者就是被奎因所坚持的"初等逻辑"。尽管塔斯基并没有进一步说明等词理论的归属，也没有解释"许多不同的原因"是什么，但是我们仍然可以从上述表述中得知塔斯基和奎因所坚持的基本的逻辑理论是一致的。

本书认为，奎因后期所秉持的逻辑观是奎因对逻辑理论的深入研究和理解后基于一些新的观点而产生的，是奎因在逻辑观上的进一步完善。对此，我们将基于 SL 系统，分别对上述三个方面的异同做出论述和分析。

一　SL 系统及其特点

在《集合论及其逻辑》中，奎因把逻辑和集合论作了明确区分，分别给予它们不同的形式系统。SL 系统就是其中的逻辑系统，SL 系统是一个典型的带等词的一阶逻辑系统。

SL 系统的形式构造如下。

初始符号：

[1] 真值函项联结词：$\neg$、$\wedge$、$\vee$、$\leftrightarrow$、$\rightarrow$

[2] 量词：$\exists$、$\forall$

[3] 个体变元：x、y、z……

[4] 谓词符号：F、G、H……

[5] 特殊的谓词符号：$=$

形式定义[①]：

---

① 只选取了与本书讨论相关的形式定义。

$H1$ $x = y =^{\text{def}} \forall z \ (Fxz \leftrightarrow Fyz \wedge Fzx \leftrightarrow Fzy)$①

$D2$ $y \in \{x : Fx\} =^{\text{def}} Fy$

$D3$ $\alpha \subseteq \beta =^{\text{def}} \forall x \ (x \in \alpha \rightarrow x \in \beta)$②

$D4$ $\alpha = \beta =^{\text{def}} \alpha \subseteq \beta \subseteq \alpha =^{\text{def}} \forall x \ (x \in \alpha \leftrightarrow x \in \beta)$

公理模式：

$A1$ $\forall x \ (x = x)$

推理规则：

$R1$ 同一性替换：$\forall x \forall y \ (x = y \wedge Fx \rightarrow Fy)$

$R2$ 存在概括：由 $A(t)$，可得 $\exists xA(x)$，其中 $A(x)$ 是把 $A(t)$ 中的有些或所有 t 替换为 x

$R3$ 分离规则：由 A 和 $A \rightarrow B$，可得 B

本书认为，SL 系统主要有以下两个特点。

第一个特点是对谓词的设定。对比 SL 系统和 NF 系统可以看到：在 NF 系统中没有使用任何的谓词符号。③ 但是，在 SL 系统中，奎因引入了谓词符号作为系统的初始符号，用以表达句子中的属性或关系。这样对谓词的设定是一种通常的逻辑系统的设定方式。但是，奎因使用谓词符号的不同在于，他特别强调：对谓词符号的使用并不意味着就承认可以对谓词符号施以量化，使之成为量化变元：

> 我这样理解谓词，它们只是一种记号而不是属性或性质……字母"F"、"G"绝不能被看作是变元，而说它们取属性或类为值……这些字母不允许用于量词，事实上也根本不能用于句子，只是在叙述为明确的句子时的一种形式的模式。④

---

① 这种定义" = "的方式的前提是 SL 系统是一个有穷谓词符号的系统，并且假设其只有一个二元谓词"F"，具体论述见等词理论。

② 这些希腊字母，如 α、β、γ 等代表元语言中的类模式字母。

③ 除了谓词的设定不同之外，这两个系统在初始逻辑词的设定上也不同，NF 系统只使用了联合否定和全称量化，SL 系统则使用了全部五个真值函项联结词以及全称和存在两个量词。

④ Quine, W. V. O., *Set Theory and its Logic*, Cambridge：Harvard University Press, 1963, p. 9.

这就是说，奎因尽管在 SL 系统中使用了和通常的逻辑系统相同的谓词表达式，但是，这种相同只是在表面上使用了同样的谓词字母符号而已。实际上在这两种谓词的使用之间存在着根本的不同：在通常的逻辑系统中的谓词被视为一种谓词变元，其作用类似于个体变元（使用论域中的对象为其赋值用以判断句子的真值），即把谓词变元也看作一种以属性或命题等内涵对象作为其值的量化变元，使用这些论域中的内涵对象为谓词变元赋值。但是，按照奎因的观点，SL 系统中的谓词变元的作用与上述完全不同，SL 系统中谓词变元只是一种谓词模式字母，其作用不同于个体变元，不能作为量化变元，谓词变元并不指称或命名任何所谓的属性或关系，其作用仅仅是作为一种纯粹语言上的方便的表达记号。

在奎因那里，个体变元（variable）和模式字母（schemata）之间存在明确的区分，奎因指出：

> 变元之所以是变元，就其本身而言，最突出的就是针对事物的可约束变元。这是本体论用词的关键，也是指称性用词的关键……变元是一种纯粹的记号，仅允许确定的数或其他确定的对象作为它的值。……存在着模式字母，这些模式字母并不指称对象为其值。语句字母既不指称命题，也不指称真值为其值；谓词字母既不指称性质，也不指称类为其值。它们并非可约束的，也不是对象化的，而且也不出现在句子中，它们只会出现在句子模式中……现在模式语句字母和谓词字母已有很普遍的应用，但是问题是它们的模式身份还几乎未被意识到。甚至它们时不时地还会被量化。①

按照奎因的观点，个体变元和模式字母间的根本区别就是：可以对个体变元施量化使其成为量化变元，但是一定不能对谓词符号施量化也使其成为量化变元。奎因的许多重要的逻辑和哲学论题都是建立在这个区分之上的，而混淆或者无视这个区分也是奎因质疑和反驳一些观点的依据。如

---

① Quine, W. V. O., *The Ways of Paradox and Other Essays*, Cambridge：Harvard University Press, 1966, p. 273.

上文所提到的，奎因认为个体变元作为量化变元，在对象量化的语义解释下，取论域中的任意对象作为变元的值，奎因说："逻辑不偏好词典的任何特有部分，它的变元的值也不偏好论域中的任何子论域。"① （此处的词典针对的是谓词符号）这样就无须在逻辑的论域中预设任何特殊的本体论的存在物，可以保持本体论承诺的中立性（ontologically neutral）。

但是，如果把谓词变元也作为量化变元（如"∀F"或"∃p"），这就意味着需要在论域中预设属性或命题等内涵对象的存在，以之作为谓词变元的值，奎因认为由于内涵对象不具有任何明确的同一性标准（identity criterion），预设其存在会破坏本体论的中立性。而本体论中立性是奎因坚持的逻辑理论应该具有的哲学原则。如句子"所有聪明的都是善良的"中的谓词："聪明的"，假如把它看作一个量化变元，就需要在论域中预设一个所谓的"聪明性"这种内涵对象存在，以其为谓词变元"聪明的"赋值。但是"聪明性"不具有任何明确的同一性标准，也就是说，我们难以找到一个标准去判断"聪明性"这一属性如何与自身相同而又与他物相异。所以，预设"聪明性"会使理论丧失本体论中立性。正如奎因所说的：

> （对于 Fx 的使用）我们只是用一种模式的方式模拟句子及其构成；我们并非是在指示谓词或其他符号，也不是在指称属性或集合。但是，有的逻辑学家走了相反的道路，他们把"F"读为属性变元，把"Fx"读为"x 具有 F"。那些偏好属性的逻辑学家会明目张胆地这么做；另外一些逻辑学家则被引诱也会稀里糊涂地这么做。②

在本书看来，量化变元（个体变元）与非量化变元（谓词变元、类变元以及命题变元等）之间的区分是奎因逻辑和哲学中的一个非常基本和重要的区分，也是很多逻辑论题和哲学论题的关键。我们认为导致混淆这种区分的一个原因就在于，对语词的两种不同功能：使用（use）和提及

---

① Quine, W. V. O., *Philosophy of Logic*, Cambridge：Harvard University Press, 1970, p. 98.

② Quine, W. V. O., *Philosophy of Logic*, Cambridge：Harvard University Press, 1970, p. 66.

（mention）的误用。通常来说，"使用"针对句子中的个体变元或常元（名称）用以指称或命名对象这一功能，也就是说对一个个体变元或常元的"使用"就是用它来指称或命名一个对象，可见，使用功能可以建立起语词与外在世界的联系。然而，"提及"则仅仅针对语词本身而言，是对其名称本身的一种表达或描述，是一种限定于语言层面的操作，完全不涉及语言之外的外在世界的对象。其实，奎因在《数理逻辑》中对此作了专门论述。按照奎因的理解，一般而言之所以会混淆这两种功能，并非因为对象和名称之间的相似，而是因为在谈及某个对象的句子中必定含有该对象的名称而不是对象本身，这使得二者容易得到区分。假如一个对象是一个人或一座城市这样具体的东西，那么它的实体性自然就可以避免在使用中用对象取代名称的错误。然而，问题主要在于当这个对象本身就是一个名称或其他语言表达式时，就很容易把二者混淆。① 可以通过以下四个句子为例来说明：

（1）北京是中国的首都

（2）北京由两个汉字组成

（3）"北京"由两个汉字组成

（4）北京很简洁

我们可以很容易判断出：（1）和（3）是真的，（2）是假的，而（4）真假有歧义。具体而言，（1）中的"北京"作为一个专名去指称作为对象的北京城，这个"北京"就是充当了使用的功能。而（2）的"北京"也是对这个专名的使用，那么显然"北京"所指称的北京城肯定不是由两个汉字组成的，所以（2）就为假。（3）中的"'北京'"与前两个句子中的不同在于，其加了引号，这就意味着"'北京'"在（3）中充当了提及的功能，特殊之处在于它是对于北京城的名称（"北京"）本身的提及，"'北京'"是作为名称的名称而出现在（3）中的，而从语言层面上来看其确是由两个汉字组成的，所以（3）为真。但是，对于（4）的真值可能会有分歧，因为句子中的"北京"既可以作为对象（名称的名称）也可以

---

① Quine, W. V. O., *Mathematical Logic*, Cambridge：Harvard University Press, 1940, p. 24.

作为名称（指称北京城），这就可能涉及提及和使用功能的混淆。所以为了能够明确区分避免混淆，奎因认为可以利用（3）中那样把用来充当提及功能的、名称的名称加上引号，使它成为句子中的一个引语，这样它就只具有提及的功能。而其余的没有加引号的语词则就只充当使用的功能，用以指称对象。理解了使用和提及的区别就容易理解个体变元和模式字母之间的区别了：从语词的使用功能上来看，个体变元在句子中充当的是使用的功能，用以指称或命名外界对象；而模式字母在句子中充当的是提及的功能，仅仅用以在语言层面表达和描述符号自身。

第二个特点是对单称词项的设定。SL 系统还具有一个特点就是在系统初始符号中没有使用任何用来指称或命名个体对象的单称词项（在逻辑系统中也被称为个体常元）。奎因有一个基本观点是单称词项对于逻辑的形式论证而言是多余的和不必要的，无论在 NF 系统还是在 SL 系统中都没有使用单称词项。在《逻辑方法》的逻辑系统中尽管使用了单称词项作为初始符号，但是为了表明其对于单称词项的一致的观点，奎因在《逻辑方法》的结尾部分使用了相关章节专门论述的"单称词项的消去""摹状词理论"等内容。按照奎因的看法，单称词项的设置在逻辑系统中是不重要的，无论是否使用单称词项，其对于一个形式系统的表达和推理能力不产生任何影响。一个有单称词项的逻辑系统与一个不含单称词项的逻辑系统是等价的，因为任何一个含有单称词项的表达式都可以等值地被翻译为一个不含有单称词项的表达式，奎因把这种消去单称词项的翻译称为"名字的句法再分析"。名字的句法再分析的主要方式就是通过把所有的单称词项都转换为与其对应的、特殊的谓词或普遍词项，这种谓词的特殊之处就在于它只会唯一地被一个对象所满足，这个唯一的对象就是被该单称词项所指称的那个对象。因此，奎因认为把一个单称词项理解或转换为一个谓词的关键就是要认识到单称词项的这种独有性（uniqueness），如把"苏格拉底"这个单称词项转换为一个谓词"是苏格拉底"或"苏格拉底的"（Socratize）时，"苏格拉底"的独有性保证了上述谓词的唯一被满足性：有且只有一个 x，使得 x 是苏格拉底。

奎因的上述方式可以使任意含有单称词项的句子都可以被转换为不含

有单独词项的句子。如：一个含有单称词项"a"的句子：（1）"Fa"，可以被转换为句子：（2）"有且仅有一个 x，使得 x 具有 A，并且 x 具有 F"〔其形式化表达式：（3）"$\exists x \forall y ((Ax \leftrightarrow x=y) \wedge Fx)$"〕，其中"$A$"就是由单称词项"$a$"转换而来的谓词，这个谓词唯一地只被"$a$"所指称的对象满足。又如句子：（4）"苏格拉底是哲学家"，通过上述方法可以被转换为：（5）"有且仅有一个 x，使得 x 是苏格拉底，并且 x 是哲学家"〔其形式化表达式：（6）"$\exists x \forall y ((Ax \leftrightarrow x=y) \wedge Px)$"〕，其中"$A$"是谓词化的"苏格拉底"，"$P$"为哲学家。其中（1）与（3）以及（4）与（6）各自具有相同的真值。可见，在这样含有单称词项的句子中，单称词项可以被完全消去而不影响句子的真值。

在上述句子的转换中，单称词项能被等值地消去的一个主要依据就是：$Fa \leftrightarrow \exists x (x=a \wedge Fx)$。它是 SL 系统中的一个定理，对其做以下证明。

若"a"为任意一个单称词项，"Fa"为包含 a 的任意句子。

根据同一性的可替代性规则：$\forall x \forall y (x=y \wedge Fx \rightarrow Fy)$，可得：

（1）$\forall x (x=a \wedge Fx) \rightarrow Fa$，其中 x 对 Fa 自由出现。

根据全称量词消去规则，可得：

（2）$(b=a \wedge Fb) \rightarrow Fa$

根据特称量词引入规则，可得：

（3）$\exists x (x=a \wedge Fx) \rightarrow Fa$

同理可得：

（4）$Fa \rightarrow \exists x (x=a \wedge Fx)$

根据（3）和（4）即可得：

（5）$Fa \leftrightarrow \exists x (x=a \wedge Fx)$

表达式（5）就意味着"Fa"与"$\exists x (x=a \wedge Fx)$"是等值的，可以相互替代的。而后者只在"$=a$"时出现单称词项"$a$"。也就是说，对于任意单称词项都可以把它改写成只有"$=a$"这样的形式。这样就可以把"$=a$"视为一个与其对应的、唯一的谓词"A"。所以由（5）可得：

（6）$Fa \leftrightarrow \exists x (Ax \wedge Fx)$

可见（6）中不含有任何单称词项，上述"a"就被彻底消去了。因此，在语言中任意含有单称词项"a"的句子"Fa"都可以被不含此单称词项的式子"$\exists x\,(Ax \wedge Fx)$"所替代。在这里消去单称词项的关键就在于这个特殊的谓词"A"，是它使得任意专名都可以转换为唯一的谓词。因此，为了确保该谓词唯一地被其单称词项所指称的对象满足，我们使用如下的约定：

（7）$\exists xAx \wedge \neg\ \exists x \exists y\,(Ax \wedge Ay \wedge \neg\ (x=y))$

把（7）转换为一个更加简洁的等值式：

（8）$\exists x \forall y\,((Ax \leftrightarrow x=y))$

式子（8）可以被解读为：有且仅有一个 x，使得 x 具有 A。

二 集合论不属于逻辑

集合论的归属问题在奎因逻辑观中是一个重要的论题。在不同的时期，奎因对集合论是否属于逻辑的观点和认识都存在着一些差异，这些差异不仅体现在奎因对于逻辑理论本身的理解上，而且也体现在逻辑的观念上：在早期奎因逻辑观中明确包含了集合论，后期则又明确区分了逻辑和集合论，不再把集合论包含在逻辑范围内。本节将对奎因的集合论归属问题做一个梳理，重点分析奎因后期把集合论排除在逻辑之外的内在依据。

正如在第二章第一节的"早期的奎因逻辑观"中论述的，在1937年出版的《数理逻辑的新基础》中，奎因首次把集合论归属于逻辑理论之内。其后在1940年出版的《数理逻辑》中，建构的 ML 系统里仍然把"$\in$"作为初始逻辑词，所以本书认为至少在 ML 系统中奎因还是明确坚持集合论属于逻辑。但是，在1954年发表的论文《卡尔纳普和逻辑真句子》中，奎因尽管仍然认为集合论属于逻辑，但他同时又强调了二者的重要区别："初等逻辑和集合论之间的区别非常重要，以至于人们可以有理由把'逻辑'这个词限定于前者（虽然我不会这样做），而像数学家那样在排除了逻辑的意义上谈论集合论。采取了这个过程，就完全剥夺了'$\in$'作为逻辑词的地位。"[1] 直到1970年出版的《逻辑哲学》中，奎因对集合论的

---

① Quine, W. V. O., *The Ways of Paradox and Other Essays*, Cambridge：Harvard University Press, 1966, p.111.

观点发生重大的改变，明确反对把集合论看作逻辑的一部分，他说："我们现在从等词理论转到集合论。它（集合论）属于逻辑吗？我们的结论是否定的。"① 这是一个奎因后期给予集合论归属问题最直接的回答。此外，在《数理逻辑》之后，奎因陆续建构的一系列逻辑系统中都不再把"∈"作为系统的初始逻辑词，如《逻辑方法》和《集合论及其逻辑》中。尽管"∈"仍然会作为系统中的符号被使用，但是它们都没有再把"∈"设定为系统的逻辑词（或逻辑常项），只是把它设定为一种特殊的超逻辑词的谓词（extra-logical predicate）。按照奎因在《初等逻辑》（1941）中所说的："认为数学可以还原为逻辑的人，把'∈'算作了逻辑词，因此认为集合论属于逻辑。"② 在 NF 系统和 ML 系统中奎因都把"∈"设定为逻辑词，从而也把集合论归于逻辑，但是在 SL 系统中"∈"就不再被看作逻辑词，而只是一个特殊的谓词，这也意味着集合论不再归于逻辑了。

对于上述前后期奎因逻辑观中集合论归属的观点，本书做如下分析。

一方面，早期奎因逻辑观包含了集合论。本书认为，这与奎因早期建立逻辑系统的主要目的在于改进 PM 系统（其逻辑也包含了集合论）直接相关，如第二章第一节的"NF 系统对《数学原理》的改进"所述，奎因早期研究逻辑就是为了改进 PM 系统，然而 PM 系统本身是包含了集合论的，所以对其做出改进的 NF 系统也就不能不包含集合论。此外，早期奎因是逻辑主义的坚定支持者，逻辑主义的核心观点就是承认集合论属于逻辑。因此，如果从研究目的以及所坚持的学术立场两方面来看，奎因是相信集合论是属于逻辑范围内的，早期逻辑观包含了集合论是可以理解的。值得一提的是，与集合论归属相关的一个主题，即奎因对于逻辑主义纲领的态度。其实随着奎因逻辑观的完善，他也对逻辑主义纲领做了反思。在《卡尔纳普和逻辑真句子》中，奎因仍然不愿意把集合论排除在逻辑之外，他认为如果这样做的话，"弗雷格对算术的推理就不会被认为是从逻辑推导而来的了，因为弗雷格使用了集合论"。可见，奎因起码在当时还在坚持或维护逻辑主义的纲领。但是，奎因在《逻辑哲学》中彻底放弃集合论之后，

---

① Quine, W. V. O. , *Philosophy of Logic*, Cambridge：Harvard University Press, 1970, p. 64.

② Quine, W. V. O. , *Elementary Logic*, Cambridge：Harvard University Press, 1995, p. 125.

对逻辑主义纲领做了一个明确的反思，他说："现代逻辑的先驱者们把集合论看成是逻辑，例如弗雷格、皮亚诺，还有他们各自的追随者们，尤其是怀特海和罗素。弗雷格、怀特海和罗素坚持把数学还原为逻辑；弗雷格在1884年就宣称已经用这种办法证明了算术真句子是分析的，这观点与康德的主张相反。但是，能够完成这种还原的逻辑是包含了集合论的逻辑。"① 通过奎因的这段论述，本书认为，有理由相信奎因此时对于逻辑主义纲领的态度已经发生了实质的变化，即奎因已经与逻辑主义的纲领分道扬镳了。

另一方面，后期奎因逻辑观又排除了集合论。本书认为，奎因主要是从形式系统的特性（完全性和多样性）以及相关的本体论问题这两方面来考虑的。

第一，从形式系统的完全性的角度来看，集合论系统都是不可完全的。奎因说："无论是否具有同一性，逻辑都具有完全性的证明程序。哥德尔在1930年已经证明了这一点……但是集合论则不具有完全性的证明程序。"② 粗略地说，哥德尔完全性定理告诉我们：任意一阶逻辑系统都是完全的，即在此系统中的所有真句子都可以被系统形式证明。哥德尔第一不完全性定理也告诉我们：对于任意不弱于初等数论的形式系统，如果此系统是一致的，那么它就是不完全的。可见，一阶逻辑是完全的，而任意的集合论系统本质上都是强于初等数论的高阶系统的，也就是说，它们都是不可完全的。而奎因很看重一个形式理论的完全性，认为逻辑理论应该由完全系统所构成。除了对完全性的考虑之外，奎因还强调了他在 NF 系统中就论述过的观点：集合论系统是多种多样的，这样就使得"它们不仅在表述上而且在内容上，即在表达什么样的集合存在这样的观点上也有不同的看法……集合论之所以需要不断地比较，其原因就在于我们并不知道不同的集合论系统中到底哪一个系统最好"③。但是，尽管逻辑系统本身也是多样的，然而"它们都是同一个逻辑的不同表述，是同一个逻辑配置以不

① Quine, W. V. O., *Philosophy of Logic*, Cambridge：Harvard University Press, 1970, pp. 65 - 66.

② Quine, W. V. O., *From Stimulus to Science*, Cambridge：Harvard University Press, 1995, p. 52.

③ Quine, W. V. O., *Philosophy of Logic*, Cambridge：Harvard University Press, 1970, p. 67.

同的计算机或证明程序"①。可见，集合论系统的不可完全性以及多样性，是奎因把它排除在逻辑之外的一个原因。

第二，从本体论承诺的中立性的角度来看，奎因认为集合论预设了集合或类为其理论的实体，不具有本体论中立性。奎因经常会从逻辑哲学或本体论的方面去谈论集合论，例如：

> 我更愿意狭窄地限定"逻辑"一词，而把集合论看作是数学的另一个更高层次的分支。逻辑和集合论这两个领域的差异是广泛而深刻的。首先，这里的逻辑不同于集合论之处在于，逻辑并没有声称属于它自己的对象，它的变元无差别地接受任何赋值。其次，逻辑没有谓词，从而也就没有任何可以称得上属于逻辑自己的句子。②

> 虚拟的类或关系理论事实上就是逻辑，是一种披上伪装的纯逻辑。但是，只要一接受 ∈ 作为真正的谓词，类作为量化变元的值，就成为名副其实的数学理论了。③

按照奎因的上述观点，本书认为可以从中得出以下认识：（1）逻辑并没有专门的或特有的研究对象，对于为逻辑的变元赋值的论域中的对象，并没有任何的本体论预设或偏好。但是，集合论具有属于自己的特有的研究对象（集合或类），对于为类变元赋值的论域中的对象，就需要预设集合或类存在。如，NF 系统中的外延公理：$A4 \ \forall x \forall y \forall z \, (((z \in x) \leftrightarrow (z \in y)) \rightarrow x = y)$，其中三个量化变元其实都是类变元，它们的取值对象是论域中的类，因此 NF 系统的论域中需要预设类的存在。（2）逻辑系统中含有谓词，然而这些谓词是任意形式系统都可以具有的一般的谓词，逻辑并没有专属于它的特有的谓词，逻辑系统具有普遍性；但是，集合论系统除

---

① Quine, W. V. O., *Philosophy of Logic*, Cambridge: Harvard University Press, 1970, p. 70.

② Quine, W. V. O., *From Stimulus to Science*, Cambridge: Harvard University Press, 1995, p. 52.

③ Quine, W. V. O., *Philosophy of Logic*, Cambridge: Harvard University Press, 1986, p. 70.

了一般谓词之外，它还具有一个特有的谓词，即用以表达类之间最基本的关系（从属关系）的二元谓词"∈"，而包含"∈"的句子也是集合论特有的句子。换言之，就是我们在第二章第二节的"SL系统及其特点"中讨论的谓词变元成为量化变元后导致其丧失了本体论的中立性。其实，奎因对于集合论也有着完全类似的考虑，奎因认为在集合论中，类变元成为量化变元，在对象量化的语义解释下，类变元就需要取论域中的类为其值，这就意味着论域中必须预设类的存在。然而按照奎因的理解，类是一种内涵对象，它不具有明确的同一性标准，所以预设类存在就会丧失本体论的中立性。可见，集合论不满足本体论中立性是导致奎因把集合论排除在逻辑之外的另一个原因。

在上述分析的基础上，我们也可以进一步解释：既然奎因把集合论排除在逻辑之外，但是为什么在 SL 系统中，他又通过形式定义 $D2\ y \in \{x: Fx\} =^{\text{def}} Fy$，把"∈"重新引入逻辑系统中？奎因首先肯定了对类的言说在逻辑理论中是必要的，因为类对于任何一个科学的理论而言都是必不可少的。但是，逻辑对于类的言说与集合论对于类的言说是不同的，正是奎因逻辑观使得这点得到清晰的体现，区分了逻辑与集合论后，也可以把那些名义上属于集合论而实际上是逻辑的部分明确地划定出来：

> 集合论名义下的某些事情是初等逻辑范围内的。特别是对于被称为"新数学"的集合理论更是如此。并、交、补的布尔代数只不过是把只使用一阶谓词符号的量词逻辑就能做的工作换了一种记号而已。布尔代数中的变元是不量化的，故可以说成是模式一元谓词符号。①

集合论中存在的本体论中立性问题量把类变元作为量化变元而导致的，但是在一阶逻辑系统中使用符号"∈"并没有使得类变元成为量化变元，SL 系统使用"∈"表达的是"虚拟的类理论"的"说话方式"，它只有一种句法层面的联结词或谓词，不具有任何的形式论证之外的本体论的预设，正如奎因所说的："虚拟的类和关系理论不假定类和关系作为量化

---

① Quine, W. V. O., *Philosophy of Logic*, Cambridge: Harvard University Press, 1970, p. 69.

变元的值……以后完全可以不把抽象记法 $\{x：Fx\}$ 说成是虚拟的了，而是可以说成不带承诺的（non-committal）：它的使用不带来对该类存在的一般性的假定（如果它存在也没有对它的集合性的一般性假定）。"[1] 因此，以"$\in$"作为特殊谓词的一阶逻辑在本体论上是可以继续保持中立的。其实也可以用上述提到的"使用"和"提及"的区分来说明，即集合论中的类变元是充当"使用"的功能，类变元会指称类这一对象；而一阶逻辑中所使用的类模式字母（SL 系统中的 α、β、γ 等）是充当"提及"的功能，类模式字母只是语言层面对符号的表达和描述，不会涉及语言之外的对象，或者说，它们都只是对象语言中的符号。奎因还认为逻辑理论具有的一些美学特征是集合论不具有的，如果集合论进入逻辑，可能会破坏这些特征，奎因说：

> 真值函项逻辑和量化逻辑是远离悖论的，顺便说一句，它们还是明晰性、雅致性以及有效性方面的典范。悖论只会出现在集合论和语义学中，那么就让我们努力只在这两方面解决它们吧，不要破坏了纯净之地。[2]

总之，在奎因看来，由于集合论既不具备形式系统的完全性，也不满足本体论中立性等，使得集合论最终被排除在逻辑之外。

三 等词理论属于逻辑

奎因逻辑观中强调了等词理论属于逻辑。粗略地讲，等词理论就是一种以"$=$"及其公理和规则作为句法构造，以同一性关系作为语义解释的形式理论。"$=$"在形式语言中作为一种二元关系词，在一阶量化下可以连接两个个体词，如既可以连接两个个体常元："$a = a$"，或个体变元："$\forall x (x = x)$"，也可以连接复杂个体函数："$\forall x \exists y (fx = fy)$"等。在高阶量

---

① Quine, W. V. O., *Set Theory and its Logic*, Cambridge：Harvard University Press，1963，p. 35.

② Quine, W. V. O., *Philosophy of Logic*, Cambridge：Harvard University Press，1970，p. 85.

化下，谓词被看作量化变元，所以等词也可以被用来连接两个谓词变元：
"$\forall F\ (Fa = Fb)\ \rightarrow a = b$"。在集合论下，类变元也被看作量化变元，所以
等词可以连接两个类变元："$\alpha = \beta$" 等。

奎因一直很重视等词理论，在 NF 系统、《逻辑方法》以及 SL 系统中都
专门对 " = " 作了定义和说明。尤其是在 SL 系统中，不仅包括了个体间的
同一性定义 $D1$，还包括了类的同一性定义：$D4\ \alpha = \beta =^{\text{def}} \alpha \subseteq \beta \subseteq \alpha =^{\text{def}} \forall x\ (x$
$\in \alpha \leftrightarrow x \in \beta)$，即对两个非空集合 α 和 β 而言，如果任意一个对象是它们其中
的任意一个类的成员同时也是另外一个类的成员，那么 α 和 β 就是同一的。
这是一种典型的外延性定义，也就是通过类的成员的同一来定义类的同一。
此外，在 SL 系统中的等词满足了如下性质，对称性（symmetry）：$\forall x \forall y$
$(x = y \rightarrow y = x)$ 和传递性（transitivity）：$\forall x \forall y \forall z\ (x = y \wedge y = z \rightarrow x = z)$ 等。

在《逻辑哲学》中，奎因对等词理论的归属有一个明确的论述，
他说：

> 等词理论在逻辑和数学中均有其邻近的理论，但是，它与逻辑中
> 邻近的理论的亲缘关系比它与数学中邻近的理论的亲缘关系要强得
> 多。它归属于逻辑。①

奎因认为尽管等词理论与数学理论相关，但是等词理论属于逻辑学而
不属于数学。为此，他提出等词理论归属于逻辑，是因为等词理论具有两
个特点：完全性与普遍性。②（1）关于完全性。奎因说："完全性的证明程
序不仅可以用于量化理论，而且可以用于结合到一起的量化理论和等词理
论"③，奎因接着论述：哥德尔曾表明，如果把两个等词公理模式（$x = x$）
和 $\neg ((x = y) \wedge (Fx \wedge \neg Fy))$，增加到量化理论的完全性证明程序中，就
能得到带等词的量化理论的完全性证明程序。而哥德尔（不完全性定理）

① Quine, W. V. O., *Philosophy of Logic*, Cambridge：Harvard University Press, 1970, p. 64.
② Quine, W. V. O., *Philosophy of Logic*, Cambridge：Harvard University Press, 1970, pp. 61 – 62.
③ Quine, W. V. O., *Philosophy of Logic*, Cambridge：Harvard University Press, 1970, p. 62.

也证明了初等数论是不可完全的，其是没有完全性证明程序的。这就表明，等词理论与逻辑理论有更强的亲缘关系。（2）关于普遍性。奎因说："等词理论似乎更像是逻辑而非数学的另一方面是，它具有普遍性，对所有对象一视同仁。任何理论都能通过使用其变元的方式被构造出来，这些变元可以指涉任何的事物。对于数论和集合论，它们各自变元的唯一的值就只是数和集合。然而，等词理论则没有任何偏好。这个特征表明，等词理论就像量化理论那样是最为基本的理论。"① 按照奎因的观点，等词所具有的这个普遍性其实就是上述所说的本体论中立性，因为奎因提到等词理论中对于变元的值没有任何偏好（而在数论中，变元的值为数，集合论中变元的值为集合），这就意味着，相对于数论中的数以及集合论中的集合这样的本体论偏好，等词理论没有任何的本体论预设，它是中立性的。这也意味着，包含了等词的一阶逻辑理论能够继续保持其本体论中立性。这也表明，等词理论与逻辑理论有更强的亲缘关系。

在奎因来看，等词理论是归属于逻辑的。但是，等词理论不能被还原为量化理论。这就是说，在任意一阶逻辑系统中，"＝"都不能仅仅被其他的逻辑词所取代或定义。奎因在 SL 系统中，把"＝"设定为一个初始的特殊谓词或者一系列复杂谓词的缩写式。从等词的这种句法归属上来看，弗雷格和奎因有着明显的不同。弗雷格把等词看作逻辑常项，并且在《概念文字》和《算术基础》的系统中也把"＝"当作初始符号。但是，等词和其他的逻辑常项，如蕴含、合取等之间还是具有一些不同，主要的不同在于其他的逻辑常项可以作为简单句的算子用来连接不同的简单句，使之构成复杂句。而等词并非这种用来构成复杂句的算子，它只能用来连接一个句子内的基本要素而构成简单句。比如表达合取关系的联结词"并且"可以把两个简单句："今天下雨""今天刮风"连接起来构成一个复杂句："今天下雨并且刮风。"但是等词"是"却不能这样地连接两个简单句，它只能通过连接两个句子要素，比如"亚里士多德""哲学家"而构成一个简单句："亚里士多德是哲学家。"弗雷格之所以把"＝"当成是一

---

① Quine, W. V. O., *Philosophy of Logic*, Cambridge: Harvard University Press, 1970, p. 62.

个初始符号，而不像奎因一样去把它定义为一个特殊谓词，原因就在于弗雷格认为同一性是不可定义的，"这是因为在表述任何定义时我们都需要等词"（来自对胡塞尔的评论）。弗雷格接受莱布尼茨同一性的规则，在此基础之上给出了同一性的说明："一个对象 a 与另一个对象相等（在完全重合的意义上），如果 a 处于 b 所处于的每个概念之下，并且 b 处于 a 所处于的每个概念之下。"[①] 由于弗雷格的逻辑系统是高阶的，他的这个同一性可以用逻辑语言表示为：$\forall F\ (Fa\leftrightarrow Fb)\rightarrow a=b$。

基于 SL 系统，我们对奎因关于" = "做出的上述句法设定做一些分析。

首先，等词不是一个逻辑词。用奎因的话说就是等词不属于"纯逻辑的词典"（purely logical vocabulary）（在奎因的纯逻辑的词典中只有量词和真值函项联结词）。奎因对此的解释是，如果等词属于逻辑词的话，那么就需要认可"一些逻辑的概括性（logical generality）可以在对象语言中通过量化来直接表达"[②]，这里所说的"逻辑的概括性"其实就是指使用逻辑语言所形成的量化表达式。但是，并非所有使用逻辑语言的表达式在逻辑系统内都是合句法的（并非所有的公式都是合式公式），有些量词表达式在一阶逻辑系统中是不合句法的。如在表达式" $\forall x \forall y\ (x=y)$ "中，等词连接了两个个体变元，这样的表达式在一阶逻辑中是符合句法的，因为等词在这里并不是一个通常的真值函项联结词。如果把等词也设定为一个和其他真值函项一样的逻辑词，那么这就意味着赋予了所有真值函项和等词同样的表达方式，也就是真值函项也可以像上述表达式中的等词一样，直接连接两个个体变元，如" $\forall x \forall y\ (x\rightarrow y)$ "，但是显然这样的表达式在一阶逻辑中是不符合句法的。真值函项联结词是句子联结词，其只能用于句子间的联结关系，并不能直接用于句子中的个体词之间的联结，所以诸如" $x\rightarrow y$ "或" $x \wedge y$ "等这样的表达式都不是一阶逻辑系统内的合式公式。因此，不能把等词看作和真值函项一样的逻辑词。

其次，等词也不是一个通常的谓词。通常的谓词是指在逻辑系统中用

---

① ［德］弗雷格：《弗雷格哲学论著选辑》，王路译，商务印书馆2006年版，第123页。

② Quine, W. V. O., *Philosophy of Logic*, Cambridge：Harvard University Press, 1970, p. 61.

于表达一些通常属性或关系的谓词，这种谓词的特点是它的语义解释不固定和不专有，在不同的形式系统中存在不同的语义解释。如"Fa"，其中的"F"就是一个通常的谓词，其既可以被解释为"苏格拉底是聪明的"中的"聪明的"，也可以被解释为"苏格拉底是哲学家"中的"哲学家"。但是，按照奎因的观点，"$=$"并不是一个这样的谓词。我们可以借助奎因的逻辑真句子的置换定义来做分析。奎因认为："一个句子是逻辑真句子，如果对于句子中的谓词的一切置换都能保持是真的。"[1] 也就是说，如果保持一个句子的逻辑结构不变，而用其他的谓词置换掉句子中原有的谓词后，这个句子的真值仍然保持不变，因为句子中这样的谓词并不会影响句子的真值。但是，如果把等词也看作一个这样的谓词，那么对一个句子中的等词做置换的话，就可能导致句子真值的变化。如表达式"$\forall x \forall y (x = y \wedge Fx \rightarrow Fy)$"，如果把其中的谓词"$F$"全部置换为"$G$"后句子真值不变。但是如果把其中的"$=$"置换为"$<$"后句子真值就会变化。使得这个句子不再具有保真性的原因在于，对于有些含有"$=$"的句子，其有效性依赖于对"$=$"所做出的特殊的或专有的语义解释——同一性关系。也就是说，上述表达式为真的前提是把其中的"$=$"解释为：两个变元"x"和"y"所指称的对象的同一性关系。如果改变这种特定的语义解释就可能使得表达式为假。如把"$=$"置换为"$<$"，而后者的语义解释是"小于关系"，那么置换后的句子为假。显然这种谓词置换式是不能保真的。因此，要坚持奎因对逻辑真句子的谓词保真置换性，就不能把"$=$"设定为一个通常的谓词。[2]

最后，等词是一个特殊的谓词，这种特殊性就体现在等词被赋予的专有的同一性的语义关系上。奎因有时候会把等词称为是一个"不可分析的一般谓词"[3]：

① Quine，W. V. O.，*Philosophy of Logic*，Cambridge：Harvard University Press，1970，p. 49.

② 当然并非所有的含有"$=$"的句子的有效性都依赖这种同一性关系的解释。如表达式"$\exists y (x = y \wedge Fx) \wedge \exists y (x = y)$"，这个式子在一阶逻辑内是真的或有效的，并且这种有效性并不会依赖于表达式中对"$=$"的这种同一性的特定解释，因为表达式中的等词式"$x = y$"只是作为谓词"Gxy"的替代形式，整个表达式的有效性已经被句子的逻辑结构所保证。

③ Quine，W. V. O.，*Word and Object*，Cambridge：MIT Press，1960，p. 230.

在任意一个被称为标准语言的语言中，等词这个谓词都是无需假设而实际就有的。虽然不能单独地借助于真值函项和量化来定义真，但是却可以在应用了真值函项与量词的系统中对等词或具有相同作用的类等词加以定义。①

等词不能只通过真值函项和量词来定义，说明等词理论不能直接还原为量化理论。但是等词可以在量化逻辑系统中被定义，说明除了借助于真值函项和量词之外，再借助系统中的谓词，就可以定义等词。

在建构 SL 系统时，奎因表示，在一个标准的逻辑语言中，谓词符号通常都是有穷的，我们可以通过"穷尽组合"（the exhaustion of combinations）的方式定义" = "，即穷尽系统中所有谓词及其变元的组合。按照奎因的理解，根据事物的不可分辨性（indiscernibility）（如果两个对象不能被不同的谓词所分辨出来，那么这两个对象就是同一的），可以把等词定义为一个由不同的双条件句组成的合取式。具体而言，假设 SL 系统是一个具有有穷谓词符号的逻辑系统，如果 SL 系统仅有一个二元谓词"F"，那么就可以对" = "做如下定义：$x = y =^{\text{def}} \forall z \ (Fxz \leftrightarrow Fyz \wedge Fzx \leftrightarrow Fzy)$，这就是初始形式定义中的 $D1$。但是，如果 SL 系统具有更加复杂的谓词，如：一个一元谓词"F"、一个二元谓词"H"和一个三元谓词"G"，那么可以对"$x = y$"做出以下定义：

$x = y =^{\text{def}} (Fx \leftrightarrow Fy) \wedge \forall z \ ((hzx \leftrightarrow Hzy) \wedge (Hxz \leftrightarrow Hyz)) \wedge \forall w \ ((Gzwx \leftrightarrow Gzwy) \wedge (Gzxw \leftrightarrow Gzyw) \wedge (Gxzw \leftrightarrow Gyzw))$。

按照"不可分辨性"，上述等词定义的直观意思就是：对于个体变元"x"和"y"，如果不能被上述三种系统中所有的谓词类型分辨或区分出来，那么"x"和"y"就是同一的（在这个定义中其他的个体变元，如"z""w"等，它们彼此间同样也是不能分辨的）。上述这个定义的方式穷尽了 SL 系统中所有的谓词及其变元的组合。这种定义方式存在一个前提

① Quine, W. V. O., *Philosophy of Logic*, Cambridge：Harvard University Press，1970，p. 63.

条件，就是要求系统中的谓词是有穷的，否则就无法穷尽所有谓词。对此，奎因说："甚至在无穷多个谓词的情况下，我们通常也能定义等词，尽管并不总能如此。无穷多个谓词的情况，自然也是对我们标准句法的一种背离。它要求某个另外的、能够生成符合谓词的句法构造，因为毕竟词典只能是有穷的。"① 也就是说，奎因认为有穷谓词的情况是一种标准的逻辑系统的情况，而要处理无穷的谓词的情况，则需要在系统中去额外构造出一个专门用以生成符合要求的谓词字母的句法规则，与此对应同样也可以构造出一个这样的句法规则以满足定义等词的需要。因此，上述定义等词的方式是普遍有效的。这样，"="就既可以作为初始的特殊谓词，也可以作为由上述一系列复杂的谓词组合的缩写式。

四　逻辑真句子

逻辑就是带等词的一阶逻辑，这是奎因逻辑观告诉我们的。那么，逻辑的研究对象是什么？奎因的回答是："逻辑就是对逻辑真句子（logical truth）的系统研究。"② 那么，逻辑真句子又是什么？奎因在《逻辑方法》中对逻辑真句子及其特点作了一个详细论述，他说：

> 逻辑就像任何科学一样，也是以求真为己任。真之载体是陈述句，求真就是努力区分出真句子和假句子……逻辑真句子和其他真句子虽然都是陈述句，但是逻辑真句子处于中心的地位。它们具有这样的形式，如"$x = x$""p 或非 p""如果 p，那么 p""如果 p 并且 q，那么 q""如果所有事物都是如此这般，那么有些事物也是如此这般"，以及其他一些更加复杂、更难辨认的形式。这些逻辑真句子的特征在于，它们不仅仅是真的，而且当我们保持它们中的所谓的"逻辑词"不变，如"="" 或者""并非""如果，那么""所有""有些"等，而

---

① Quine，W. V. O.，*Philosophy of Logic*，Cambridge：Harvard University Press，1970，pp. 63 - 64.

② 在奎因的语境下，逻辑真与逻辑真句子这两种说法是等同的。因为在奎因看来，能称其为真或假的东西只有句子，即真之载体是句子，因此，逻辑真只能是逻辑真句子。（真之载体详见第三章第四节）

替换掉其他的构成词或词组时，这些逻辑真句子仍保持是真……当一个陈述句被认为是逻辑真句子时，关键就是其中的逻辑词所决定的结构。因此，逻辑真句子通常被认为是真的仅仅是依据其逻辑词的意义为真。①

可以看出，上述论述主要侧重于对逻辑真句子的一些描述性的说明。为了更加准确和精确地说明逻辑真句子，奎因又在《逻辑哲学》给出了逻辑真句子的五种定义或规定，虽然这五种定义给出的角度不同，但基本都是围绕真与结构给出的，并且在一定条件下它们彼此间是等价的。（1）结构定义："一个逻辑真句子可以被定义为这样的句子，它的真是由它的逻辑结构所保证的"②，而一个句子的逻辑结构就是指真值函项、量词及其变元的组合方式。（2）置换定义："一个句子是逻辑真句子，如果对它其中的谓词的一切置换都能保持句子为真"③，这个定义我们在第二章第二节的"等词理论属于逻辑"中提到过，它也被称为是逻辑真句子的谓词保真置换性。（3）模型定义："一个模式是有效的，如果它被它的所有模型所满足"④，一个模型满足一个模式也就是满足了该模式的所有语义解释。（4）证明论定义："一个逻辑真句子是由证明规则产生的任意句子"⑤，这个定义依赖于哥德尔的一阶逻辑的完全性定理，是后者的一个推论，这个定义说明我们可以无须再借助于语义概念，而直接通过描述一种证明程序来获得逻辑真句子。（5）语法定义："一个逻辑真句子是不会通过替换实词而变成假句子的，即使在补充实词资源的情况下"⑥，其中的"实词"是指系统中的非逻辑词，主要就是指谓词。

结合奎因的上述观点，本书认为，逻辑真句子是奎因逻辑观的核心。对此，我们作以下分析。

① Quine, W. V. O., *Methods of Logic*, Cambridge: Harvard University Press, 1950, p. 4.

② Quine, W. V. O., *Philosophy of Logic*, Cambridge: Harvard University Press, 1970, pp. 46 – 47.

③ Quine, W. V. O., *Philosophy of Logic*, Cambridge: Harvard University Press, 1970, pp. 49 – 50.

④ Quine, W. V. O., *Philosophy of Logic*, Cambridge: Harvard University Press, 1970, p. 52.

⑤ Quine, W. V. O., *Philosophy of Logic*, Cambridge: Harvard University Press, 1970, p. 57.

⑥ Quine, W. V. O., *Philosophy of Logic*, Cambridge: Harvard University Press, 1970, p. 59.

首先，逻辑真句子不同于真（truth），后者是一个纯粹的语义概念，而前者则是句法和语义相结合的概念，这种结合体现了奎因逻辑观对逻辑研究的基本要求。奎因在《卡尔纳普和逻辑真句子》中说道："不考虑任何认识论主张，也不考虑语言学的或者其他什么主张的话，我们可以用下面的方式划定出'逻辑真句子'这个词在'真'这个更为宽泛的词中所包含的范围……逻辑真句子就是本质上仅仅包含了逻辑词的那些真句子。"①在《数理逻辑》中也说道："说一个句子是逻辑真句子，是指该句子不仅本身为真，而且当除了它的逻辑结构之外的其他东西都任意改变时所得到的句子仍然保持为真。"② 从上述的表述可以得出两点：（1）逻辑真句子是建立在真这一概念的基础之上的。按照塔斯基的真之形式语义学中对真的定义和理解："真"这一概念是依赖于语言的不同层次以及借用"可满足"等概念被定义出来的，也被认为是句子的语义。具体而言，塔斯基在《形式化语言中真这个概念》（1930）中提到，他的任务就是要给出一个形式上正确和实质上恰当的真之定义。这个真之定义的目标就是要对"亚里士多德古典的真这个概念"中所表达出来的直觉给予一个"更精确的表达"。亚里士多德对于真的古典符合论定义就是："否定是的东西或肯定不是的东西就是假的，而肯定是的东西或否定不是的东西就是真的。"塔斯基认为"真"是不能在它所属的那个语言层面得到定义的，而必须在另一个层面的语言中才能得到定义。如果在同一个语言中直接定义真，那么就会导致诸如"说谎者悖论"这样的语义悖论的产生。因此，塔斯基把语言区分为对象语言和元语言，对象语言是用来被定义层面的语言，而元语言则是对对象语言层面的真做出定义的语言。即塔斯基用元语言层面的"满足"去定义对象语言层面的"真"。换句话说，要避免悖论，对象语言中的语义学必须只能在元语言中给出，真作为语义谓词只能在元语言中被定义。这就是塔斯基所说的真之定义的形式正确性。塔斯基认为的实质上恰当的要求是指，任何可接受的真之定义应该以T模式的所有实例为后承。T模式如下："S在L中是真

---

① Quine, W. V. O. , *The Ways of Paradox and Other Essays*, Cambridge：Harvard University Press，1966，p. 110.

② Quine, W. V. O. , *Mathematical Logic*, Cambridge：Harvard University Press，1940，p. 28.

的当且仅当 p。"按照塔斯基的观点，任何一个语句的真都是相对于一定的语言而言的，所以语句 S 只能在语言 L 中谈论真，上述 S 就是 L 中的任意句子的名称，p 是指与 S 相关的事实。对应于亚里士多德的定义而言，S 相当于做出判断"肯定"或"否定"，p 相当于"是的东西"或"不是的东西"。这样亚里士多德的真之定义就会在塔斯基的 T 模式中得到严格陈述。塔斯基强调，T 模式并不是一个真之定义，它只是真之定义的一个实质上恰当的要求，这意味着如果一个真之理论是实质上恰当的，那么必须接受 T 模式，即能以 T 模式的所有实例作为这个真之理论的后承。而接受了 T 模式或其所有实例为真之理论的后承也就是确定了"真"这个词的所有外延，从而也就拒斥了与之不同的真之理论。奎因接受了塔斯基的这个对于真的定义，奎因对于"真"的理解基本也是建立在塔斯基的真之语义学基础上的。

（2）逻辑真句子在真这一语义概念的基础上，还包含了逻辑词或结构这样的句法概念，并且这是一种"本质上"的包含，即逻辑词或逻辑结构决定逻辑真句子的真值条件。所以，逻辑真句子是真和句法的结合。这种结合与奎因逻辑观下对逻辑的要求是非常匹配和符合的。奎因经常强调逻辑是从句法和语义两个方面共同被刻画的："逻辑沿着句法之树追求真""逻辑根据句子的句法结构来探求句子的真值条件""用力学术语来说，逻辑就是句法与真这两个分力的合力"①。"逻辑就是对逻辑真句子的系统研究"，这里的"系统研究"就体现着现代逻辑下通过建立形式化系统去研究逻辑的要求，而形式系统的基本要素就是句法和语义两方面。所以，句法和语义的结合既是现代逻辑对逻辑研究的要求，也同样是奎因逻辑观的基本要求。伯林斯基（Berlinski，1969）等人就曾准确地观察到了奎因对于逻辑真句子的上述认识，伯林斯基说："有三种处理逻辑真句子的方法：首先是通过模型的方法，其次是通过模型论的方法，最后是通过模型论和句法相结合的方法；前两种方法分别被刘易斯和塔斯基所使用，第三种被奎因所使用。"②

---

① Quine，W. V. O.，*Philosophy of Logic*，Cambridge：Harvard University Press，1950，p. 61.

② Berlinski，David and Gallin，Daniel，*Quine's Definition of Logical Truth*，Noûs，1969，3（2），pp. 111 – 128.

其次，逻辑真句子与其他科学真句子有着根本区别，这既是逻辑区别于其他科学的关键，也是奎因逻辑观建立的基础。我们从两方面来分析这种区别：（1）逻辑真句子区别于数学真句子。奎因认为逻辑真句子有三个特点区别于数学真句子[①]。其一，逻辑真句子具有显而易见性（obviousness），奎因认为所有的逻辑真句子都具有明显的或者潜在的显而易见性，并且具有完全性的逻辑系统可以"保存显而易见性"（save the obvious）。但是，数学真句子则并非如此，初等数论就没有完全性的证明程序。并且即使有些数学真句子具有潜在的显而易见性，也都是通过一些自明的步骤达到的，"而我们要记住，那些大多是逻辑的步骤"[②]。其二，逻辑真句子具有本体论中立性，逻辑没有对词典（辞典）的偏好，它的变元的值也没有对论域中对象的偏好。但是，奎因认为数学与逻辑不同，数学有它偏好的词典，并且有它特别相关的变元的值。就像奎因曾说的："通过对类的量化来表达的陈述句，它（集合论）的真句子依赖于特殊的对象——类——的存在，而狭义的逻辑真句子无差别地对待每种东西。"[③] 其实奎因所说的正是我们上面所论述的逻辑具有本体论中立性；而集合论和初等数论由于它们的类变元和数变元都以类和数作为变元的值，导致了它们不具有本体论中立性。其三，逻辑真句子具有普遍性，奎因认为逻辑所具有的普遍的可应用性，使其成为所有科学（包括数学）的"婢女"（handmaiden），当然奎因这里并没有贬低逻辑的意思，只是对于逻辑之于其他科学所具有的一种基础性和广泛性的应用的说明。（2）逻辑真句子区别于自然科学真句子。奎因认识到，尽管所有的科学都以求真为目的，但是逻辑真句子与自然科学真句子之间有根本性的区别，他说：

　　一边是自然科学，另一边是逻辑和数学，一旦这两边之间有了明显的分界线，所有的感觉证据变得都归自然科学。逻辑和数学不为它

① Quine, W. V. O., *Philosophy of Logic*, Cambridge：Harvard University Press, 1950, pp. 97 - 98.

② Quine, W. V. O., *Philosophy of Logic*, Cambridge：Harvard University Press, 1950, p. 98.

③ Quine, W. V. O., *Philosophy of Logic*, Cambridge：Harvard University Press, 1950, p. 125.

们所动。逻辑和数学服务于自然科学，但是反过来不能说逻辑或数学因为这些成功的服务而得到任何的实证的检验。这也不是说，逻辑和数学的真句子由于缺乏公认的经验的支持而成为可被质疑的了。①

按照奎因的观点，逻辑（和数学）真句子区别于自然科学的真句子的关键就在于前者没有来自感觉经验的直接支持，而后者则有。换言之，逻辑真句子的真值条件决定于句子的逻辑结构，而逻辑结构又来自逻辑词的组合方式，这些逻辑词在"本质上"决定了逻辑真句子的真值条件，对这些逻辑词进行研究的方式就是建立形式化的逻辑系统。但是，自然科学是经验性的，自然科学的真句子（除了来自逻辑的那部分之外）的真值条件完全取决于经验证据的支持。以物理学而言，即使在物理学中存在着一些与经验观察很遥远的部分（如理论物理学等），但是只要这些部分还保留着"一个混合的词典"，它们就仍然被称为是物理学，这个词典就是指那些间接地因而也是最终地需要与经验观察相关的部分包容。也就是说，物理学作为这样一种典型的自然科学，其哪一部分都或多或少、或直接或间接地基于感觉经验。所以，物理学真句子最终仍需要来自经验证据的支持。但是，"逻辑真句子和数学真句子是诸科学中最稳固的部分，它们无须任何的经验证据包含其中"②。

作为逻辑研究对象的逻辑真句子，既不同于数学真句子，也不同于自然科学真句子。这在某种程度上就决定了逻辑既不同于数学也不同于自然科学，逻辑就是带等词的一阶逻辑。逻辑真句子是奎因建立逻辑观的基础。

最后，对基于逻辑真句子的"逻辑概念"的进一步探究，可以为奎因逻辑观提供一种有效的支持或辩护。如上所述，逻辑词在本质上决定了一个逻辑真句子。③ 那么对逻辑词这个概念本身的界定就很关键，何为逻辑

---

① Quine, W. V. O., *Philosophy of Logic*, Cambridge：Harvard University Press，1950，p. 98.

② Quine, W. V. O., *Philosophy of Logic*, Cambridge：Harvard University Press，1950，p. 99.

③ 以真值函项为例，根据弗雷格的组合原则，一个复合句的真值条件取决于构成它的基本元素或简单命题，复合句真值就是由简单命题的真值和逻辑联结词共同决定的。按照逻辑联结词的真值表，可以看到每一个联结词的作用就是相当于一个函数，并且是一个有关于真值的函数。通过真值函项可以得到清晰的句子的真值条件，真值函项这样的逻辑句法结构就是为逻辑真句子所服务的："逻辑沿着句法之树追求真。"

词？在上述引文中，奎因列举出了他认为的逻辑词（真值函项联结词和量词），并且在此基础上区分了逻辑词与非逻辑词（真值函项联结词和量词之外的词），此外奎因并没对逻辑词做过进一步的论述。显然，逻辑词在奎因那里其实是一个自明的概念，他只是通过枚举（enumeration）的方式给予了说明，奎因并没有给逻辑词本身下一个严格的定义，而比逻辑词更加在先的和基础的概念——"逻辑概念"也没有被奎因所涉及。对此，有学者（马明辉，2015）认为，可以对"逻辑概念"做进一步探究，制定一个既可以准确区分逻辑概念与非逻辑概念，又完全符合奎因逻辑观的逻辑概念标准，这样就可以更加精确地定义逻辑词，最终为逻辑真句子以及奎因逻辑观提供一个更加牢固的基础。这种观点认为，最早明确提出并研究"逻辑概念"的是塔斯基，塔斯基在《论逻辑后承概念》（1936）中提出，"逻辑词"与"非逻辑词"之间的划分"肯定不是随意的"，是有一个明确的界限的，但是塔斯基当时并没有给出这个界限。通过一些研究之后，塔斯基在《何为逻辑概念？》（1986）一文中提供了一种逻辑概念的标准，他说："称一个概念是'逻辑的'，如果它对世界到自身的所有可能的 1－1 变换都能保持不变。"[1] 这个标准被概括为论域的排列不变性。但是，依据论域的排列不变性所得到的逻辑概念中，有些并不符合奎因逻辑观，如关于类及其关系的概念，按照排列不变性的标准都是逻辑概念，但是它们显然不被奎因逻辑观所认可。塔斯基的学生、数学家费弗曼（S. Feferman）在塔斯基研究的基础上又提出了一个标准：如果一个运算可以在一个不带等词的一阶逻辑中被定义（即为一个逻辑概念），当且仅当它可以被同态不变的单元型运算所定义。[2] 这就是同态不变性标准。尽管同态不变性标准比排列不变性标准更加精确[3]，但是它也不符合奎因逻辑观，因为同态不变性标准是建立在一个不含有等词的一阶逻辑系统之内的，把等词理论排除在逻辑之外显然有违奎因逻辑观。所以，需要对同态不变性标准进行

---

[1] Tarski, Alfred and Corcoran, John, "What are Logical Notions?" *History and Philosophy of Logic*, 1986, 7（2）, pp. 143－154.

[2] Feferman, S., *Tarski's Conception of Logic*, Annals of Pure and Applied Logic, 2004, 126（1）, pp. 5－13.

[3] 马明辉：《奎因逻辑哲学研究》，科学出版社2017年版，第163页。

修正使其完全符合奎因逻辑观。总之，一个可靠的和符合奎因逻辑观的逻辑概念标准将为奎因逻辑观奠定更加牢固的基础。

第三节　奎因逻辑观的形式特征

我们论述和分析了奎因逻辑观从发展到完善的历史脉络及其内在的思想历程。基于此，本书认为，奎因逻辑观具有以下四个基本的形式特征：一阶量化、二值原则、外延性和完全性。

一　一阶量化

一阶量化（first-order quantification）是奎因逻辑观所坚持的一个首要原则。所谓一阶量化或高阶量化中的阶层数主要是针对量化变元而言的，量化变元的不同类型根本上决定了其所在的形式系统的阶层数。按照变元所指称之物（论域中的对象）的不同，变元大致可以被分为个体变元（用于指称个体和具体的对象，一般用 x，y，z…表示）、谓词变元（用以指称属性或关系等普遍之物，一般用 F，G，H…表示）、类变元（用以指称类，一般用 α，β，γ…表示）、命题变元（用以指称命题或句子所表达的东西，一般用 F，G，H…表示）以及数变元（用以指称数字，一般用 x，y，z…表示）等。一阶量化就是指在一个形式系统中只能以个体变元作为该系统内唯一的量化变元，如具有如下表达式：$\forall x\,(Fx \rightarrow Gx)$ 的形式系统就被称为一阶量化系统。类似地，二阶量化就是指在一阶量化的基础上，允许系统中的谓词变元、类变元等非个体变元的变元也作为该系统的量化变元，如具有如下表达式：$\forall x \forall F \exists G\,(Fx \rightarrow Gx)$ 或 $\forall p \forall q\,(p \wedge q)$ 的系统就被称为二阶量化系统。二阶及以上的量化都被称为高阶量化。

可以从以下两个方面对比一阶量化与高阶量化的主要区别。

第一，从系统的形式论证能力来看，由于高阶量化具有更加丰富的量化变元，相应地在论域中也就具有更加丰富的为变元赋值的对象，所以，相较于一阶量化系统，高阶量化系统具有更强的表达和推理能力。表现在：（1）有些在一阶系统中难以被表达的句子，在高阶系统中则能够被表达。被奎因经常提到的一个例子是吉奇—卡普兰语句（Geach-Kaplan sentence）①："有些批评者仅仅是相互欣赏。"这个句子被证明难以在一阶系统内表达出来②。这句话中要表达的关系——相互欣赏——是批评者们间的相互关系，并非两个个体间的关系，而是两个类之间的关系，在这种情况下，在系统中就需要通过对类变元施量化，使得"批评者们"这个类去满足上述关系，在高阶量化下可以被表述为：$\exists F$（$\exists x$（$Gx \wedge Fx$）$\wedge \forall x$ $\forall y$（$Gx \wedge Fx \wedge Gy \wedge Axy \rightarrow Fy$）），其中"$Gx$"表示"$x$ 是批评者"，"Fx"表示"批评者组成的类"，"Axy"表示"x 欣赏 y"。（2）有些在一阶系统中非常复杂的句子，在高阶系统中能够以更简洁的方式表达。如句子："柏拉图具有的所有美德在亚里士多德身上也都具有。"如果在一阶系统下可以表达这个句子，但是其表达式较为复杂。如果使用高阶系统则可以被十分简洁地表述为：$\forall F$（$Fa \rightarrow Fb$），其中"F"为谓词变元，谓述了美德这种属性，"a"和"b"分别指称柏拉图和亚里士多德。（3）有些在一阶系统中无效的推理，在高阶系统中可能就是有效的。一般而言，基于"全部数学还原为逻辑"的逻辑主义纲领已经被证明是无效的，如果这里的逻辑是不包含集合论的一阶逻辑。也就是说，全部数学是难以被仅仅还原为一阶逻辑的。但是有些学者认为，可以通过基于高阶量化的"休谟原则"（Hume's Principle）推导出皮亚诺算术的五条公理，③ 这表明一种可能，即全部算数可以从休谟原则中推导出来，这也被称为"弗雷格定理"（Frege's Theorem）④。如果上述论证能够最终被证明，那就意味着算术真句子也都是（高阶）逻辑真句子。这样，在一阶系统下被证明无效的逻辑主义纲领，可能会在高阶系统下成为有效的。

---

① 奎因在《指称之根》（p. 111）和《逻辑方法》（p. 293）都提到并详细说明了这个例子，不同之处只是在《逻辑方法》中把"批评者"替换为了"人"。这个句子最早出现在布洛斯（Boolos, 1984）的论文中，他证明了这个句子只能在二阶系统下被表达。

② George, Boolos, "To Be is to Be a Value of a Variable（or to Be Some Values of Some Variables）", *Journal of Philosophy*, 1984, Vol. 81, No. 8. 81（8）:, pp. 430 – 449.

③ 休谟原则就是：对于任意概念 F 和 G 而言，F 的数和 G 的数相等，当且仅当"是 F 的东西"与"是 G 的东西"之间是一一对应的。休谟原则在二阶逻辑中可以得到很好地形式化表达。

④ Heck Jr, Richard, "Frege's Theorem: An Introduction", *Manuscrito*, 2003, 26（2）, pp. 471 – 503.

第二，从形式系统的元定理——完全性来看，如前所述一阶量化逻辑系统具有完全性的证明程序，其是一个完全的系统。但是，任何高阶逻辑系统都不具有完全性证明程序，并且根据哥德尔的不完全性定理，这种高阶系统的不完全是一种不可完全，也就是说，即使把系统内不能被证明的公式作为公理加入原系统中，形成的新系统必然仍会产生不能证明的公式。

从"SL系统及其特点"与"集合论不属于逻辑"中的相关论述和分析可以得出，尽管高阶量化在形式论证方面有明显的优势，但是，奎因仍然坚持一阶量化，反对把谓词变元、类变元等模式字母作为量化变元，反对混淆个体变元和模式字母的区分，坚持只有个体变元才是真正的量化变元，认为只有对个体变元的量化才是逻辑的量化。此外，如上所述，奎因也对高阶量化提出了很多疑问，主要是从形式系统的完全性证明（显然按照哥德尔不完全性定理，高阶量化不具有任何完全性的证明），以及本体论中立性（高阶量化不具备本体论中立性）等方面来考虑。

其实，上述这些观点都是被奎因所反复强调和始终坚持的，它们也是奎因在逻辑观上区别于其他逻辑学家的一个很明显的特征。例如，尽管本书强调奎因与弗雷格在逻辑技术和思想上是一以贯之的，在逻辑观上也是一脉相承的，但是他们在逻辑观上仍然存在着一些差异，其中最主要的差异就体现在是坚持一阶量化还是高阶量化方面：如正文所说，奎因是坚持一阶量化的。而弗雷格尽管没有专门论述过这个问题，但是，事实上弗雷格被公认为是不反对高阶量化的。可以从三个方面来分析弗雷格的高阶量化思想。第一，弗雷格不对论域中的对象做任何限制，把论域设定为一个无所不包的全体或全域。在弗雷格看来，所有的事物都应该没有限制地被归入论域之内。对此达米特有一个准确的评价："弗雷格自然而然地假定，有可能把一个唯一的极大定义域，即所有对象的域，当作个体变元在所有语境中的取值范围。这对他来说是个自然的结论，其来自一个简单的观察，即总是可以通过使用由所有并且只有取值范围内的成员满足的谓词，来获得对取值范围进行限制的效果。"达米特认为，弗雷格不愿意通过限定论域的方式对个体变元进行限制，而宁愿通过使用适当的谓词对个体变元进行限制。如句子（1）"有些哲学家是聪明的"，既可以被表示为（2）"∃x

（x 是哲学家 $\wedge x$ 是聪明的）"，也可以被表示为（3）"$\exists x$（x 是聪明的）"。它们的不同就在于，（2）中的论域没有被限制，是全域；而（3）中的论域被做了限制，只是全体哲学家的集合。这两种形式化的方式在逻辑上是等同的，但是弗雷格更加倾向于（2），它满足弗雷格对于论域不设限的看法。并且弗雷格有一个重要的数学哲学观点：数是对象，用于表达数的专名——数词和函数表达式以及个体变元的论域当然就应该包括数在内，因此，不对论域中的对象做任何限制也有助于弗雷格哲学和数学的表达。第二，奎因多次强调了个体变元和模式字母的区别，明确反对混淆二者，尤其是不能把谓词变元作为量化变元。但是，弗雷格不仅没有做过任何关于变元的区分，而且相反，弗雷格还坚持可以对谓词变元做量化，他就是基于此建立的第一个谓词演算系统，这个系统实际上是一个高阶量化系统。弗雷格建立此系统的初衷是作为数学研究的工具，如正文所述，显然高阶量化所具有的更加强大的形式论证能力与弗雷格的这一研究目的更加匹配，因此，弗雷格没有理由把逻辑只限制于一阶逻辑。第三，正文中论述了奎因反对高阶量化的两点主要理由——完全性和本体论中立性，但是，它们在弗雷格那里显然不被看作问题：完全性的思想后于弗雷格产生，而弗雷格的数学哲学显然预设了数作为对象。

总之，坚持一阶量化，反对高阶量化，这是奎因逻辑观中的一个首要逻辑特征。

二　二值原则

所谓二值原则（principle of bivalence）就是指任意句子的真值，只能是：真或假，不能有其他情况。也就是说，任意句子要么是真要么是假，存在二值；任意句子不能既是真又是假，至多有一个真值；任意句子不能既不是真也不是假，至少有一个真值。即任意句子都恰好只有一个真值。二值原则被认为是最经典的现代逻辑规则，在现代逻辑创立之时就被作为一个基本原则。弗雷格在其著名论文《涵义和意谓》中明确了对二值原则的坚持："我把一个句子的真值理解为句子是真的或是假的情况。再没有其他真值。为了简便，我分别称它们为真或假。每个陈述句若是涉及用词的意谓，则应该把它理解为专名，而且如果它的意谓存在，则这个意谓要么是真，要么是假。"①

一般情况下，坚持二值原则的形式系统都会把排中律和矛盾律作为系统的定理或规则。② （1）排中律，任意句子及其否定必有一个为真，这个句子与其否定句组成的析取式必为真："A∨¬A"为真。亚里士多德（Aristotle，1975）在《形而上学》中把排中律表述为：对于任何事物而言，我们必须或者肯定它，或者否定它，那么肯定或者否定就不可能都是假的。因为在二值原则下，无论句子的具体真值是真还是假，我们都一定会为"A"和其否定式"¬A"指派对立的真值，即要么"A"为真，要么"¬A"为真，根据析取式的真值条件，"A∨¬A"就一定为真。（2）矛盾律，对于任意句子而言不能既是真的又是假的，这个句子与其否定组成的合取式必为假，或此合取式的否定必为真："¬（A∧¬A）"为真。亚里士多德也曾把矛盾律表述为：所有的信念中最无可置疑的就是，矛盾的陈述不能同时为真。因为按照二值原则，"A"要么为真，要么为假，而当"A"为真时，"¬A"为假，根据合取式的真值条件，"A∧¬A"一定为假，那么"¬（A∧¬A）"则必为真。

多值原则是指在二值原则的基础上，扩大真值的范围，在经典的真假二值之外引入一个或多个中间值。如加入"可能"作为第三值，甚至还可以把真假之间的所有情况看成是一个由任意无穷多的真值组成的集合，使

---

① ［德］弗雷格：《弗雷格哲学选辑》，王路译，商务印书馆2006年版，第103页。

② 从二值原则和排中律（或矛盾律）的关系来看，尽管二者并不完全等同，只要是在一阶量化下，坚持二值原则就会一定承认排中律。但是，二值原则和排中律还是存在区别的（与矛盾律的区别也类似）：排中律表达了这个式子"A∨¬A"整体的真值为真，并不涉及其中每一个句子的真值；二值原则则是针对任意的句子而言，规定了其真值在真或假中二者必居其一。但是，在一阶逻辑内只要坚持二值原则就一定会承认排中律，二者是等同的，因为在二值原则下，一定会对"A"和其矛盾式"¬A"指派对立的真值，即若"A"为真，则"¬A"为假，反之亦然。这就使得排中律"A∨¬A"的真值为真。但是，对于不承认二值原则的多值逻辑而言，因为对任意句子可以指派多个真值，那么就不一定会对"A"和其矛盾式"¬A"指派对立的真值，所以排中律就未必总是有效。达米特在《形而上学的逻辑基础》中，强调了二值原则和排中律之间的区分，按照他的观点，尽管对于经典逻辑而言，两者是同时成立的，但是对于有些非经典逻辑，如量子逻辑，由于其测不准原则而导致了排中律的失效，但是量子逻辑仍然是经典语义学的，也就是坚持二值原则的。所以，在量子逻辑下，坚持二值原则与承认排中律不等同。达米特还认为我们可以构造一种带模态算子的可能世界语义学，这种语义学并非二值的，但是仍然可以说这一语言中的每一句话不是真的就是假的，也就是说在这里排中律是成立的。

用"真值度"逐一对这些真值做出刻画。值得注意的是，多值原则并没有完全反对或推翻二值原则，它只是在经典二值的基础之上对真值的扩充。由卢卡谢维奇（Łukasiewicz，1920）和波斯特（Post，1921）分别建构的最早的三值逻辑和多值逻辑就是应用多值原则的形式系统。

可以从两个方面来对比二值原则与多值原则的主要区别。第一，从由它们分别建构的系统的形式论证能力来看，由于多值原则引入了更多的语义值，使得多值逻辑系统可以表达更复杂和丰富的句子的语义情况，因此，相较于二值逻辑系统，多值逻辑系统具有了更强的形式论证能力。如卢卡谢维奇使用第三个真值："可能"去刻画诸如："明天下午将会有海战"这种句子的真值。在二值原则下它的真值条件是不确定的，而多值逻辑或模糊逻辑使用了具有不同"真值度"的真值，更加精确地刻画真和假之间的复杂真值情况。第二，从形式系统的元定理——完全性来看，坚持二值原则的一阶逻辑系统具有完全性的证明程序，它是一个完全的系统。但是，根据哥德尔的不完全性定理，任何三值逻辑或多值逻辑系统都不具有完全性证明程序，它们都是不可完全的。

奎因坚定支持二值原则。这表现在：一方面，奎因所建构的所有逻辑系统中都以经典的二值语义学为基础，也强调自己对于"真"的理解是完全基于塔斯基对真所做的形式定义之上的，而后者的真之定义是一种二值语义学。另一方面，奎因对那些"挑战我们的经典真值二分法"[1]的异常逻辑做了很多质疑。他的一个基本论点是，如果否定了排中律就是改变了主题，改变了主题就是改变了逻辑，而那些异常逻辑系统（主要就是多值逻辑和直觉主义逻辑等）的建构，在某种程度上就是以否定二值原则和排中律为前提的，所以在奎因看来，它们都不属于逻辑。可见，奎因对异常逻辑的质疑其实也主要是对它们所坚持的多值原则的质疑。

三 外延性

外延性（extensional）是奎因逻辑观的一个基本特征。在奎因看来，

① Quine, W. V. O., *Philosophy of Logic*, Cambridge: Harvard University Press, 1970, p. 85.

外延性不仅是谓词逻辑的荣耀（glory），甚至是任何能在句法上嵌入谓词逻辑的科学的荣耀。要想完全真正地理解一个理论，就必须对其外延性加以理解和把握，如果没有很好地理解和把握一个理论的外延性，那么就难以理解和把握这个理论本身。[①]

奎因认为有三条逻辑规则可以代表他所坚持的外延性，对这三条规则的坚持就是对外延性的坚持。一是等值（covalence）替换规则：其真值不会因为用另外一个具有相同真值的句子替换原句子中的一部分而改变；二是共外延（coextensiveness）替换规则：其真值不会因为用其他所有具有相同指称物（denotata）的谓词（外延相等的谓词）替换原句子中的一个谓词而改变；三是同一性替换规则：其真值不会因为用另外一个具有相同指称物（designatum）的单称词项替换原句子中的一个单称词项而改变。按照这一规则，在一个给定的有关于同一性的真句子中，可以用出现在这个真句子中的外延相同的词项中的一个去替换另外一个，并且替换后的句子真值保持不变。

如对于以下三个句子而言：（1）晨星是昏星；（2）晨星是金星；（3）昏星是金星。"晨星""昏星""金星"是外延相同的三个专名，它们都指称同一个个体的行星。上述句子中，（1）是一个表达了同一性的真句子。按照同一性替换规则，就可以用"昏星"替换（2）中的"晨星"得到（3），同时真值又保持不变。在外延性的这三条规则中，同一性替换规则被奎因认为是最重要的，另外两条规则实际上可以还原为同一性规则。因此，同一性及其替换规则也被认为是外延性最根本的规则。

奎因在晚年的一次视频采访中，被问及他的哲学主要原则（tenet）是什么，奎因回答：有两个，一个是自然主义，另一个就是外延主义。其实，在奎因理论中外延性往往与外延语境、外延性规则以及个体化原则（individuation）等概念联系在一起。如奎因在讨论模态性和命题态度时，使用外延主义或外延性作为一个主要的论证手段来说明模态词以及命题态度词会导致隐晦语境，并以此作为反对模态逻辑的理由。与此同时，模态

---

① Quine, W. V. O., *From Stimulus to Science*, Cambridge: Harvard University Press, 1995, p. 90.

逻辑的支持者也通过反对奎因的外延性来为模态逻辑的合法性做出辩护。但是，外延性在奎因哲学中的重要性远不止于此，外延性原则在奎因逻辑和本体论研究中是贯穿始终的，比自然主义更具有根本性的地位。

四　完全性

奎因十分看重形式系统的元定理，尤其是完全性定理。完全性是奎因逻辑观的一个重要的特征。

从现代逻辑的角度来看，任何一个逻辑系统都具有句法和语义两个方面：前者体现了系统内表达式的可证明性（provability），它通过系统的公理和推理规则被定义；后者则体现了表达式的有效性（validity），它通过系统的语义解释被定义。除了对句法和语义的研究之外，更重要的还有对于它们二者关系（系统元定理）的研究，系统的元定理实际上是通过建立句法和语义这两方面的联系来研究系统本身的一些性质，其中包括了可靠性和完全性。

具体而言，句法的可证明性可以定义为，在一个一阶系统中，公式 A 在公式集 $\sum$ 下是形式可推演的，当且仅当存在公式序列：A_1，A_2，$\cdots$，A_{n-1}，A_n 使得 $A_n = A$，并且每一个 A_k（$1 \leq k \leq n$）满足下列条件之一：（1）A_k 是公理；（2）$A \in \sum$；（3）有 i，j，使得 $A_i = A_j \to A_k$。上述条件是指，系统中的任意公式要么是公理，要么属于公式集，要么是由公理或公式集通过推理规则而来。满足上述条件之一就可以说，公式 A 可以由公理集 $\sum$ 形式推演，记为：$\sum \vdash A$，A 也被称为 $\sum$ 的句法后承。如果公理集 $\sum$ 为空集 $\varnothing$，那么就可以称公式 A 是可证明的。如果公式 A 是可证明的，那么就可以称 A 为这一系统中的定理，记为：$\vdash A$。语义的有效性可定义为，在一个一阶系统中，公式 A 是公式集 $\sum$ 的语义后承，当且仅当对于任何赋值 v，如果 $v(\sum) = 1$，那么 $v(A) = 1$，记为：$\sum \vDash A$。如果说公式 A 是有效的，当且仅当对于任何赋值 v，都有 $v(A) = 1$，记为：$\vDash A$。也就是说，如果 A 在任意解释下都为真，那么 A 就是有效的。如果公式 A 是有效的，那么就可以称 A 为这一系统中的逻辑真句子。一阶逻辑系统的完全性就是指在任意一个一阶系统中，对于任意公式 A，如果它是有效的，那么它也是可证明的。或者说，一阶逻辑中的任意一个逻辑真句子都是定理：如果 $\models A$，那么 $\vdash A$。可靠性就相当于系统中的任意能够被证明的公式都是有效的，或者说，任意一个定理都是逻辑真句子。可见，通过这两个元定理可以把系统的有效性和可证明性直接联系在一起。

如上所述，逻辑真句子是奎因逻辑观的核心。在奎因看来，一个具有完全性的逻辑系统就意味着，在此系统中的所有逻辑真句子都可以被研究（证明）。并且他还认为，一阶逻辑的完全性表明系统可以给出一个精确的句法的论证，而无须任何语义的假定。也就是说，借助于完全性，就可以仅仅通过使用由推理规则产生的句子去定义逻辑真句子，而不需要预设任何"真"或"解释"这样的语义概念。他说："完全性使得我们能够只通过一种证明程序来定义逻辑真句子，而不会失去任何最开始借由逻辑真句子带给我们的那些有趣的特征。"① 相反，如果一个系统不是完全的，那么说明在此系统中至少存在着一个不能被此系统所证明的逻辑真句子。显然，具有完全性的逻辑系统更加符合奎因逻辑观。此外，奎因在一些重要的论题中，往往都会把完全性作为支持或质疑某一理论的重要依据。完全性被奎因看作判断一个理论是否属于逻辑的必要条件。如上所述，奎因把集合论排除到逻辑之外的一个重要原因就是集合论系统没有完全性。

其实像奎因这种以完全性作为逻辑系统的必要条件的做法，很多学者也有类似的观点。如尼尔（William Kneale，1957）就认为应该把形式系统是否满足元定理（尤其是完全性定理）作为判断这个形式理论是否逻辑的必要标准。在尼尔看来，如果一个形式理论是不可完全的，那么就意味着这个理论中的基本概念不能被充分地形式化，而形式化是现代逻辑最本质的特征，不能充分形式化所有的概念就表明它不属于逻辑。可见，在尼尔那里不可完全的和不可形式化的这两个概念是等同的。这一观点有其道理，因为根据不完全性定理：一个系统不可完全就说明至少有一个有效公

① Quine, W. V. O., *Philosophy of Logic*, Cambridge：Harvard University Press, 1970, p. 58.

式难以在此系统中被证明，也就是说，至少有一个有效公式难以被此系统形式化地表达，所以不可完全的也就一定是不可完全形式化的。但是，哈克（Susan Haack，1978）并不认同尼尔的论证，她认为尼尔把完全性当作一个检验标准，以判断一个系统是否"纯粹形式的"，这种做法的问题在于混淆了完全性作为一个精确概念与作为逻辑的论题的中立性（逻辑只关心论证本身而不考虑所要论证的题材的内容）时的不同。

第三章　逻辑的论题

　　《逻辑哲学》（1970）和《真之追求》（1990）是奎因后期两本重要的著作，它们是对奎因逻辑和哲学理论的系统的总结和概括，其中大部分观点和论证其实都已经被奎因在不同论著中反复阐述和不断强调过。我们把其中与逻辑观相关的内容归结起来，统称它们为奎因逻辑的论题，本章共讨论四个具有代表性的逻辑论题。具体内容安排如下。

　　第一部分，一阶逻辑与多值逻辑。该部分以卢卡谢维奇的三值逻辑为例，论述多值逻辑及其与一阶逻辑的主要区别，阐述和分析奎因对多值逻辑的质疑，以及多值逻辑的发展对奎因质疑的回应。

　　第二部分，一阶逻辑与直觉主义逻辑。该部分论述直觉主义逻辑在形式系统的建构上与一阶逻辑的区别，阐述和分析奎因对直觉主义逻辑的质疑以及回应。

　　第三部分，一阶逻辑与模态逻辑。该部分论述模态逻辑及其与一阶逻辑的区别，概括奎因对于必然性的理解，分析他质疑模态逻辑的理由。可能世界语义学的发展促进了模态理论的完善，也回应了部分奎因提出的问题，但是奎因的质疑并没有被完全消除，并且可能世界语义学自身也带来了一些新的问题。

　　第四部分，一阶逻辑与真之载体。真之载体指可以作为真值承担者的东西。该部分分别论述亚里士多德、弗雷格以及奎因对此问题的观点，重点分析奎因基于逻辑观反对把命题或思想这样的内涵对象作为真之载体。奎因的真值载体是语句，与"真即去引号"的观点之间密切相关。

第一节　一阶逻辑与多值逻辑

我们在第二章第三节的"二值原则"中论述了二值原则以及奎因对二值原则的坚持。但是，有人认为存在着一些一阶逻辑难以处理的问题，导致它们难以处理的主要原因就在于，二值原则下的语义设定难以表达一些复杂的语义状况，这样就很大地局限了一阶逻辑的形式论证能力。如以下三个句子：

（1）明天下午三点将有海战。

（2）飞马是白色的。

（3）亚里士多德是高的。

在二值原则下，这三个句子的真值条件都是难以确定的。（1）是亚里士多德在《解释篇》第九章中提到的一个例子。我们知道亚里士多德的传统逻辑是明确坚持二值原则和排中律原则的，但是亚里士多德也对这些原则做过一些不同的说明，他说："排中律不适用于未来偶然事件的命题。"那么什么是未来偶然事件呢？亚里士多德就用（1）来解释，在亚里士多德看来，当我们此刻说出（1）时，我们是无法判断其真假的，因为这个句子含有表示未来某一时刻的模态概念"明天下午三点"，由这个未来时刻的状态所带来的不确定性，导致了"海战"发生与否完全是一个未来的偶然事件，这样（1）的真值条件就是不确定的。因为按照亚里士多德的理解，在未来的那个时刻到来之前，我们没有根据去做出有关这个句子真值的断言，此时（1）的真值条件是不确定的，或者说它是既不真也不假的。在这种情况下，二值原则就难以表达（1）的真值情况。当然，亚里士多德的这些观点是基于真之符合论的，即真是命题和事实情况的符合，而事实的情况在其发生之前是难以判断的。在（2）中含有一个空名"飞马"，由于"飞马"在现实中不指称任何对象，那么根据组合原则，含有空名的句子的真值条件就是不确定的。所以，二值原则也难以表达此时（2）的真值情况。在（3）中的谓词："高的"被称作一种模糊性谓词（vagueness predicate），像"秃的""大的""重的"这类的谓词都是模糊性谓词，它们的模糊性体现在通过这些词所界定的事物与其他事物间难以划定一个界限，即使有也是模糊不清的。使用这种本身就带有某种模糊性的谓词去谓述其他事物显然是难以获得描述的精确性的。正如赖特（Crispin Wrights，1992）说道，如果一个语词是通过实指的方式习得的，那么它就很容易成为模糊不清的，因为这种习得方式本身就决定了需要借助于实际的场合来界定所描述的对象，因而是不可能在它与其他语词之间划出一个精确界限或区分的。

含有模糊性谓词的句子也常常会产生所谓的"边界情况"（borderline case）。例如，假如亚里士多德的身高是180cm时，可以使用"高的"，假如他只有140cm高，那显然就不能使用"高的"，这两种情况是容易判断的。但是，如果亚里士多德的身高是170cm时，那么是否可以对其使用"高的"就是不确定的了，所以，身高为170cm这样的情况就是"高的"这个模糊性谓词的一种边界情况。而问题在于，句子的这些边界情况发生的后果就是使得句子的真值条件不确定，如（3）。因此，在二值原则下难以表达边界句子的真值情况。对于上述问题，有人认为可以通过放弃二值原则的预设，从而扩大语义值的范围，以便容纳更多的真值情况，从而增强逻辑系统的表达力，借助于更强的表达力解决上述问题。在这种情况之下，三值或多值逻辑就产生了。

一　卢卡谢维奇的三值逻辑系统

1920年，卢卡谢维奇在《论三值逻辑》中建构了第一个多值逻辑系统：卢卡谢维奇三值逻辑（three-valued Łukasiewicz logic）。卢卡谢维奇认为，"未来偶然事件"是亚里士多德逻辑中蕴含着的多值逻辑思想，正是亚里士多德的这种思想直接启发了他对三值逻辑的研究。卢卡谢维奇说："在讨论未来海战的偶然性时，他已非常接近于一个多值逻辑的概念，但是他没有着重发展这个重要的思想，而经过了很多世纪后，他的启示依然没有成果。而正由于亚里士多德的这种启示，我才能够在1920年发现这个观念，并且建立了与至少已知的逻辑（我称之为'二值逻辑'）相对立的第一个多值逻辑系统，而这样引入的一个术语，现在已为逻辑学家们所普遍接受。"①

---

① ［波］卢卡西维茨：《亚里士多德的三段论》，李先焜等译，商务印书馆1981年版，第251页。

在卢卡谢维奇看来，要解决上述（1）中这样的由于偶然性导致的句子真值条件不确定的问题，最好的方法就是引入一个第三值"可能"，借助于"可能"就可以表达（1）的真值。真值也被卢卡谢维奇称为逻辑值（logic value），他认为逻辑不是语法学和心理学，也不是关于一般性对象的科学，逻辑就是关于逻辑值这一特殊对象的科学。三值逻辑系统中的逻辑值有三个："真"是肯定性逻辑值，"假"是否定性逻辑值，"可能"是中间的逻辑值；它们分别被表示为："T"、"F"及"M"。三值逻辑系统并没有完全推翻经典逻辑系统构造，其主要的改变是，在二值原则的基础上引入了第三值，使得那些基于二值原则的经典逻辑联结词的真值条件发生了改变。

三值逻辑联结词的真值条件（对于任意句子模式 A 和 B）：

[1] ¬ A 是 T，当且仅当 A 是 F 或者 M；

[2] A→B 是 T，当且仅当 A 是 F，或者 B 是 T，或者 A 和 B 的真值相同；

[3] A∨B 是 T，当且仅当 A 是 T 或者 B 是 T；

[4] A∧B 是 T，当且仅当 A 是 T 并且 B 是 T；

[5] A↔B 是 T，当且仅当 A 和 B 的真值相同。

根据上述定义，原先由二值原则所保证的排中律和矛盾律在三值逻辑系统中并非普遍有效。因为对于三值逻辑下的否定词"¬"：如果"A"是 T，那么"¬ A"未必就是 F，而是 F 或者 M；"A"是 F，那么"¬ A"也未必就是 T，而是 T 或者 M；如果"A"是 M，那么"¬ A"只能是 M。类似地，对于三值逻辑下的析取词"∨"：如果"A"是 M，那么"¬ A"也是 M，这样排中律"A∨¬ A"也是 M。矛盾律也是无效的，因为句子的真值除了取 T 或 F 之外，也可以取 M。这样，在"A"是 M 的情况下，"¬（A∧¬ A）"也是 M。因此，在三值逻辑之下，排中律并非普遍有效，而矛盾律必然无效。

此外，卢卡谢维奇在三值逻辑的基础上，还与塔斯基共同提出了一种连续多值逻辑（infinite-valued Łukasiewicz logic）。这种逻辑的基本思想就是把真值转换为真值度，真值度是被设定为一个 [0，1] 区间内的实数集。在连续多值逻辑下，真就不再是一个单一的固定的值，而成为一个连续变动的值。如句子"p"的真值度是 $[p]$：当"p"为完全真时，$[p]$=1；当"p"为完全假时，$[p]$=0；当"p"的真值介于完全真和完全假之间时，$0<[p]<1$。其真值函项句子的真值条件也可以做出相应的定义，如 $\neg[p]=1-[p]$；$[p \wedge q]=\min\{[p],[q]\}$；$[p \vee q]=\max\{[p],[q]\}$。

卢卡谢维奇的三值逻辑或多值逻辑为解决句子真值条件不确定的问题提供了一种不同于经典逻辑的方案。如对于前述（1）和（2）由于句子中具有指称不明的语词导致了该句子的真值不确定的情况，如果按照三值逻辑，就可以把那个不确定的真值用增加的第三个真值"M"来表达。（3）是由于模糊谓词导致了边界句的真值不确定的情况，可以根据上述多值语义中的真实度替代真值去精确地表达这些句子的真值。假如（3）的真值度是0.7，假如句子（4）亚里士多德是瘦的真值度是0.9，那么句子"亚里士多德既高又瘦"的真值度就是取（3）和（4）二者真值度中的低值，即0.7。因此，按照这种连续值逻辑的方式就可以具体地刻画出边界句的真值条件。①

二　奎因对多值逻辑的质疑与回应

多值逻辑有很多的优势，解决了一些问题，也产生了很多理论。但是，它同时也有很多问题，如多值逻辑的方法显然是以放弃经典逻辑中的二值原则为代价的。奎因对多值逻辑就一直抱有怀疑或质疑的态度，认为多值逻辑并不属于逻辑。他说：

> 多值逻辑就是一种在其中放弃了经典的否定和析取的设置。这类

---

① 其实，多值逻辑处理模糊性的方案本身也是有问题的，因为使用多值逻辑虽然克服了二值逻辑的某种模糊性，但是多值逻辑本身又会带来高阶模糊性。二值逻辑的方案所导致的问题是难以在真和假之间划出一个清晰的界限，如果把这种模糊性称为一阶模糊性的话，那么三值逻辑在加入了中间值后也会出现一个所谓二阶模糊性，即在真与中间值、中间值与假这两个界限的模糊性。类似地，多值逻辑会导致高阶模糊性。正如埃克隆德（Eklund, 2011）在评价使用多值逻辑方案解决模糊性问题时说的："开始（真值）被分为三种类型——真、假和边界，然后又被分为五种——清晰的真、真和边界之界之界、清晰的边界、假和边界之边界以及清晰的假，最近又继续被分为九种。这样的划分方式很难被认为是一种可接受的递归过程，不断地划分为不同的类型表明我们并没有充分解释（模糊性）这种现象。"

逻辑是由皮尔士在 19 世纪研发的，后来又独立地被卢卡谢维奇所发现。它与真值函项逻辑相似，只是它取代了真和假而承认第三个或更多的所谓的真值。这些研究的首要动机原本就是抽象数学性质的：追求类比和推广。根据这种精神得到的多值逻辑，只不过在类比的意义上被说成是逻辑；它根本是未经解释的理论，是抽象代数。①

按照奎因的观点，多值逻辑只是在名义上被称为"逻辑"，但是实际上它不是逻辑。多值逻辑充其量只是一个缺少语义解释或者是合理的语义解释的纯粹的形式系统，就像某些数学理论那样。

本书认为，可以把奎因对多值逻辑的质疑进一步归结为以下三个方面。

第一，从逻辑系统的建构来看，奎因认为多值逻辑的语义解释是含混不清的，而对一个缺乏清晰语义的系统就更难要求其具有完全性的证明程序了。奎因对比了二值逻辑和三值逻辑，认为三值逻辑与二值逻辑在语义上具有相似性，三值逻辑除了新加入的中间值被给予了"可能"的解释之外，其余的很多部分仍旧是一个经典逻辑的设置，逻辑联结词仍旧被解释为真值函项，它起码还是一种坚持在真之语义学路径下的研究，尽管具体的真值条件都已经发生了改变。从这一点上看，奎因认为三值逻辑要比其他完全放弃真之语义学的异常逻辑（如直觉主义逻辑或量子逻辑）更加接近于逻辑。但是，另外，三值逻辑的主要问题就在于其所引入的中间值，这个中间值被解释为"可能"，但是"可能"是一个含混不清的语义概念，它直接导致了三值逻辑下的句子真值条件也变得很模糊。在卢卡谢维奇的三值逻辑中用第三值"可能"来解释不确定性，奎因认为这种做法是"混淆了知识和真"②。按照奎因的观点，"对象的存在可能是个不确定的问题"，在某一时刻句子的真值处于不确定的状态完全是正常的。相对于我们每个人所具有的知识而言，有些句子的真值可以确定，但是这并不意味着那些超出我们知识范围之外的、我们无法判断其真值的句子的真值条件

① Quine, W. V. O., *Philosophy of Logic*, Cambridge：Harvard University Press, 1970, p. 85.

② Quine, W. V. O., *Philosophy of Logic*, Cambridge：Harvard University Press, 1970, p. 85.

就是含混不清的，也不意味着我们就需要使用二值以外的真值去刻画这种不确定的真值。奎因主张把这些超出我们知识范围之外的、我们无法判断真值的句子看作一种"有待于以这样的或那样的方式满足的不完全性"[1]。奎因的意思就是，尽管这些句子的真值不确定，但是它们仍旧是满足二值原则的，只能要么真要么假，句子具有二值性和我们是否知道这些句子的真值条件是无关的。他说：

> 我们仍然能够主张，那些居间的句子每一个都或者不为我们所知为真的，或者不为我们所知为假的。那些句子一旦不再是偶然的，仍然要成为真的或假的。[2]

此外，多值逻辑导致矛盾律失效，在奎因看来这会带来严重的破坏。他说："如果有人竟然拒绝矛盾律而偶然承认一个句子与其否定句可以都为真，这会导致怎样的后果呢？人们听到的回答是：它会破坏全部的科学。"然后，奎因又继续论证道，如果承认了"$p \land \neg p$"这样的句子为真，而这个句子在逻辑上可以蕴含任何句子，这样将导致我们承认任何句子都为真，从而丧失了整个真假的区分。

第二，从基于逻辑观的本体论立场来看，奎因认为多值逻辑不满足本体论承诺的中立性。使用多值逻辑去刻画所谓的不确定，这种处理方法的背后隐含了一种本体论的预设，即承认了一些抽象和内涵对象的存在，多值逻辑也正是依靠它们为句子的中间值赋值。具体地说，卢卡谢维奇能够使用中间值去解释（2）的真值，也就是意味着必须以承认飞马这个抽象对象的存在为前提条件。因为只有承认了飞马是存在的，才能用飞马这个对象去满足含有"飞马"的句子（2），使之具有"可能"这个真值。因此，这种在本体论上对飞马的预设就必然导致了三值逻辑失去了本体论的中立性。如果按照这个思路，对于假设了无数个真值的多值逻辑来说，同样也要在本体论上相应地预设无数多的抽象对象，使之具有相应的真值。

---

[1] Quine, W. V. O., *Pursuit of Truth*, Cambridge：Harvard University Press, 1993, p. 63.

[2] Quine, W. V. O., *Pursuit of Truth*, Cambridge：Harvard University Press, 1993, p. 65.

第三，从所要解决的问题来看，奎因认为多值逻辑提供的一些以放弃经典二值原则为代价的方案是无效的或多余的。奎因还认为，多值逻辑通过增加真值的方式处理模糊性，这些不确定的真值又导致真之语义学的"复杂性被急剧扩展"，从而完全丧失了经典逻辑系统所具有的简明性和优美性。如对于由句子中包含的空名导致的句子真值不确定问题，按照奎因的观点，最好的方法就是直接消去句子中包括空名在内的所有单称词项，把句子转换为标准的一阶量化表达式，这样它们都是具有确定的真值条件的，并且重要的是这些方法完全是建立在坚持二值原则的基础之上的。奎因在《一些离奇的想法——一部不连贯的哲学辞典》中的"排中律"条目中提到由空名导致的句子的真值不确定的情况时说道："我勉强同意一个双重标准：排中律对那些涉及空名的日常语言不起作用。但是，当我们准备沿着节俭的路线对科学语言进行整编时，我们可以为了逻辑分析的目的而认可这条定律。"① 可见，对于专名造成的句子真值的问题，奎因采用了一种实用主义的折中态度。一方面，在非科学的日常语言的情景中，可以选择放弃排中律或二值原则，允许有既不真也不假的句子。因为这种真值不确定的句子在日常语言中是难以避免的，也不会产生很大的破坏性。但是，另一方面，对于科学语言来说，必须在坚持二值原则的前提下，对其进行语义整编以满足科学的精确论证的需要。

另外，如果是以解决模糊性问题为目标的话，奎因认为在坚持二值原则的前提之下，有很多有效处理模糊性问题的方法。如奎因提到了两种处理方法，一种是尽量引入一个一般性的定义作为精确限定或区分的标准，使之成为一个约定的问题。如把"高的"定义为"＞175cm"。这种精确定义的方式确实可以消除一些模糊性。但是，此方法的局限在于我们并不能对语言中的每一个模糊性语词都给出精确的定义，所以通过定义的方式只能消除部分的模糊性。另外一种方法是使用一些比精确定义更具有一般性和基础性的概念标准去判定语词的指称对象。奎因承认模糊性本身是对经典二值原则和排中律的一个威胁。但是，这种威胁主要是在如何用语词

---

① Quine, W. V. O., *Quiddities*, London: Penguin, 1990, p. 56.

准确地命名或表达一个事物上，对此我们可以确定一个相对清晰明确的描述一般事物的标准概念，然后使用这个标准概念去消除模糊性。

经过一些理论探索，奎因最终把"物理对象"这个概念作为其哲学的最基本的概念。物理对象就是"任何时间—空间的物质内容"，奎因进一步把这个物质内容精确到四维坐标中的点。奎因认为基于物理对象这样确定的概念就可以逐步建立起一个明确的认知体系，这样就既坚持了二值原则，又尽可能地消除了由于语词的使用产生的模糊性。从此处也可以看出：奎因的逻辑理论彻底地坚持了二值原则，在奎因的理论中没有任何潜在的可以导致多值逻辑的倾向。正如哈克所说的："事实很显然，一种多值逻辑不一定要求承认一个或多个除了真假之外的真值，发展三值逻辑并不是一定要拒斥二值原则。"①

第二节 一阶逻辑与直觉主义逻辑

被奎因称为异常逻辑的，除了多值逻辑之外，还有直觉主义逻辑（intuitionistic logic）。如果说多值逻辑理论的出发点是在二值原则下产生的一些逻辑和哲学的问题的话，那么直觉主义逻辑的理论出发点则是基于解决一些数学基础问题的需要。直觉主义逻辑来自直觉主义（intuitionism）的数学理论，这种理论发端于第三次数学危机，它试图用一种对人而言更为自然的可构造性思维和方法，去解决包括集合论悖论在内的一系列的数学基础问题。例如，直觉主义学派的创始人荷兰数学家布劳威尔（Luitzen Brouwer），他所关注的主要是直觉主义的数学理论。布劳威尔认为，集合论悖论的出现提醒我们一定要从可构造性原则出发，对全部数学尤其是数学基础做彻底的审查，找出并抛弃那些不符合可构造性原则的数学对象。任何数学对象都必须具备可构造性，并且这种数学对象的可构造性就等同于它的存在性，即"存在就是被构造"。也就是说，试图检验一个数学对象存在与否，唯一的方式就是建立这个数学对象的可构造性论证。可构造

---

① ［美］苏珊·哈克：《逻辑哲学》，罗毅译，商务印书馆 2003 年版，第 262 页。

性论证指一种在固定的、可操作的有限步骤内能够完成并且能被验证的论证方法。也可以把可构造性论证简单理解为关于一些命题的数学证明。这样，数学对象的可构造性就被转换为了一种更加明确的概念：数学命题的可证明性。

直觉主义理论的一个特点，就是坚决反对数学中的反证法。反证法作为一种经典数学的基本方法，其基本思路就是如果要证明一个对象成立，不需要直接去证明，而可以通过证明这个对象的否定不成立的方式去间接地证明。假如要证明式子"A"为真，那么根据反证法的思路，就可以先假设其否定式"￢A"为真，如果由此能够得出矛盾式"A∧￢A"，就可以认为上述的假设"'￢A'为真"不成立，这样根据排中律，就可证明"A"为真。可见，反证法的基本依据就是排中律。

但是，这样的方法显然又是违背直觉主义的构造性原则的。按照直觉主义的基本观点，任何数学陈述必须通过构造的方式直接证明才能为真，对某一陈述的直接证明才是真正可接受的方法，否定的否定不等于肯定。就像直觉主义的另外一位重要人物海廷（Arend Heyting）所说的：要证明一个对象存在就必须将它确实构造出来，而不是提供一种形而上学的论证。所以，直觉主义反对反证法。尽管不能说反对反证法就一定是反对排中律，但是，在这里已经可以看出直觉主义与排中律存在明显的对立倾向。并且随着直觉主义理论发展到直觉主义逻辑时，反对排中律已经成为后者的一个理论预设了。因此，可以说反对排中律的思想是根植于直觉主义逻辑的理论基础之中的。严格地说，直觉主义逻辑反对的只是排中律的普遍有效性。因为直觉主义认为，当一个理论的论域是有穷的，那么这个论域中的对象就一定可以在有穷的步骤内被全部构造出来，所以在这种前提下，排中律是可以成立的。但是，当论域为无穷时，对论域中对象的构造就处于一个无穷的过程中，所以在这种情况下，排中律是难以成立的。可见，直觉主义逻辑仅仅是把对排中律的反对置于一个在无穷的论域之下这样的前提中，也就是说，其实直觉主义逻辑反对的是排中律的普遍有效性。但是，由于我们所讨论的理论一般都不会预设其论域的有穷性，因此，也就可以一般性地认为：直觉主义逻辑反对排中律。

一 直觉主义逻辑的可证性解释

真正把直觉主义数学理论转换为逻辑理论的人是海廷。海廷于 1930 年构造出了第一个完善的直觉主义的逻辑系统 H。这个公理系统包含了 11 条公理，如：A→（A∧A）；B→（A→B）；（A→B）→（（A∧C）→（B∧C））等。只使用了一个推理规则：MP，因此在该系统中，排中律是不成立的。

一般而言，直觉主义逻辑与经典逻辑主要有以下不同。

第一，在形式系统构造上，经典逻辑（包括多值逻辑）都坚持真之语义学，把系统中的逻辑联结词都解释为真值函项，"真"是核心语义概念；但是，直觉主义逻辑发生了重要的改变，联结词的真之语义解释被直觉主义逻辑的可证性（provability）解释所取代，"真"也被"证明"取代成为直觉主义逻辑的语义概念。①

直觉主义逻辑常项的可证性语义条件如下（对于任意句子模式 A 和 B）：

［1］A∧B 的证明由 A 的证明和 B 的证明组成；

［2］A∨B 的证明由 A 的证明或者 B 的证明组成；

［3］A→B 的证明是一个构造 C，其可以把 A 的任意证明都转换为 B 的证明；

［4］¬ A 的证明是一个构造 C，其可以把 A 的任意证明都转换为对 ⊥ 的证明，⊥ 表示一个不可证明的式子；

［5］∀xA（x）的证明是一个构造 C，其可以应用于论域 D 中的任意个体 d，产生一个对 A（d）的证明 C（d）；

［6］∃xA（x）的证明是一个构造 C，其可以应用于论域 D 中的个体 d，产生一个对 A（d）的证明 C（d）。

上述构造的核心就是证明或可证明性。可见，直觉主义逻辑的主题是关于证明规律的可证明性研究，而不再是关于真之规律的研究。

第二，除了上述系统语义解释方面的差异之外，经典逻辑和直觉主义

---

① 马明辉：《奎因逻辑哲学研究》，科学出版社 2017 年版，第 45 页。

逻辑间还存在一些句法的差异。如由于直觉主义逻辑反对排中律，所以它导致了一些经典逻辑中的重言式在直觉主义逻辑下失效：如（1）双重否定律：$\neg\neg A \rightarrow A$；（2）德摩根律：$\neg (A \wedge B) \leftrightarrow (\neg A \vee \neg B)$；（3）皮尔士律：$(((A \rightarrow B) \rightarrow A) \rightarrow A)$。这些都是逻辑系统中最基础的定理，它们的失效会导致一系列相关的公式的失效。此外，直觉主义逻辑中的逻辑词也是不能够相互定义的。在第二章第一节的"NF 系统及其特点"中论述了在经典逻辑下的五个真值函项联结词之间是可以相互定义的，甚至只用一个舍弗函项就可以定义其他全部五个联结词；两个量词也可以使用否定词相互定义。但是，在直觉主义逻辑中，由于不承认排中律，所以逻辑词之间是不能相互定义的。如由上述［5］和［6］不能得出两个量词相互定义，即 $\forall x A (x) \neq \neg \exists x \neg A (x)$，因为" $\neg \exists x \neg A (x)$"可以被解释为不存在一个论域中的个体 d，不能产生一个对 $A (d)$ 的证明 $C (d)$。但是这并不意味着对于论域中的任意个体 x 都会产生对 $A (x)$ 的证明 $C (x)$。

二　奎因对直觉主义逻辑的质疑与回应

奎因说直觉主义逻辑是一种最广为人知的否定排中律的理论。他说：

> 否定了排中律，就是改变了主题。这不是说否定排中律的人这样做是错误的。他拒斥排中律实际上就是放弃古典的否定，或者可能放弃析取，或者放弃二者。①

从上述观点可见，奎因对直觉主义逻辑的态度是很明确的：直觉主义逻辑否定了排中律就是改变了主题，主题改变逻辑也就随之改变，所以，直觉主义逻辑不应该属于逻辑。

本书认为，可以把奎因对直觉主义逻辑的质疑进一步归结为以下三个方面。

---

① Quine, W. V. O., *Philosophy of Logic*, Cambridge：Harvard University Press, 1970, p. 83.

第一，从系统的形式构造来看，奎因认为直觉主义逻辑提供的可证性解释依赖于一些直观的、模糊不清的概念。他说道："直觉主义逻辑为它的句子联结词赋予了一种直觉意义，同时又借助于诸如：'反驳'（refute）和'得出'（follow from）等这类语词来解释这些句子联结词；但是，如果试图去考虑说出一个句子和谈论一个句子之间的区别的话，这些解释就会变得很模糊不清了。"① 在这一点上哥德尔与奎因持一致的看法，哥德尔认为直觉主义的可证明性的解释很不严格，因为逻辑联结词和量词的解释都过于依赖"构造"或"构造性证明"这样很不精确的概念，而这些概念是相对于某个形式系统的，所以也不能和"形式证明"的概念等同。② 此外，在奎因看来，直觉主义逻辑的逻辑词被赋予了完全不同的语义解释，使得"真"这个概念不再是逻辑语义的核心，直觉主义完全放弃了真之语义学。但是，如奎因所说"逻辑就是在句法之树上追求真"，逻辑真句子也是逻辑研究的对象。因此，丧失了对真的坚持和追求，就是对逻辑的严重背离，这样的理论也就不再是逻辑。并且奎因还说，尽管直觉主义的产生要早于哥德尔不完全性定理证明，但也正是由于"哥德尔的这一伟大的结果加强了反对直觉主义的力量"③，这就是说，奎因认为由于直觉主义逻辑系统不具有完全性使得它更加远离逻辑。

第二，从建立在逻辑理论之上的本体论来看，给基本的逻辑常项赋予的语义解释的改变，势必会引起以这些语义解释为基础的本体论观点的改变。奎因认为直觉主义逻辑下的本体论理论完全背离了经典量化逻辑下的那种本体论构造。奎因说：

> 由于量化理论中的异常会带有某种哲学的和本体论的含义，它们能够影响把什么东西看作存在。直觉主义的异常量化（如果"量化"这个词还适用的话）带给它异常的存在观念（如果"存在"这个词还

---

① Quine, W. V. O., *Philosophy of Logic*, Cambridge：Harvard University Press, 1917, p. 87.

② 哥德尔通过对直觉主义的质疑提出他的可证性理论。哥德尔认为可以使用更加严格的构造性解释，即引入了有穷类型的原始递归函数这个概念，这个概念要比直觉主义逻辑的概念要具体得多。哥德尔最终证明了数论可以建立严格构造系统。

③ Quine, W. V. O., *Philosophy of Logic*, Cambridge：Harvard University Press, 1970, p. 87.

适用的话）。在直觉主义说存在某些对象时，我们甚至都不能同意其所承认的存在物正是那些对象。只有拥有了从它们的语言到我们的语言（不必说是我们的逻辑，只是说包含了逻辑的语言）的翻译时，我们才能大胆地说，承认什么东西存在（我们的意义上的"存在"）。①

要完全理解奎因的上述观点，需要结合他的关于量化与本体论的承诺理论（这些内容将在第四章详述）。但是，从上述引文中起码可以看出：有关何物存在这样的本体论承诺理论是与量化逻辑的理论密切相关的，即一个理论所承认的实体就是被这个理论中的量化变元所指称的、处于论域中的那些对象，有什么样的量化理论自然就会产生什么样的本体论理论，也就会承认什么样的实体存在。但是，奎因认为在直觉主义逻辑下的量化理论所承诺的东西，并非本体论意义上的对象，从第三章第二节的"直觉主义逻辑的可证性解释"中对于直觉主义逻辑的两个量词的解释可以看到，直觉主义逻辑量化变元的取值并非论域中的对象，而是一些"证明"或"算法"，它们都是被构造出来的关于一些陈述的实例而已。他说："到目前为止，我的关注点一直在真值函项逻辑对于二值原则的背离上，但是，对于逻辑的这种背离还被扩展到了量词上，一个直觉主义意义上的存在量化式。为了使其为真，就需要具备一种方法，用此方法可以计算或构造出一个被证实的例子。这样的量化，它已经不再是我们曾经称之为量化的东西了。"② 总之，在奎因看来，直觉主义量化逻辑下本体论承诺的实体不是一些对象，而是"证明"或"算法"，这与奎因希望通过量化和本体论承诺思想表达的东西完全不同，是他难以接受的。

第三，从理论的简洁性来看，奎因认为直觉主义逻辑在这方面付出了太多的代价。奎因认为，尽管直觉主义逻辑"可能有它们的道理"，但是"它缺乏熟悉性、便利性、简洁性以及我们逻辑的美……直觉主义逻辑甚至缺乏多值的真值函项逻辑所具有的透明性"③。奎因很看重逻辑理论所具

---

① Quine, W. V. O., *Philosophy of Logic*, Cambridge：Harvard University Press, 1970, p. 89.

② Quine, W. V. O., *Philosophy of Logic*, Cambridge：Harvard University Press, 1970, p. 88.

③ Quine, W. V. O., *Philosophy of Logic*, Cambridge：Harvard University Press, 1970, p. 87.

有的那些美学的特征，如果一个理论既否定了基本的排中律、矛盾律等逻辑原则，又放弃了经典逻辑中的简洁性等特征，这在奎因看来是付出了很大的代价的，他强调："无论如何，我们都不要低估异常逻辑所要付出的代价，尤其是当那些新逻辑连多值逻辑都不是时。它们严重丧失了简单性，更为严重的是，它们还丧失了熟悉性。"①

就在奎因对直觉主义逻辑提出疑问的同时，直觉主义理论也在继续发展。海廷建立 H 系统之后，又历经了哥德尔、甘岑（Gerhard Gentzen）以及克里普克等人对直觉主义逻辑系统的不断改进和完善。其中，哥德尔基于海廷的 H 系统进一步推进了直觉主义逻辑：1933 年哥德尔在《论直觉主义算术和数论》中证明了直觉主义逻辑系统是经典句子逻辑系统的一个真子系统，而经典句子逻辑系统又可以被嵌入直觉主义逻辑中。具体而言，哥德尔定义了一个翻译或映射" ∗ "，使得对于任意句子 A，如果 A 是经典逻辑中的定理，那么 A∗ 就是 H 系统中的定理，并且哥德尔还将这一结论扩展到了一阶逻辑。这就意味着，直觉主义句子逻辑可以完全还原到经典一阶逻辑系统中，可以用一阶逻辑系统构造出直觉主义句子逻辑，从而避免那些不清晰的直觉的概念。此外，克里普克又把直觉主义逻辑大大地推进了一步，他在《直觉主义逻辑的语义分析》（1963）中给出了一种更加精确的直觉主义语义学。② 在这种直觉主义语义学中，克里普克重新定义了直觉主义逻辑的真之概念，其基本思想就是利用对时间的直觉来解释可证明性：如果一个句子是可证明的，那么它在时间序列上一直为真。并且克里普克语义学使用偏序集来作为形式语言的解释，在这种解释中并没有使用像"反驳"或"得出"等这种被奎因所批判的预设的概念。克里普克借助可能世界语义学最终证明了海廷的 H 系统的完全性和可靠性。直觉主义逻辑的上述这些成果，其实都可以看作对奎因的质疑（尤其是对直觉主义逻辑系统建构方面）的一种回应。

因此，可以说，尽管奎因对直觉主义逻辑的立场并没有随着直觉主义

---

① Quine, W. V. O. , *Philosophy of Logic*, Cambridge: Harvard University Press, 1970, p. 86.

② Kripke, S. , *Semantical Analysis of Intuitionistic Logic I*, in J. Crossley and M. Dummett（eds）, *Formal Systems and Recursive Functions*, Dordrecht: North-Holland 1963, pp. 92 – 130.

理论的发展而改变，也没有对直觉主义逻辑后来的理论进行评论，但是无论如何，奎因曾经对于直觉主义逻辑的一些理论的质疑和批判，客观上对直觉主义逻辑理论的发展起到了促进作用。

第三节 一阶逻辑与模态逻辑

一 模态逻辑与奎因对必然性的理解

现代逻辑系统都包括对句法和语义两方面的刻画，尤其是对系统中逻辑常项的句法和语义的刻画直接决定了系统的逻辑构造。产生不同逻辑构造的一部分原因是对原有经典逻辑常项的不同理解或解释，同时也是不同理论研究的出发点。如前文所述，在直觉主义逻辑中就是改变了经典逻辑中原来的逻辑常项的语义设置，使得系统的研究主题发生了改变。另一部分原因则是，在系统中增加新的"逻辑常项"，扩充经典逻辑设置以增强系统的论证能力。如联结词："→"，按照经典逻辑的解释，条件式："A→B"被解读为："如果 A，那么 B"，这就是"实质蕴含"（material implication）。但是，实质蕴含下的条件句会产生一种"实质蕴含悖论"，即当条件句的前件"A"为假或者后件"B"为真时，整个条件句仍然是真的。换句话说，在实质蕴含逻辑之下假命题实质蕴含任何命题，任何命题实质蕴含真命题。刘易斯（C. I. Lewis）认为条件句的这种实质蕴含的解释是导致出现实质蕴含悖论的原因。因此为了消除悖论，他主张给予"→"一种新的语义解读，这就是"严格蕴含"（strict implication）："≺"。严格蕴含其实就是给实质蕴含句前加上一个必然模态算子形成的，"A ≺ B ≡ □（A→B）"（共有两个模态算子："□"和"◇"分别被称为必然算子和可能算子）。如果就"→"的语义解释来说，有观点认为，类似于"实质蕴含悖论"，严格蕴含下也会产生"严格蕴含悖论"：根据严格蕴含句的真值条件，一个不可能命题严格蕴含任何命题，而任何命题严格蕴含一个必然命题。就是说，严格蕴含相比实质蕴含，前者通过体现条件句中的前件和后件间的必然联系而克服了所谓的"实质蕴含悖论"。但是，严格蕴含被认为并没有体现出条件句前后件内容间的联系（当然也就没有体现出它们在内容上的必然联系），所以才有了上述悖论。为此，莱特（Von Wright）等人在严格蕴含的基础上又提出了更加"严格"的条件句：相干蕴含（relevance implication），它规定了条件句的前后件之间具有一种内容上的相干性（relevance）。这种相干性被贝尔纳普（N. D. Belnap）认为是通过它们具有共同的句子变元来保证的。此后，他在1960年提出了相干原理：如果A相干蕴含B，那么A和B至少具有一个共同的句子变元，进而建立了一个标准相干命题逻辑系统。

必然性由此被引入了逻辑讨论之中，这也是模态逻辑的起源。1918年刘易斯构建了第一个严格蕴含公理系统，其后又分别扩展为从S1至S5五个系统。1946年马库斯（R. B. Marcus）在刘易斯逻辑的基础上构建了第一个模态谓词逻辑系统。实际上，模态句子逻辑和谓词逻辑系统都是在经典句子逻辑和谓词逻辑系统的基础上，把模态词加入经典逻辑系统的初始符号中，并且相应地增加与模态词相关的公理模式和推理规则而形成的。从现代逻辑的角度看，最基本的正规模态系统是K，其他系统都是在K的基础上增加相应的公理模式扩张而来的。如，D系统就是在K系统基础上增加D公理：$\Box A \to \Diamond A$；T系统就是在K系统基础上增加T公理：$\Box A \to A$；S4系统就是在T系统基础上增加4公理：$\Box A \to \Box\Box A$；B系统就是在T系统的基础上增加B公理：$A \to \Box\Diamond A$；S5系统就是在T系统的基础上增加E公理：$\Diamond A \to \Box\Diamond A$。

K系统的形式构造如下。

初始符号：

[1] 真值函项联结词：$\neg$、$\to$

[2] 句子变元：p、q、r……

[3] 模态词：$\Box$

形式定义：

$D1 \quad A \wedge B =^{\mathrm{def}} \neg \ (A \to \neg B)$

$D2 \quad A \vee B =^{\mathrm{def}} \neg A \to B$

$D3 \quad A \leftrightarrow B =^{\mathrm{def}} (A \to B) \wedge (B \to A)$

$D4 \quad \Diamond A =^{\mathrm{def}} \neg \Box \neg A$

公理模式：

A1 经典句子逻辑系统的公理

A2 □（A→B）→（□A→□B）　　　（K 公理）

推理规则：

R1 分离规则：由 A 和 A→B，可得 B

R2 必然化规则：如果 A，那么□A

由上述 K 系统的形式构造可知，模态逻辑系统都是使用公理化的方法，在句法上把必然性理解为一个算子，把这个算子作为系统的初始符号，并且给予其相应的公理和规则，在此基础上去表达和推导与模态相关的语句。

但是，从语义上看，早期由刘易斯所创立的那些严格蕴含系统中，都没有提供相应的形式化的语义，其实刘易斯对于模态算子等的解释还停留在一种直观的非形式的说明阶段。从现代逻辑的发展来看，只有当一个形式系统有了精确的语义解释时，才能使这个系统具有清晰的意义，否则系统本身就是含混不清的。1940 年卡尔纳普提出了一种模态语义学：状态描述（state description）理论。卡尔纳普使用语义学方法，用分析性去理解逻辑真句子，并把这种语义学严格化，最早给出了一种模态逻辑的形式化语义。即，一个状态描述就是由一些原子句所组成的集合 S。一个任意原子句 p 是必然真的，当且仅当 p 在状态描述 S 下是成立的，记为：□p。

卡尔纳普语义下的真值条件有：

［1］□p，当且仅当 p∈S；

［2］□A，当且仅当 A 在 S 中的任意描述都成立，即 s∈C，C 是一个描述状态的确定集；

［3］□¬A，当且仅当并非□A；

［4］□A∨B，当且仅当□A 或者□B；

［5］□A∧B，当且仅当□A 并且□B；

［6］□A→B，当且仅当如果□A，那么□B；

可以看出，卡尔纳普语义的精确性有了很大提升，其一大进步是，不再从直观的意义上定义或解释必然性，而是使用了类似于经典逻辑中对有效性这一概念的理解去定义必然性。可以说，奎因后来对必然性的语义理解在很大程度上与卡尔纳普类似。

奎因对于必然性的理解不同于对模态逻辑的理解。在奎因看来，句子中与模态相关的有三个层次（three grades of modal involvement）。通过论述这三个层次，奎因表达了他对于必然性的理解。

（1）Nec "9 > 5"。

（2）nec（9 > 5）。

（3）∃x nec（x > 5）。

上述三个句子分别代表了在一个句子中必然性可能出现的三个层次。

（1）代表了必然性的最低的也是可以被接受的一个层次。在这里，必然性被表达为一个语义谓词（semantical predicate）。也就是说，（1）中的"Nec"作为一个谓词，而把"'9 > 5'"作为一个专名，这样把谓词用于专名从而就形成了句子（1），被读作："'9 > 5'是必然的。"

（2）代表了必然性的第二个也是被最广泛使用的一个层次。在这里，必然性被表达为一个陈述算子（statement operator）。也就是说，（2）中的"nec"[①]作为一个句法的算子，直接与一个陈述（闭语句）："（9 > 5）"相连，共同形成了句子（2），被读作："必然地'9 > 5'。"奎因说明了在（1）和（2）中所表达的必然性的不同，他说："'Nec'是一个谓词或动词，表达'是必然的'，而且该谓词或动词要与一个名词相连以形成一个陈述。与此相反，'nec'却是一个副词，表达了'必然地'，这个副词要与一个陈述相连以形成另外一个陈述。"[②]意思就是，"Nec"连接专名，"nec"连接闭语句。（2）的这种模态表达式就是我们通常说的从言模态。

（3）代表了必然性的第三个也是被最广泛接受的一个层次。在这里，必然性被表达为一个句子算子（sentence operator）。在（3）中的"nec"作为一个开语句的句法算子，直接连接一个开语句："（x > 5）"，形成一个

---

① 注意（1）中是大写的"Nec"，而（2）中是小写的"nec"，奎因在此处用此种方式以示区别。

② Quine, W. V. O., *The Ways of Paradox and Other Essays*, Cambridge：Harvard University Press, 1966, p.157.

句子，然后再对这个句子施以量化得到句子（3）。（3）中的"nec"是对（2)的延伸，但是它们的不同在于（3）中的"nec"连接的是一个开语句，要使其成为一个称述，就必然要通过对自由变元的量化实现，这样就导致了允许"nec"作为一个开语句的句法算子进入量化语境，形成的句子（3）被读作："存在一个个体，它必然大于5。"（3）的这种模态表达式就是我们通常说的从物模态。

奎因认为只有第一个层次准确地反映了必然性的特征，这是他能够接受的。第二个层次如果仅仅作为命题模态的话，也是可以勉强接受的。[①]但是，第三个层次是完全不能接受的，量化模态会导致很多问题，必须拒斥。奎因反对模态逻辑其实主要就是反对量化模态逻辑。

接下来我们首先考察奎因对于这种可接受的必然性的理解，然后再分析奎因对量化模态逻辑的质疑。

按照奎因的观点，必然性在句法上应该被表达为一个谓词。奎因说道，必然性被错误地表达为一个模态算子，如果附加在模态逻辑上的模态算子含混不清，那么模态算子和量词的结合则是灾难性的。他认为，尽管模态逻辑学家们总是乐于嘲笑外延性规则，但是就外延性而言，模态学家们使用的陈述算子与语义谓词之间存在根本区别，后者在外延上是被广泛接受的，满足外延性规则的。也就是说，如果把必然性表达为谓词，就不会造成任何指称和句法上的问题，对此奎因说：

> 只要不采用"nec"作为真正的句子算子，就不需要寻求对经典数理逻辑的修正。我们可以坚持经典的类和单称词项的理论，甚至坚持外延性原则。[②]

奎因进一步解释了在把必然性转换为谓词后，在语义上最接近它的解

---

① 在奎因看来，把模态词作为句法算子，即使只是连接闭语句，也总是存在着要对其量化的危险。

② Quine, W. V. O., *The Ways of Paradox and Other Essays*, Cambridge：Harvard University Press, 1966, p. 157.

释应该是逻辑有效性（logical validity）。奎因说：

> 只要语义应用中的必然性被解释为明确的真值函项的有效性，或者量化的有效性，或者集合论的有效性，或者任何其他确定种类的有效性，语义必然性谓词的逻辑就是重要的……它不是模态逻辑，甚至不是通常所表现出来的那种量化模态逻辑；因为它的贫乏性，进而剥夺了使用"nec"作为称述算子所遇到过的全部复杂性。①

奎因的这段话意思表述得很清楚，在他看来，必然性其实就是类似于或接近于逻辑上的有效性的概念。我们知道，在一阶逻辑中，真并不直接就等于有效，对于任意模式句子 A 是有效的，当且仅当 A 在任何模型的解释下都是真的。在句子逻辑中也是类似的，一个句子是有效的（重言式），当且仅当对于其主联结词都是真的。这种对有效性的理解非常类似于必然性想表达的意思，把必然性解释为有效性是合理的。奎因说："逻辑有效性是最接近于作为一个语义谓词的'Nec'的清楚解释。"② 但是，奎因同时又提醒，从语义学上看，像卡尔纳普这样的哲学家也会把必然性等同于分析性，但是分析性本身是一个伪概念，因此不能把必然性解释为分析性。

简言之，奎因认为必然性在句法上是一个谓词，在语义上被解释为有效性。也正因为必然性可以被其他的已有的概念很好地解释，并且必然性的使用还会带来诸多问题，所以奎因认为必然性是不必要的："根据我坚持的外延主义来说，我认为，必然性作为一个科学或哲学概念是没有任何意义的。副词'必然地'的确是有用的，但是它只能充当一种说明性的向导。"③

---

① Quine, W. V. O., *The Ways of Paradox and Other Essays*, Cambridge：Harvard University Press，1966，p. 168.

② Quine, W. V. O., *The Ways of Paradox and Other Essays*, Cambridge：Harvard University Press，1966，p. 166.

③ Quine, W. V. O., *From Stimulus to Science*, Cambridge：Harvard University Press，1995，p. 99.

二 奎因对模态逻辑的质疑与回应

可以说，在奎因漫长的学术生涯中，他基于自己对必然性的理解，对模态逻辑（尤其是量化模态逻辑）始终持有一种质疑和批评的态度，甚至声称整个模态逻辑都应该被取消。本书认为，奎因对模态逻辑的质疑主要体现在模态逻辑系统的建构以及与模态逻辑相关的哲学问题这两方面。对此我们从以下三点来分析。

第一，从模态逻辑思想的起源来看，奎因认为严格蕴含混淆了使用和提及。在第二章第二节的"SL 系统及其特点"中我们论述了奎因关于表达式的"使用"和"提及"的不同，刘易斯不满足于用"实质蕴含"去解释条件句"→"，而使用了"严格蕴含"重新解释"→"，这种解释在奎因看来也是一种对"使用"和"提及"的混淆。按照奎因的观点，"蕴含"其实是一个用以连接两个单称词项的动词（普遍词项），充当一种"提及"的功能，而非一个能够充当"使用"功能的算子。奎因说道，就模态逻辑本身来说，并不要求混淆表达式的使用和提及这两个功能，但是如果混淆了二者，是有助于理解模态逻辑的。奎因的意思就是说，像"……是必然的"这种表达式所具有的功能是对表达式的提及，而不是使用，对于充当提及功能的表达式（如谓词变元或类变元等）是坚决不能被量化的；类似地，既然不能量化谓词变元和类变元，同样也不能量化模态词。因为在奎因看来，表达式的使用和提及背后有一种本体论的考虑，表达式的使用是预设了某种实体的，但是提及只是语言层面的操作，不产生任何的本体论预设。

第二，从模态逻辑系统的句法来看，奎因认为模态语境是一种隐晦语境（opaque context）[①]，它会导致同一性替换规则和存在概括规则等外延性规则的失效。

从奎因逻辑观的角度看，外延性是其基本特征之一，因而这些外延规则的失效意味着对逻辑观中外延性特征的破坏，这是奎因难以接受的。奎

[①] 罗素和怀特海的《数学原则》最早提到了隐晦语境。1953 年之后，奎因相继发表了一系列文章，如《指称模态》（1953）和《量词与命题态度》（1956）等，在这些文章中对隐晦语境作了详细深入的讨论。

因区分了语词的两种用法：纯指称性和非纯指称性，他说："大致说来，如果单称词语在特定的情境中仅仅指称它的对象，那么我把一个陈述中出现这样的单称词项叫作纯指称性的（purely referential）。但是，一般说来，如果它出现在引文中，则不是指称性的。"[①] 按照奎因的观点，如果在一个语境中，句子中的单称词项是非纯指称性的，那么同一性替换规则一定失效。因为句子中出现非纯指称性的单称词项，意味着这个句子所处的语境就是内涵的。而在一个内涵语境中，句子的真值不仅取决于它的逻辑结构，而且取决于句子中的非指称性单称词项自身的形式，这样的后果就是导致一些基本的外延性规则失效。

具体而言，从第二章第二节的"SL 系统及其特点"的论述中看到，SL 系统使用了同一性替换规则：$\forall x \forall y (x = y \wedge Fx \rightarrow Fy)$。其可以解释为对于任意的两个个体，如果它们是等同的，那么其中一个个体具有的属性或条件，另外一个个体也具有。这一规则在模态语境下失效，如以下句子：

（1）8 大于 7 是必然的。

（2）$\exists x$（x 必然大于 7）。

（3）8 = 太阳系行星数。

（4）太阳系行星数大于 7 是必然的。

上述句子（1）和（3）都是真句子。根据同一性替换规则，由（1）和（3）可以得出一个假句子（4），这就意味着从真的前提，使用同一性替换规则得出了假的结论，同一性规则失去了保真性，这一规则也就无效了。

SL 系统也使用了存在概括规则：由 A（t），可得 $\exists x A$（x），其中 A（x）是把 A（t）中的有些或所有 t 替换为 x。其可以解释为如果某一个个体满足 A，那么至少有些个体满足 A。这一规则在模态语境下也失效。对（1）使用存在概括规则，可以得出（2），它说明至少存在一个这样的个体使得此个体"必然大于 7"。这个个体是什么？由（1）可知，这个个体起码可以是"8"，因为（1）是真的。但是由于（3）"8"也可以指称"太阳系

[①] Quine, W. V. O., *The Ways of Paradox and Other Essays*, Cambridge：Harvard University Press, 1966, p. 160.

行星数"，把后者带入（2）就会得到假句子（4）。这就意味着，由真的前提（1），使用存在概括规则，得出一个假结论（4）。存在概括规则失去了保真性，也同样失效了。

同一性替换规则和存在概括规则都是必要的逻辑规则，一旦失效，最终会导致句子真值条件的不确定。在隐晦语境下，真正受到影响的其实是句子的真值条件。因此，奎因总结道：

> 如果我们把量词应用于某个变元的一个指称隐晦的表达式中，并且希望此量词从该指称隐晦的表达式之外去约束那个变元，那么我们最终得到的结果……或者是无意义的话或者不是我们所想要的话。总之，我们一般不能正当地对指称隐晦的表达式进行量化。①

此外，此处有必要说明的是，在奎因看来，除了模态词之外，还有两种语词也会导致隐晦语境的产生：命题态度词②和索引词。命题态度词可以被认为是一些能够与句子搭配或连接形成新句子的动词，如"感知""认为""相信""遗憾""力求"等。奎因认为这些命题态度词和模态词之间的根本相似之处就是，它们都具有内涵性，这种内涵性造成了隐晦语境，导致了指称不明，他说："重要的是要了解到'必然地'和'可能

---

① Quine, W. V. O., *From a Logical Point of View*, Cambridge: Harvard University Press, 1953, p. 148.

② 本书认为应该是弗雷格在逻辑和哲学中最早通过引入从句的方式来间接地提出和讨论了"命题态度词"。在《论涵义和意谓》中，弗雷格考虑主从复合句中的从句的意谓不是通常的意谓——真值，而是间接的意谓——思想（从句的涵义）。间接引语也属于这样的从句，它的意谓不是真值而是思想，弗雷格说道："在'说''听说''认为''相信''推论'和类似的词后面，都会出现这样的情况"以及"在出现'高兴''高兴''同情''同意''指责''希望''害怕'这样的表达时，情况也相似。"（弗雷格：《弗雷格哲学论著选辑》，王路译，商务印书馆2006年版，第107页。）从这些论述中可以看出，弗雷格对于我们现在所界定的命题态度词的问题有类似的专门的讨论，并且把含有这些词的从句的意谓与句子的通常的意谓做出了明确的区分。所以，本书认为，尽管弗雷格并没有直接地谈论命题态度词，但是通过上述的方式弗雷格间接地把命题态度词的相关问题凸显出来。此外，尽管直观上这些词中有很多词在含义和用法等方面有很大的区别，有的区别甚至是根本性的，但是就它们表达了命题态度提供者的某种主观的态度或认知状态上，以及在这些词后面都修饰一个完整的句子这两点而言，它们是相同的。因此，可以把这些词不作区分地直接归为"命题态度词"这一类。

地'两个词组，与'不知道'和'相信'一样都是指称隐晦的。"① 这就意味着同一性替换规则和存在概括规则，在含有命题态度词的句子语境下也都是无效的。针对这些命题态度词的形式研究也形成了一些理论，如认知逻辑或信念逻辑等。由于模态词和命题态度词如前所述的相似性，所以，奎因对待这些理论的态度实际上是与模态逻辑相似的，即在奎因看来，它们都不属于逻辑，充其量只是基于逻辑的应用。索引词是指用以指称语词本身而非对象的词。一般而言，索引词都会加引号，如"亚里士多德"和"'亚里士多德'"是不同的，第一个没有加引号是一个通常的专名，用来起命名的作用，指称作为个体的亚里士多德这个人；第二个加了引号就不是一个通常的专名了，其作用仅仅是用来提及"亚里士多德"这个语词，并非把它作为句子中的一个构成成分而使用它。索引词产生隐晦语境的原因可以被归结为混淆了语词的提及和使用。就像奎因说的：加引号是语词的一种命名方式，但是由这种命名方式所形成的索引词也是导致隐晦语境的一种"最佳方式"。

值得注意的是，上文中有关加引号（索引词）与非指称性的隐晦语境之间的关系并非绝对的，也就是说，加引号一般会引起非指称性的隐晦语境，但有些情况下也不会引起隐晦语境。另外，不加引号有时也会引起非指称性隐晦语境。我们分两种情况对其做一些分析。

一方面，考虑两种加了引号但不会引起非指称性隐晦语境的情况。如：（1）"亚里士多德是哲学家"是真的；（2）"亚里士多德"是一个哲学家的名字；（3）亚里士多德是哲学家。句子（1）和（2）中的"亚里士多德"都是加了引号的，按照前文的分析，它们应该都是非指称性的。但是，这里的情况并非如此，由于句子（3）是真的，这就决定了（1）和（2）也都是真的。不同的是，即使句子中的"'亚里士多德'"是加了引号的也仍旧是指称性的，原因在于，按照奎因的观点（1）和（2）中出现的特殊谓词"是真的"和"是……的名字"具有去引号的作用（有关"真即去引号"详见第三章第四节的"真即去引号"的论述）。在这种情况下，（1）和（2）就相

---

① Quine, W. V. O., *From a Logical Point of View*, Cambridge：Harvard University Press, 1953, p. 142.

当于（3）。

另一方面，考虑一种不加引号但是仍然引起了非指称性隐晦语境的情况。比如：（4）黑猫因其体色是黑的而得此名字；（5）黑猫是汤姆；（6）汤姆因其体色是黑的而得此名字。这两句中都不含有加引号的词项，但是（4）中的"黑猫"仍然是非指称性的，如果用（5）中具有相同指称的"汤姆"去替换（4）中的"黑猫"可以得到（6），但是（6）显然是假的，这样会导致真值改变。原因就在于（4）中的特殊谓词"因……而得此名字"具有加引号的功能，因此，实际上（4）就相当于：（7）黑猫因其体色是黑的而得名"黑猫"。这个句子中，第一个不带引号的"黑猫"是通常的专名，即指称性的，可以用"汤姆"做同一性保真替换；而第二个"'黑猫'"是带引号的，即非指称性的。由上述分析可见，加引号并非必然引起非指称性，尽管它通常的确如此。

第三，模态逻辑最终会倒向亚里士多德的本质主义（Aristotelian essentialism），而奎因反对任何形式的本质主义。按照奎因对亚里士多德的本质主义的解释，任何事物都具有一些相对于该事物而言的本质属性（essential attributes），其他的都是偶然属性（accidental attributes）。本质属性是对事物的一种充分说明，与偶然属性有着根本区别。如按照亚里士多德本质主义的观点，人的本质属性可以是有理性的或有大脑的，而偶然属性可以是有两条腿或者会说话等；可以把其形式化为：$\exists x\,(necFx \wedge Gx \wedge nec\neg\, Gx)$，其中 F 表示有理性的，G 表示有两条腿。在此基础上，奎因构造出了"骑车的数学家悖论"：对于一个数学家而言，其有理性是必然的，而有两条腿则是偶然的；相反，对于一个骑车的人而言，其有两条腿是必然的，而有理性则是偶然的。但是，如果对于一个正在骑车的数学家而言，有理性是这个人的必然属性还是偶然属性？或者有两条腿是必然属性还是偶然属性？这里出现了悖论。在奎因看来，一个事物的一些属性可以有重要或不重要之分，也可以有持久或短暂之分等，但是并没有必然或偶然之分，如果非要做出这样的区分，那么上述悖论就难以避免。奎因认为对模态词进行量化就会导致本质主义。例如，如果试图说明句子："8 必然大于 7"，那么就会借助于模态词去说明这个句子中的"8"具有一种本质

属性"必然大于7",也就是说,把必然当作本质,把必然性解释为本质属性。① 奎因说:

> 作为一种语义谓词的必然性暗示了一种非亚里士多德式的必然性:必然性存在于我们谈论事物的方式中,而不是存在于我们所谈论的事物中。我们看到,作为句子算子的必然性可以被作为语义谓词的必然性所重新解释。但是,这也有其危险性,它会对模态词做出过度的无意义的表述,而且诱使人们最终得出量化模态这一结论,最后,它还会使得单称词项逻辑复杂化。更严重的是,它会退回到亚里士多德式的本质主义的形式上学的丛林中。②

奎因对模态逻辑的这些讨论主要集中在20世纪五六十年代,这个时期的模态逻辑实际上仍然处于其发展的早期阶段。奎因对于模态逻辑的质疑引起了大量的逻辑和哲学的讨论,模态逻辑的支持者们不断提出新的理论为其合法性做辩护,这些新理论客观上促进了模态逻辑的发展。我们从逻辑和哲学两方面来归纳这些新理论对奎因的回应。

(1)新的逻辑处理技术,尤其是可能世界语义学,使得模态逻辑的形式系统有了巨大的改进。1963年,克里普克在《模态逻辑的语义思考》中提出了能够解释量化模态的可能世界语义理论,这种语义学假定了存在一些可能世界,现实世界只是众多可能世界中的一个。重要的是在不同的可能世界之间具有一种可通达关系(accessible relation),由此建立了可能世界的语义模型三元组,如 $\mathfrak{m} = <W, R, V>$,其中 W 是一个非空的可能世界集,其成员(如:w_1、w_2,…)就是各种可能世界;R 就是 W 成员间的可通达关系;V 是一个对任意可能世界 w 和原子句 p 的一个真值指派:$V(w, p) \in \{1, 0\}$,即任意可能世界的原子句要么真,要么假。

---

① 马库斯(Marcus,1967)和皮尔森(Person,1967)都对奎因的正在骑车的数学家问题做出了回应。此外,余俊伟(2016)对他们三人的方案都提出了异议,认为他们的讨论都存在着一个问题:把必然性等同于本质属性,但是这二者显然是不能等同的。

② Quine, W. V. O., *The Ways of Paradox and Other Essays*, Cambridge:Harvard University Press, 1966, p. 176.

可能世界语义下模态句子的真值条件：

［1］$\mathfrak{m}$，$w\models p$，当且仅当 $V(w, p) = 1$；

［2］$\mathfrak{m}$，$w\models \neg A$，当且仅当 $V(w, p) = 0$；

［3］$\mathfrak{m}$，$w\models A \wedge B$，当且仅当 $\mathfrak{m}$，$w\models A$ 并且 $\mathfrak{m}$，$w\models B$；

［4］$\mathfrak{m}$，$w\models \square A$，当且仅当任意 $w' \in W$，如果 Rww'，那么 $\mathfrak{m}$，$w'\models A$。

由此，用以表达"A 必然为真"的"$\square A$"，它的真值条件就是：任意公式 $\square A$ 在任意模型 $\mathfrak{m}$ 下的可能世界 w' 中是真的，当且仅当 A 在与 w' 具有可通达关系 R 的所有可能世界上都为真。可能世界语义学把量词引入了模态逻辑中，同时又不破坏任何经典逻辑的规则。对于同一性替换规则失效的问题，有人也提出了一种句法的应对：把同一性转换为必然同一性，即在模态逻辑系统中加入必然同一性推理规则：$x = y \rightarrow \square (x = y)$，其可以被解释为：如果 x 和 y 是同一的，那么它们也是必然同一的，也就是在所有可能世界下都同一的。有了这条规则，模态系统就能满足经典逻辑的外延性要求，实现以一种外延的方式去刻画或处理内涵模态概念。而且基于可能世界语义，克里普克也陆续给出了一些模态逻辑系统的完全性证明，如 S4、S5 和 B 等。从这点来看，新的模态逻辑语义远比卡尔纳普的传统模态语义更加精确和规整，可能世界语义学可以为模态逻辑提供可靠的语义解释，可能世界语义学下的模态逻辑取得了巨大的成果。

（2）在模态逻辑的哲学和本体论方面，克里普克等人提出了新的指称命名理论和量化解释以应对奎因的质疑。奎因认为导致模态逻辑指称隐晦的一个原因与同一性的指称理论有关，即指称隐晦性是借助于命名同一对象的名称的替换性失效而导致的。针对奎因的这一观点，克里普克提出了一种新的指称命名理论：历史因果指称论。克里普克对严格指示词和非严格指示词进行了区分，严格指示词就是指在任意可能世界中都指称同一个对象的词，否则就是非严格指示词或偶然指示词。克里普克把专名看作一种严格指示词，把摹状词看作非严格指示词，真正能够表达同一性的只能是两个严格指示词所构成的等式。此外，有人提出跨可能世界的同一性（transworld identity）问题，即在不同的可能世界中的对象如何跨界识别的问题。对此，奎因认为在不同时刻识别同一个对象与跨可能世界识别同一个对象相类似，它们都是空洞无物的。克里普克则将跨界识别与本质主义的讨论联系起来，作为一个坚定的本质主义者，克里普克明确地提出：个体的本质在于个体的起源，自然种类事物的本质在于其内在结构等。① 可见，克里普克的这些观点都与奎因的观点针锋相对。

为了维护模态理论，并且试图绕开导致模态隐晦语境的对象量化的解释，马库斯等人则提出了另外一种量化解释理论——置换量化。他们认为使用置换量化去重新解释量词可以消除模态逻辑的指称问题。对此，奎因说："让我们看看马库斯教授的下一步。令人惊奇的是，她的下一步是挑战量化本身，或者我对它的指称对象的解释……经过诠释后，马库斯教授提出的存在量化的新的解释是：量化式是真的，当且仅当量词之后的开语句对于量词变元的某种替换是真的。"② 关于单称词项、指称以及量化解释等讨论都属于基于不同的逻辑理论所产生的哲学问题，对这些问题的论述与各自坚持的逻辑观直接相关。

然而，对于这些模态逻辑理论的新发展，奎因始终持怀疑态度，对于其中的有些观点也表达了自己的立场。例如，奎因并不接受可能世界的理论。奎因的一些重要的观点与可能世界理论是相冲突的。如可能世界语义学的逻辑构造存在一个理论预设，即单称词项是系统的初始符号，同时不能被消去，可能世界实际上就是针对个体间关系的刻画，这个设定对于可能世界理论是必要的和主要的。③ 但是，这就与奎因坚持的一些逻辑观点相对立，如奎因坚持逻辑系统中单称词项是不必要的，应该消除全部单称词项。也与奎因所坚持的本体论的立场（一个理论承诺的实体并不是由单称词项所命名的对象，而是量化变元的值）相冲突。因此，无论是从逻辑观还是从本体论来看，奎因都不赞同可能世界理论。对此，他说：

---

① Kripke, Saul, *Naming and Necessity*, Cambridge: Harvard University Press, 1980, p. 57.

② Quine, W. V. O., *The Ways of Paradox and Other Essays*, Cambridge: Harvard University Press, 1966, p. 182.

③ 刘叶涛：《意义、真理与可能世界》，社会科学文献出版社 2014 年版，第 18 页。

怀曼的可能世界的贫民窟是个滋生不法分子的土壤……我们不可能决定在门口那个可能是胖子的男人和在门口那个可能是秃子的男人是否指称相同的个体……我觉得最好就是干脆彻底清除怀曼的这个贫民窟。[1]

总之，模态逻辑作为一种形式理论体系，其自身无论在句法还是语义方面都在不断发展和完善。正如我们在之前的分析中所看到的，模态逻辑里那些被奎因质疑过的问题，其中有些已经被后来进一步发展的理论所解决，有些得到了更多的讨论和研究。无论如何，模态逻辑作为当前受到较多关注的形式理论之一，在其形成的早期阶段所经历的奎因的这些理论的"诘难"，对模态逻辑自身的发展有重要意义和价值的。

第四节　一阶逻辑与真之载体

真之理论中的核心概念就是"真"或"真值"，当我们问什么东西能被看作真的，或者什么东西能被作为真值的承担者时，就是在问什么是真之载体（truth-bearer）。塔斯基在《真之语义概念和语义学基础》中对真之载体有过一段专门论述，他认为"真"可以谓述三种对象：作为理想实体的命题、作为心理现象的判断以及作为物理对象的语句。[2] 也就是说，在塔斯基看来，命题、判断和语句是三种可以作为真之载体的东西。本节将梳理和对比这三种代表性观点，说明奎因关于真之载体的观点是在其逻辑观下导致的一种自然的理论后承。本节的主要内容将分别围绕上述三种真之载体的代表性观点展开论述，分析它们各自的依据与联系。按照弗雷格的观点，"思想"是指语句的含义，也是借以考虑真的东西。在本部分中所讨论的作为真之载体的"思想"，主要就是针对弗雷格语境下的"思想"而言的。

对此我们从以下四个方面来论述：（1）以亚里士多德和维特根斯坦为代

---

① Quine, W. V. O., *Theories and Things*, Cambridge：Harvard University Press, 1981, p.126.
② Tarski, Alfred, "The Semantic Conception of Truth：and the Foundations of Semantics", *Philosophy and Phenomenological Research*, 1943, 4 (3), pp. 341 – 376.

表的不同阶段的真之符合论都以"符合"来定义真、以"命题"来承载真,即真之符合论以命题作为真之载体;(2)通过对弗雷格哲学中"思想"和"真"的论述,尤其是对二者关系的分析,可以看到弗雷格所认可的真之载体就是思想;(3)奎因坚决反对命题或思想这样的内涵对象,认为它们不具有本体论的合法性,不能充当真之载体的角色。基于其逻辑观,奎因相信只有语句(恒值句)才是适当的真之载体。(4)"真之载体是语句"与"真即去引号"这两种观点之间有密切的关系,前者为后者提供了必要的理论基础。

对于真之载体的讨论,我们可以从奎因提出的一个很直观的问题开始。奎因在《逻辑哲学》开篇就提出一个问题:如果某人讲真话,那么是什么使得他讲的话为真的?奎因认为在一些人看来,对于这个问题的回答有两个重要因素在起作用:意义和事实。为了表明这两个因素是如何起作用的,他说道,如果这个人说的真话是:"Snow is white."[①]那么从这两个因素的角度来看:一方面,这个句子的意义是雪是白的;另一方面,从事实上看雪的确是白的。也就是说,"这个句子的意义和事实在表面上是等同的,或者至少它们有着相同的名称:雪是白的。而且也正是因为这种等同关系才能使得那个人说的那句话是真的,那句话的意义与事实是相匹配的"[②]。否则,无论意义或事实两方中的任何一方改变都会导致这句话不为真。不过,在奎因看来上述观点是一种典型的"真之符合论的陈词滥调",它借助于"不可捉摸的中介因素:意义和事实"使得"命题作为一种抽象实体而被看作语句的意义,也正是命题(而不是语句本身)被看作是真或是假的东西"[③]。从这些论述中我们可以得出奎因关于符合论的两方面认识:一是符合论把命题看作语句的意义,真是相对于命题而言的,这就是说,奎因认为符合论的真之载体是命题;二是符合论中的"符合"就是命题与事实间的等同或匹配。这就是说,奎因认为符合论的真之定义或标准就是命题与事实的符合。

---

① 这句话在奎因原文中用的是德文,因为奎因在自己的文本中使用的元语言是英文,所以他为了方便讨论这句话而使用了德语作为对象语言。我们此处的元语言是中文,为了方便就把对象语言改为英文。

② Quine, W. V. O., *Philosophy of Logic*, Cambridge:Harvard University Press, 1970, p. 1.

③ Quine, W. V. O., *Philosophy of Logic*, Cambridge:Harvard University Press, 1970, p. 2.

一 真之载体是命题

真之载体是命题起源于亚里士多德的真之符合论，被认为是一种古老而直观的真之理论。大致可以把真之符合论分为两个阶段：一是亚里士多德的传统符合论，二是以罗素和维特根斯坦为代表的当代符合论。尽管这两类符合论对于如何"符合"为真持有不同的观点，也都没有对何为真之载体做出明确论述，但是，我们可以通过他们对于"真"以及"符合"的论述间接地获得他们有关真之载体的观点。

亚里士多德在《形而上学》中对真之"符合"有一段著名的论述，他说：

> 在矛盾的东西之间不可能有中间情况，因为必然要么断定一方，要么否定一方。从真和假的定义可以看出这一点。因为否定是的东西或肯定不是的东西就是假的，而肯定是的东西或否定不是的东西就是真的；因而一切关于任何事物是或不是的判断都陈述了要么是真的东西、要么是假的东西。①

通过上述观点可以得出两点认识。第一，两组因素共同决定了真或假。（1）"肯定"和"否定"，指认识主体对于语言所表达的东西做出的判断，而这种语言所表达的东西就是命题。具体地说，"肯定"是"关于事物是的判断"，"否定"是"关于事物不是的判断"。而"关于事物是的判断"就是对由句式"S 是 P"所表达的东西的陈述，"关于事物不是的判断"就是对由句式"S 不是 P"所表达的东西的陈述，这种不同句式所表达的东西就是命题。（2）"是的东西"和"不是的东西"，指语言之外的外在世界的东西，它们的存在是客观的，语言就是试图去描述或指称这些东西。上述这两种因素都不能单独地定义真假，即"是的东西"未必为真，"不是的东西"也未必为假。只有将两者结合起来，使得语言所表达

---

① ［希］亚里士多德：《亚里士多德全集》，苗力田主编，中国人民大学出版社 1994 年，第 101 页。

的命题与外界的东西相一致才是"符合",即"符合"就是"肯定"与"是的东西"相结合、"否定"与"不是的东西"相结合。第二,亚里士多德以命题作为真之承载者。从上述亚里士多德对"符合"的界定可以看到,他所说的要"肯定"或"否定"的东西就是命题,即与外在世界相"符合"的东西是命题,是命题承载了真值。对此,亚里士多德在《范畴篇》中也作了类似的论述。他说道,某个人的存在这一事实带来了他存在这一命题的真实性,因为如果一个人存在,那么我们借以断定他存在的那个命题就是真的;而这个人的存在这一事实以某种方式成为那个命题所以为真的原因,是因为那个命题的真假依赖于这个人是否存在的事实。由此我们也可以看出,在亚里士多德哲学中可以承载真假的东西是句子所表达的命题,即真之载体是命题。

在为何"符合"为真这个问题上,不同于亚里士多德,逻辑原子主义认为理想语言中的逻辑结构与世界的事实构造之间存在着对应关系,如果这种对应关系是一种"同构"关系的话就是"符合"。也就是说,逻辑原子主义通过语言的结构和事实的结构间的一种"同构"关系来解释"符合",进而定义"真"。维特根斯坦在《逻辑哲学论》中说道,命题的总和是语言,命题是由基本命题以及作为基本命题的真值函项的复合命题构成的。世界中对象的不同排列组成某种事态,事态又经过不同排列构成事实,从而形成世界的结构。按照维特根斯坦的理解,基本命题是事态的"语言图像",而由基本命题组成的复合命题与由事态组成的事实在结构上是完全同构的,正是这种同构使得诸命题为真。对于这种理想语言中"真"和"命题"的关系,维特根斯坦作了非常多的论述,如"真命题的总和是全部自然科学"① "逻辑命题的独特标志就是人们仅仅从记号就能认识到它们是真的"② 等。可见,与亚里士多德一样,尽管维特根斯坦并未对真之载体的问题做出直接论述,但是从上述他关于语言与世界的同构关系以及命题与真的相互关系的描述中,本书认为,维特根斯坦的真之理论

---

① [德]维特根斯坦:《逻辑哲学论》,韩林合译,商务印书馆2014年版,第40页。
② [德]维特根斯坦:《逻辑哲学论》,韩林合译,商务印书馆2014年版,第98页。

中存在着一个预设，即命题是真值承担者。①

二　真之载体是思想

弗雷格在真之载体的问题上的看法与真之符合论不同。由前述可知，符合论的"真之载体为命题"这一观点主要是基于其"符合为真"的观点的。弗雷格首先对这一观点做了明确的质疑。在《思想》中弗雷格认为，对符合的追问将会导致一种循环论证，他说道："我们必须要做些什么以判断某物是否是真的。我们必须研究，一个观念与一个现实的东西在规定的方面（比如说）相符合，这是否是真的。这样，我们就碰到相同类型的问题。游戏重新开始……"②此外，真值符合论对符合本身的理解也会产生问题，按照符合论的观点，符合就是句子所表达的思想与现实对象相一致，即把真看作某种一致。弗雷格不同意这种观点，因为一致是一种关系，而真不是关系：我们不可能先找到与句子所表达的思想对应的事实，然后再用它与思想比较，看它们二者是否一致或者匹配。此外，即使二者可以比较也不存在完全的一致，这样也就没有完全的真，也就没有任何东西是真的。弗雷格说，当我们称一个句子是真的时候，我们实际上是指它的含义，无论如何是否为真不在于这种含义与不同的东西的一致；因为如果这样，关于是否是真的这个问题就会无限地重复下去。正如布伦塔诺所说："一些人坚持认为，可以通过将思想与对象进行比较来掌握真。他们没有认识到，为了做出这样的比较，必须已经知道该对象真正像什么。而如果知道了这一点也就已经掌握了真。"③因此，弗雷格认为："把真解释为一致性的尝试失败了……'真'这个词的内容很可能是完全独特的和不可定义的。"④

---

① 有关符合论的真之载体的观点，达米特在《分析哲学的起源》（1993）中也做过一个论述。他说："符合论和融贯论这样的理论把意义看作给定的。它们不会问：'一般来说，什么使一个句子（的言语表达）是真的？'但是它们会问：'一般来说，什么使一个命题是真的？'这里命题是一个句子的言语所表达的东西，而为了表达命题，你必须知道句子的意思是什么。因此，在问：'一般来说，什么使一个命题是真的？'的时候，我们预设了可以把句子的意义看成是在知道什么使它们是真的或假的之前给定的，然而面对这样一种预设，无法对这个问题做出非自明的回答。"

② ［德］弗雷格：《弗雷格哲学论著选辑》，王路译，商务印书馆 2006 年版，第 133 页。

③ Künne, Wolfgang, *Conceptions of Truth*, London：Oxford University Press, 2003, p.127.

④ ［德］弗雷格：《弗雷格哲学论著选辑》，王路译，商务印书馆 2006 年版，第 131 页。

在弗雷格哲学中"思想"是一个重要的概念。弗雷格在其名著《论涵义和意谓》中，就使用思想去说明涵义和意谓这对弗雷格哲学中最根本的概念。他首先区分了符号和符号所表达的东西，而符号所表达的东西又可以进一步分为涵义和意谓两个不同的层次，其中句子的涵义就是其思想，句子的意谓就是其真值（在这里也可以看到思想和真的相关性）。在《思想》这篇论文中，弗雷格又进一步详细讨论了何为思想。他认为思想既不是客观的外界事物，也不是内心世界的表象，而是属于第三范围。思想还是我们可以共同把握的一种对象，也是我们借以考虑真的东西。正如达米特（Michael Dummett）认为的：弗雷格的"思想"是指在初始意义上具备了真与假的东西。这个初始意义是指相对于时间、地点或其他外在条件的概念而言的，思想是绝对地为真或为假的东西。①

"真为逻辑指引方向"，弗雷格把"真"摆在一个核心的位置上。② 然而，值得注意的是，除了对"真"本身的关注，弗雷格对于"真"与"思想"这两个概念间的密切联系也有过论述。一方面，真与思想是相互独立的。弗雷格强调一定不能把真和思想的关系比作主词和谓词的关系，主词和谓词都属于思想的部分，它们是处于认识的同一层次上的。然而，尽管从主词和谓语的结合能达到对思想的认识，但是这种认识并不能使思想从其所在的涵义层面进入真所在的意谓层面。正如弗雷格所说的：

> 对于我承认是真的东西，我做出判断说，它完全不依赖于我对它的承认，也不依赖于我是否对它进行思考而是真的。一个思想是真的，与这个思想是否被考虑无关。③

---

① Dummett, Michael, *Frege*: *Philosophy of Language*, 2nd edn, London: Duckworth, 1981, p. 367.

② 在达米特看来，弗雷格关于真这个概念有三个最基本的论题，分别是：（1）在初始意义上具备真与假的东西就是思想；（2）真与假与句子的联系在于充当句子的意谓；（3）真是不可定义的。此外，达米特还认为，弗雷格在明确拒绝真之符合论的观点时，是把"真"看作一种基于实在论上的概念。而一般认为实在论语境下的"真"这一概念具有最高的确定性，正是具有最高确定性的"真"这一概念为逻辑指引方向，从而也使逻辑获得最高的确定性。这也是弗雷格对于真的理解。

③ ［德］弗雷格：《弗雷格哲学论著选辑》，王路译，商务印书馆2006年版，第132页。

可见，处于句子意谓层面的真，与处于句子涵义层面的思想完全是相互独立的。①

另一方面，尽管真和思想是相互独立的，但并不意味着它们是无关的，相反，弗雷格认为："思想的东西与真有密切的联系。"对此，我们做一些具体分析。（1）弗雷格认为我们可以表达和把握思想，而不去考虑它本身的真假。但是反过来，如果我们一旦要考虑真，就必须通过思想来考虑，思想是借以用来考虑真的东西。然而并非所有的思想都能用来考虑真。弗雷格坚持断定是对思想的真的肯定所做出的表达，并且只有具有完整思想的句子才能表达这种断定，因为一个不完整的思想是没有普遍性的，因而也不能被断定。如在各种文学创作语言或舞台剧的台词句子中，像"我受伤了"等这样的句子，它们都是完整的句子，但这些句子是不能表达真的，因为在弗雷格看来这些句子都不具备思想的完整性。或者我们也可以这么理解：如果一个思想具有完整性，那么就一定可以对这个思想的真假做出判断，真是判断思想完整性的一个标准。因此，只有完整的思想才能借以用来考虑真，真也可以用来判断一个思想的完整性。（2）弗雷格进一步认为，表达思想的句子的种类对于考虑真也很重要。他说道："为了使我称之为思想的东西更加明确，我区别了句子的种类。人们不愿意承认一个命令句有一种涵义。这种涵义不是那种可以考虑其是否为真的涵义。因此，我不称命令句的涵义为思想。愿望句和请求句同样排除在外。"② 也就是说，在所有的句子种类中，弗雷格只承认断定句能借以考虑真，因为只有断定句才具有一种断定力，而这种断定力使得断定句的意谓指向了真值。所以，只有断定句所表达的完整思想才是能够借以考虑真的东西。（3）弗雷格还区分了真思想和假思想，他认为如果一个思想的存在就在于它是真的，那么"假思想"这个表达与"不存在的思想"这个表达

① 对于真独立于思想或者思考这一观点，弗雷格举了一个很形象的例子来说明：我们都承认当我们闭上眼睛后，太阳不会由于我们看不到它而消失，因为虽然我们使用眼睛去观察太阳，但眼睛和太阳是相互独立的。同样地，我们通过思考能够表达思想的句子来考虑真，但是思想和真之间是独立的。

② ［德］弗雷格：《弗雷格哲学论著选辑》，王路译，商务印书馆2006年版，第134页。

就是矛盾的，假思想和真思想一样也是存在的。可以看出，弗雷格始终紧密围绕着真来讨论思想，或者围绕着思想来讨论真。(4) 弗雷格在《思想结构》这篇论文中先是详细刻画了合取、析取、否定和蕴含等思想结构，然后他说道："思想结构本身应该是一种思想，即这样一种东西，对它来说，要么是真的，要么是假的，没有第三种情况。"① 可见，弗雷格在这里明确把思想结构本身看作思想，并且又把这种思想看作真假二值的承载者。总之，通过上述对弗雷格哲学中真与思想间关系的分析，我们可以得出结论：弗雷格哲学中的真之载体就是思想。

三　真之载体是语句

针对真之符合论以命题作为真之载体和弗雷格以思想作为真之载体的观点，奎因都持明确的反对意见。具体而言，我们可以把奎因对于真之载体的观点分为两个部分：一部分是奎因对于命题、思想、意义或属性等内涵对象本身的反对，不承认它们具有任何本体论的合法地位，当然也就反对再以它们作为真之载体；另一部分是奎因坚信只有语句，确切地说是恒值句，才是最恰当的真之载体。

我们先论述奎因对于内涵对象的拒斥。从奎因逻辑观的角度来看，要保持本体论承诺的中立性，任何内涵对象都不能作为本体论的预设。

以奎因对于命题的态度为例，一般而言，命题作为一个内涵对象，指句子所表达的东西，同一个命题可以被不同的句子所表达。② 但是，按照

---

① ［德］弗雷格：《弗雷格哲学论著选辑》，王路译，商务印书馆 2006 年版，第 159 页。
② 这种对于命题通常的看法，其实在弗雷格那里也有类似的论述。在《概念文字》中，奎因提到不同的句子尽管在涵义上会有细微的区别，但是毕竟它们之间还是一致的，因此这些不同的句子可以表达相同的内容，弗雷格称这些相同的内容为"概念内容"，并且认为只有这种概念内容对于他的概念文字是有意义的。对此弗雷格举例道，"在普拉蒂亚希腊人战胜波斯人"和"在普拉蒂亚波斯人被希腊人战胜"，这两个句子使用了不同的语态：一个主动，一个被动，这样也就导致了它们的涵义有细微的不同。但是，即便如此它们仍然有相同的概念内容，因为它们表达的是同一个事实：在普拉蒂亚这个地方，希腊人和波斯人有过一场战争并且希腊人取得了胜利。由于弗雷格在他的著作中并没有对概念内容做具体论述，因此我们并不很清楚他有关概念内容的详细定义，但是根据上面的分析，起码会认识到，在弗雷格那里概念内容并不是句子，而是由不同的句子所表达的相同或一致的东西。这样看来概念内容和命题是十分类似的。参见［德］弗雷格《弗雷格哲学论著选辑》，王路译，商务印书馆 2006 年版，第 8 页。

奎因的理解，命题作为内涵对象在本体论上是不能存在的，因为命题不具有明确的同一性标准，而明确的同一性标准是一个对象具有本体论合法性的必要条件。就像奎因所说：

> 与"什么是命题"这个问题密切相关的是"何时命题之间是同一的"这一问题，或者更确切地说是"何时两个语句代表了同样的命题"这样一个问题。①

可见，他非常清楚地认识到了问题的关键：只有当我们具有了关于命题的同一性标准时，才能够说我们真正理解了"命题"这个实体，否则它就是一个模糊的、难以理解的东西。故没有同一性就没有实体，没有命题的同一性就没有命题。

关于命题的同一性标准有一种代表性的观点认为：如果两个命题间具有同义性，那么它们就是同一的，也就是说，命题的同一性标准就在于其"同义性"（synonymy）。在《逻辑哲学》中，奎因对此有过专门的分析，他说道：

> 我反对承认命题主要并不是出于哲学上的节俭，这样的节俭是指除了必需品之外从来不幻想天地间的任何东西的一种愿望；也不是出于特殊主义（particularism），即否定无形或抽象的实体的主张。我拒斥命题有着更为紧要的理由，即如果有命题的话，它们就会在语句自身中造成一种同义性或等价关系（equivalence）：那些表达同一命题的语句是等价的。这样的关系在语句这个层次上并无实际的意义，这就是我的拒斥理由之所在。②

按照我们对命题通常的理解，命题是指不同的语句所表达的相同的意

---

① Quine, W. V. O., "Ontological Remarks on the Propositional Calculus", *Mind*, 1934, 43 (172), pp. 472 – 476.

② Quine, W. V. O., *Philosophy of Logic*, Cambridge: Harvard University Press, 1970, p. 14.

义。在奎因看来，如果我们承认了这样的命题存在，也就承认了表达命题的不同语句间具有一种所谓的"同义性"，如对于这两个语句："小王是个单身汉"和"小王是个未婚男人"，如果认为这两句话表达了相同的命题，那么也就承认了它们之间是同义的。但是，问题的关键就在于，"同义性"这个概念本身就是一个含混不清的概念。奎因在其名著《经验论的两个教条》中提出了现代经验论中存在着两个教条，其中之一就是：相信在分析性的真句子和综合性的真句子之间存在根本的区分和对立。奎因认为造成这一教条的原因就在于"分析性"这一概念所依赖的"同义性"概念本身就是含混不清的。在这篇论文中，奎因详细论证了无论是使用定义（包括词典定义、解释和约定定义等）还是保真互换性又或是人工语言的语法规则等方法，都不能清楚地说明何为同义性。因此，寄希望于通过一个本身就不清楚的"同义性"概念，来试图说清楚命题的同一性标准的思路一定是不成立的。其实，奎因关于本体论的一个最基本判断就是，真正具有本体论合法地位的实体只有两种：物理对象和类，因为它们都有明确的同一性性标准。而与命题类似的其他内涵对象，如思想、意义以及属性等，甚至是可能世界的对象，都难以作为本体论的实体而存在，原因就是它们都缺乏明确的同一性标准。

因此，通过上述分析不难看出，奎因对于内涵对象在本体论上的拒斥是很明确的。如果内涵对象本身就是难以存在的，那么以各种内涵对象作为真之载体的观点自然也就是难以成立的了。

既然奎因反对把命题和思想作为真之载体，那么在他看来什么才是真正合适的真之载体呢？奎因在《逻辑哲学》和《真之追求》中有一个明确的观点：

> 真之载体最好是语句，如果这个语句是恒值句（eternal sentence）的话。[①]

---

① Quine, W. V. O., *Philosophy of Logic*, Cambridge：Harvard University Press, 1970, p. 14.

但是，普特南并不赞同奎因的这个观点。普特南在他的《逻辑哲学》中认为，把语句看成是真的或假的东西的观点既是不恰当的，也是没有意义的。[①] 原因在于一方面，对于可以具有真假的句子而言，这些句子的真假可能会在不同的时间或地点而有所不同。如"天在下雪"这句话，如果在下雪天就是真的，在晴天就是假的。再如"我是哲学家"这句话，如果亚里士多德来说就是真的，鲁迅说就是假的。因此，如果句子是真之载体的话，那么句子的真值就是不固定的。另一方面，陈述句具有真假，但并非所有的句子都具备真假，如疑问句、感叹句等非陈述句就是没有真假的。哈克也提出无论真之载体是什么都应该具有如下两条性质：（1）真值是固定不变的；（2）所有相关种类都应该具有真值。如果说句子是真之载体，那么句子的所有种类都应该具有真值。[②]

其实奎因也认识到，尽管能够作为真之载体的东西只能是语言，但是由于语言本身的一些不确定性，可能会导致一些语句的真值不固定。为了避免这个问题，奎因把通常的语句进一步限定为恒值句，所谓恒值句就是指可以排除语句中任何由于时间、空间或指称代词等因素的不固定而导致的对于句子真值的固定性的干扰，从而能具有固定真值的语句。恒值句的最主要特点就是其真值是固定的，不会随着各种语义内容的变化而改变。一个句子的真值不必确定，但需要固定。奎因特别强调了恒值句可以具有不确定但固定的真值。句子的真值处于不确定状态是正常的，因为有些恒值句反映出的是说话者在不同情况下的意向，而当时的意向对于句子的真值是不能确定的。

这一点如果用量化逻辑语言来表述就会很清楚。我们说一个句子的真取决于一个非语言的对象序列对一个或一系列开语句的满足关系，而这个对象的存在可能是不确定的事情：可能存在、不存在或不知道是否存在。因此对象的这种不确定性也就导致了句子真值的不确定性。但是，一旦对象确定了，那么它与开语句的满足关系就可以被固定下来，也就是句子的真值被固定了。

---

① Putnam, Hilary, *Philosophy of Logic*, London：Allen and Unwin, 1973, p. 85.

② Haack, Susan, *Philosophy of Logics*, London：Cambridge University Press, 2012, p. 80.

　　奎因认为符合上述条件的恒值句有两类。第一类是算术语句和物理定律，因为任何算术语句对于时间和空间这样的环境因素都是保持独立的；而物理定律虽然与经验世界相关，但是它们预设了对于一切时空都满足，这样实际上也就独立于某些具体的时空因素了。第二类是通过提供具体的名字、日期、无时态动词等方法完全把一个句子中的时间和空间因素都固定下来的语句。如（1）今天在下雪，受（1）中的时间因素"今天"的影响，其句子真值是不固定的。如果把（1）中的"今天"替换为具体的日期如"2019年1月1日"，那么（1）就变为：（2）2019年1月1日在下雪，这样无论（2）的具体真值是真还是假，其真值一定是固定不变的，因此（2）就是一个恒值句。这样，如果按照奎因的观点把恒值句作为真之载体，那么很显然，它就可以同时满足哈克所说的真之载体的两条性质：恒值句的真值是固定的；恒值句的所有类型都具有真值。

　　此外，值得一提的是，在这部分的开头提到的塔斯基的文章中，他提出了三种关于真之载体的观点之后，塔斯基也表明了自己对于此问题的看法：

　　　　关于"命题"这个词的意思是哲学家和逻辑学家长期争论的著名问题，似乎从没有清楚过。出于一些理由，似乎最方便的是把"真的"这个词应用于语句，我遵从这个方向。①

　　可见，塔斯基的观点基本上是和奎因是保持一致的。当然，塔斯基的这一观点又是基于他的真之语义学的：既然"真"这一个概念是建立在语言的逻辑句法结构基础上的，而显然无论命题还是思想都是非语言的，所以它们都不可能直接具有一种逻辑句法结构，但是语句自然有其逻辑结构。因此，建立在句法结构之上的真之语义学必须坚持把语句（陈述句）作为真之载体，这可能就是塔斯基所说的"最方便"的原因吧。

---

① Tarski, Alfred, "The Semantic Conception of Truth: and the Foundations of Semantics", *Philosophy and Phenomenological Research*, 1943, 4 (3), pp. 341 – 376.

四 真即去引号

从命题、思想到语句，无论何种真之载体的观点，它们彼此间其实都具有一个共同的理论基点——它们都承认真与语句相关。真与语句相关，既可以理解为真与语句表达的东西（命题或思想）相关；也可以理解为真与语句本身相关。这样，从真与语句相关这一共同点出发，就形成了对真之载体的不同理解。也正是这些不同的理解又进一步导致了对真之标准的不同理解。[①] 而奎因的真之标准可以被概括为：真即去引号。

本书认为，奎因的真之理论的核心观点——真之载体是语句与真即去引号——之间是紧密联系的：正是从真之载体为语句这一观点出发，奎因才形成了他关于真之标准的观点。[②]

奎因对真这个概念的理解基本是以塔斯基的真之语义学为基础的，因而奎因对真之标准的论证也是以此为基础的。奎因在不同的著作中多次提到塔斯基对真的建构。如奎因说道：

> （通过塔斯基）我们对真这个概念的研究转变成对满足的研究。真是满足的极端情况，就像闭语句是开语句的极端情况一样。为了塑造闭语句的真之概念，我们必须经由开语句的满足，从而归纳地上溯。这样做的理由在于，闭语句也是由开语句所组成的。也正是这种洞见把塔斯基引导到了他精心制作的真之定义上。[③]

---

① 除了会导致不同的真之标准的观点之外，当然也会引起其他相关问题，如哈克（2012 p.79）认为正是对真之载体的不同理解甚至混乱才根本上导致了语义悖论的产生以及罗素的摹状词理论的失效，但也促使了多值逻辑的提出和建立等。可以说，真之载体是深入理解逻辑学或语言哲学的一个重要视角。

② 对真之标准或定义的研究最早始于古希腊，并且自从亚里士多德以来，"真"就一直是西方哲学的最重要概念之一，围绕其形成了很多丰富的真之理论，按照格雷林（1990）在《逻辑哲学引论》中的观点，目前的真之标准或定义概括起来大致可以分为三类：一是基于直观角度的真之符合论；二是基于形式语言角度的真之融贯论和真之语义学；三是基于语用角度的真之紧缩论和真之实用论等。

③ Quine, W. V. O., *Philosophy of Logic*, Cambridge: Harvard University Press, 1970, p.47.

从奎因的这段引文中，可以看出塔斯基的基本思路是首先使用"满足"这个形式概念来定义开语句（含有自由变元的语句），然后再通过"满足"来定义闭语句（不含有自由变元的语句）的真。具体地说，满足是指一个有序 n 元组与一个开语句的关系。如对于"x 比 y 面积大"这个开语句被二元序列〈北京，天津〉所满足。塔斯基认为，满足只是对于开语句而言的，而开语句并没有真假，只有闭语句才有真假。塔斯基给出了闭语句的真假定义：一个闭语句是真的当且仅当它被所有的序列所满足；一个闭语句是假的当且仅当它不被任何序列所满足。根据这个定义可以看出，一个闭语句要么被所有序列满足，要么不被任何系列所满足，并不会被一些序列满足而不被另一些序列满足。塔斯基提出，一个闭语句并不是由一个基本闭语句通过真值函项等构造而来，而是通过对一个开语句中的所有自由变元施量化而来。如 $\forall x \exists x \, (x = y)$，这个闭语句是通过对开语句"$x = y$"中的自由变元 x 和 y 都加以量化，从而使得它们变成约束变元得来的。塔斯基通过递归的方式定义了开语句的"满足"关系。首先他先定义了原子句的满足，如对于 Fx，如果至少一个非语言的对象具有 F 这样的性质，那么就可以说其满足原子句 Fx。然后再定义由原子句通过真值函项和量词构成的符合句子的满足关系。从塔斯基的说明中可以看出，闭语句刻画的是对象语言中的句子，而开语句是元语言中的句子，闭语句中的"真"需要靠开语句中的"满足"来定义。可见，塔斯基的真之定义建立在十分清晰严格的步骤之上。

奎因正是在塔斯基的真之定义的基础之上，提出了自己的真之标准。他首先对传统的真之理论中的符合论和融贯论作了说明，认为它们"这两种理论没有一种可以被单独认真地接受"①。符合论是指一个命题的真在于它与事实的符合。融贯论是指真在于不同命题或信念之间的一致性，如果一个命题与其他命题同处于一个一致的集合中，那么这个命题就是真的。融贯论中的真代表了一种一致的信念集，一个命题的真取决于它与其他命题的关系是不是一致的。奎因认为，这两种理论要么需要为解释清楚"何

---

① Quine，W. V. O.，*The Pursuit of Truth*，Cambridge：Harvard University Press，1990，p. 81.

为符合"而制造出一种抽象的实在，要么就需要对诸多陈述只能做出逻辑上是否一致的判断，而这种判断与观察和实验没有任何关联。总之，奎因认为符合论和融贯论都是有缺陷的，但是可以让这两种相互对立的理论相互补充，从而对真做出一种更加合理的解释。符合是针对真句子与它所论述的情况间的关系，而融贯是针对真句子与其他句子之间的关系。

奎因对"真"的理解和观点接近于我们通常说的所谓"真之去引号论"（disquotational theory of truth）或"真之冗余论"（redundancy theory of truth）。这种观点认为，当我们说一个句子是真的时，我们并没有赋予这个句子任何额外的东西。也就是说，真是一个多余的概念，当断定一个句子为真时就是断定这个句子本身。如说句子"雪是白的"是真的，就相当于说：雪是白的。对此，奎因在《逻辑哲学》中说：

> 当谈论某一给定的句子是真的时候所谈论的只有间接性；我们最好简便地谈论这个语句，所以我们并不是在谈论有关于语言的东西，而是在谈论有关于世界的东西。只要我们所正在谈论的给定的、单一句子是真的，那么一个完美的真之理论就是如威尔弗里德·塞拉斯所称的真之消失论的理论。①

按照奎因的观点，可以通过符合和融贯两种关系的相互结合来共同建立一种科学的真之理论。首先，可以以观察句作为初始的真句子。观察句就是一种与我们的感官刺激直接联系的句子，观察句也是具有主体相互性的句子，即这种句子可以通过所有有语言能力的证人在这种场合的共同裁决而为真。观察句之所以为真，某种程度上就是利用了句子与它讨论的情况的符合，这种符合与符合论之符合的不同在于，使观察句为真的符合是能够通过我们直接的感官刺激而被经验证实的，并且是可以通过主体相互性得到在场的不同主体的进一步确认的，因此观察句也被看作科学证据的载体，"是从感官刺激到科学理论这一链条上的第一个环节"。其次，可以

---

① Quine，W. V. O.，*Philosophy of Logic*，Cambridge：Harvard University Press，1970，p. 11.

通过其他真句子与观察句的逻辑联系而推演出理论句。观察句和理论句就构成了一个真句子的集合，观察句与理论句之间利用了融贯性而保持了一种一致性。奎因说道："这样做就为那种诉诸融贯性的做法保留了一个合理的位置。"① 对于从观察句到理论句的逻辑联系，我们可以通过对这种联系进行量化而使之得到加强。如通过真值函项"并且"可以把两个观察句联系起来构成一个理论句，但是这种理论句可能只是一种松散的联系，因为只要组成这个复合理论句的单个观察句为真句子，那么这个复合句就直接为真，而这两个观察句之间可以是互不相关的。如果把这个合取式转变为一个量化式就会使这两个句子之间的联系得到加强。如对于 $Fx \wedge Gx$ 可以把它表达为量化式：$\exists x\,(Fx \wedge Gx)$，这就表明对于同一个 x，同时满足 Fx 和 Gx。这样这两个句子间的联系就变得紧密起来。最后，由观察句和理论句构成一个完整的科学理论体系，而这个理论同时也是一种科学的真之理论体系。

其实在奎因看来，在这种构造真之理论的过程中，"真这个谓词的效用就是消除语言的指称。除了技术性地上升到谈论句子之外，真谓词提醒我们要关注世界。而真谓词的这种消除作用在塔斯基的范式中是很明显的"②。奎因以塔斯基的 T 模式为例：

"雪是白的"是真的，当且仅当雪是白的。

引号中是谈论的句子，"当且仅当"之后的是这个句子所谈论的世界的事实，在它们之间的是"真谓词"。奎因认为通过称该句子为真，我们指涉了雪是白的。也就是说，"把真归于句子即是把白归于雪"，所以"真是一种去引号的装置"。因此，如果只是谈论单个句子，并不需要真这个谓词，可以直接通过说出它来肯定它。但是，通过语义上溯而概括了无穷

① Quine, W. V. O., *Quiddities：An Intermittently Philosophical Dictionary*, Cambridge：Harvard University Press, 1987, p. 213.

② Quine, W. V. O., *Quiddities：An Intermittently Philosophical Dictionary*, Cambridge：Harvard University Press, 1987, p. 12.

多的句子时，真这个谓词就是必要的，我们借助于它来恢复句子与作为实在的世界的指涉关系，逻辑就是通过真这个谓词来指涉外部世界的。奎因说，逻辑理论虽然严重依赖于语言的言说，但是它已经是面向世界而非语言的，正是真这个谓词使之如此。真这个谓词的去引号功能就是其有效的原因，他说：

> 真假取决于实在。但是，仅凭这一点就反对说句子是真的，势必会导致混乱。而真这个谓词的用武之地正是在这些仍然会涉及实在的地方，在这些地方，我们迫于某些技术的复杂性而不得不提到句子。在这里，真这个谓词可以如实地通过句子指向实在。它能充当提醒者，提醒我们，虽然我们提到了句子，但是实在仍然是全部的关键。①

需要说明的是，上述把真与去引号相联系起来，并不能被看成是一种对真的严格定义。如果是一种严格意义上的定义，那么这个定义就应该在任何一种语境中都消除"真"这一被定义的词，从而给出一个普遍的真之定义（就像塔斯基的语义学定义那样），但是这种去引号的说明仅仅告诉我们在一种具有引号的语境中如何消除界定真，并不具备一个严格定义该有的普遍性。不过，奎因清楚地认识到"真即去引号"还可以给予我们一个合理的真之解释。奎因称，如果从不太严格的意义上来说，这种去引号的说明确实定义了真，它告诉我们对于任何句子而言，"是真的"究竟是什么，并且还是在同一个语言层面上做出的说明，利用这种说明我们就可以给可理解的真划出界限。这就是说，在奎因看来，通过真即去引号的说明，"我们清楚地理解了：'真'是透明的"②。

---

① Quine，W. V. O. , *Philosophy of Logic* , Cambridge：Harvard University Press，1970，p. 11.

② Quine，W. V. O. , *Pursuit of Truth* , Cambridge：Harvard University Press，1993，p. 56.

第四章　量化与存在

"存在是变元的值"（to be is to be a value of a variable）[1]，这是奎因本体论承诺理论最著名观点。这个观点中包含了奎因本体论思想中最深刻的洞见，被誉为"奎因在哲学上的真正突破"[2]。奎因本体论承诺的思想经过广泛的传播和讨论，从20世纪中期开始逐渐成为一种本体论研究的范式，并且围绕它产生了大量的理论成果。本章基于奎因逻辑观的视角，分析蕴含于"存在是变元的值"这一观点中的独到的理论见解，试图以此表明逻辑观为奎因哲学思想提供了基本的论证方法和理论框架。具体内容安排如下。

第一部分，存在是量化变元的值。奎因区分了本体论理论中的两类问题：本体论的承诺和本体论的事实，他认为只有本体论的承诺才是哲学家们应该考虑的本体论问题。奎因给出了本体论承诺的标准："存在是变元的值。"这就是说，真正能够被我们认可的本体论实体，只能在标准的量化表达式中的约束变元所指称的对象中去寻找，这被奎因认为是我们探索本体论问题的唯一途径。

第二部分，单称词项与存在。奎因说，只有变元及变元的值才具有最终的哲学问题，而单称词项及其指称则不具有。奎因通过分析"非存在之

---

① 把"To be is to be a value of a variable"翻译为"存在是变元的值"是国内一种通常的译法。王路教授不赞成这种译法，在他看来把"to be"译为"存在"是有缺陷的，正确的译文应该是"是乃是变元的值"。由于本书没有过多地涉及这方面的讨论，所以在本书中仍然使用国内通常的译法。王路教授关于"being"的详细研究请参见王路《一"是"到底论》，清华大学出版社2017年版。

② Decock, Lieven, "Inception of Quine's Ontology", *History and Philosophy of Logic*, 2004, 25 (2), pp. 111 – 129.

谜"，论述了导致传统形而上学中非存在难以表达的原因就是对本体论的标准的误读，对存在之所在的误解。一种传统的或直观的理解是："存在是被单称词项所指称之物"（to be was to be designated by a singular term），即把单称词项所命名或指称的东西作为本体论的实体。奎因基于其逻辑观对此作了反驳：由于一阶逻辑系统中任意含有单称词项的句子都可以在保真的前提下转变为不含单称词项的句子，即单称词项可以被全部消去。因此，在奎因看来，既然从逻辑的角度看，单称词项是一种不必要的表达式，那么单称词项就不能作为指称存在的装置。奎因的这些观点被很多哲学家所赞成，但是也遭到了一些质疑。

第三部分，量化解释的选择。量化既是现代逻辑的核心，也是奎因逻辑观的核心。量词及其语义解释始终是逻辑的形式论证的基础，尤其是量词的语义解释，不同的解释不仅会导致形式系统建构的不同，也会产生一些本体论的争论。奎因逻辑观所坚持的是一种经典的对象量化解释，可以说，对象量化是奎因整个本体论理论的语义基础。因此，出于不同的逻辑或哲学的考虑，有的哲学家提出了置换量化的解释，来反驳甚至替代对象量化的解释。

第四部分，量化表达式与语义整编。奎因认为，只有由量化表达式所表达的存在才具有最终的哲学问题，除此之外对存在所作出的所有表达都没有最终的哲学问题。奎因主张以一阶量化表达式作为标准记法（canonical notation），对自然语言进行一种规整化的语义整编（semantic regimentation）。通过语义整编可以消除自然语言的歧义，从而形成一种整齐划一的形式语言，它具有清晰的真值条件，以及明确的本体论承诺的结构。但是，形式语言义释的可靠性和翻译的不确定性等奎因自身理论间的内在协调性问题也需要做出一些解释。

第五部分，没有同一性就没有实体。同一性问题是一个重要的本体论问题，奎因通过对弗雷格、维特根斯坦等哲学家有关同一性观点的分析，最终提出了一个作为本体论实体的合法性标准：同一性标准，并且被奎因认可的满足同一性标准的实体是物理对象（physical objects）。奎因对物理对象做了严格的概念界定，以物理对象作为最基本的元素，建构起了一个层级分明的物理主义本体论体系。

第一节　存在是量化变元的值

一　本体论的承诺

1933 年，奎因在完成博士论文的次年赴欧洲访学，当时欧洲作为世界哲学的中心，聚集了很多重要的哲学家。奎因去了维也纳、布拉格和华沙等地，遇到了石里克、莱辛巴赫、门格尔以及艾耶尔等维也纳小组的核心成员，与他们进行了深入的接触和交流。更重要的是奎因在此次行程中结识了卡尔纳普，他对奎因之后的学术研究产生了深远影响，奎因甚至坚信在此后的很多年里自己"都是卡尔纳普的信徒"。在奎因访欧期间，逻辑实证主义正大行其道，奎因接触最多的也是维也纳小组的成员，自然而然后者的一些哲学立场和主张难免会影响到奎因。尽管我们并不能确切地说当时奎因是支持还是反对逻辑实证主义，但是可以肯定的是，奎因在当时已经开始了对一些哲学问题的初步但全面的思考，尤其是被逻辑实证主义强烈反对的传统形而上学中的本体论问题。

奎因曾回忆，1933 年他在欧洲时与塔斯基、卢卡谢维奇以及莱希涅夫斯基（Lesniewski）都进行过本体论问题的讨论，并且奎因认为与莱希涅夫斯基的讨论印象最为深刻，他说："我和莱希涅夫斯基讨论了很长时间，直到深夜。我试图去说服他，他的涵盖所有句法范畴的量化理论是可以表达本体论承诺的……我的另外一个哲学论题就是始于《指称与存在》的本体论承诺，而它也的确源于我同莱希涅夫斯基的讨论"①、"他的逻辑系统并不能如他所希望的那样避免某些抽象实体。本体论充满着我的头脑。"②莱希涅夫斯基对于本体论问题的一个基本观点是，一个本体论的考虑对于某些实体而言是可以避免的，他坚持把本体论本身就看作一个逻辑问题，

① Hahn, L. and Schilpp, P., *The Philosophy of W. V. O. Quine*, La Salle：Open Court, 1986, p. 93.

② Quine, W. V. O., *The Time of My Life*, Cambridge：MIT Press, 1985, p. 13.

而不是把逻辑仅仅看作解决本体论问题的一种方法。莱希涅夫斯基的本体论的观点引起了奎因对于本体论问题的兴趣，也促使了奎因对于本体论的思考，其实在后来奎因的本体论的基本观点中能明显地看到莱希涅夫斯基的影响。因此，奎因本体论思想的起源起码可以追溯至1933年的欧洲之行。

在结束欧洲访学回到美国的第二年，奎因就发表了论文《命题演算的本体论评论》。它是奎因以本体论为主题所发表的第一篇文章，体现了早期奎因对于本体论问题的思考。这篇论文作为奎因早期的文章，尽管没有直接涉及本体论承诺的讨论，但论文的核心论题是反对命题这个概念本身，这也是之后奎因本体论承诺理论的重要部分。对于句子和命题的关系，一般而言，传统的观点认为命题是句子所表达的含义，句子指称命题。但是在《命题演算的本体论评论》中，奎因明确反对了这种观点，他认为我们并不需要在句子之外再预设一个作为抽象实体的命题，并把它当成句子指称的对象。在某些方面，作为语言日常使用和推理实践的形式化系统，演绎理论并不需要考虑命题可能是何种实体，也不需要考虑构造命题同一性的条件，命题只会是"不必要的虚构"。按照奎因的理解，我们完全可以重新建立一种演算理论，把其作为语义学的一个分支，并且在这个理论中的任何一个逻辑系统，都只需要把句子作为演算的基本单位。

然而，如上所述奎因在整个30年代的研究重心仍旧在逻辑领域，直到1939年奎因才发表了真正具有其本体论思想洞见的两篇文章：《本体论问题的逻辑探究》和《指称和存在》。在这两篇论文中奎因澄清了一些最基本的概念，如存在、指称、单称、一般、具体和抽象等。他认为量化给予了存在这一概念一个清晰和精确的含义。此外，奎因已经把量化和存在的关系基本建立起来了，并且首次提出了奎因本体论承诺最著名的口号："存在是变元的值。"可见这些观点与之后奎因在其本体论的代表作《论何物存在》中的观点非常相似，仅仅是在表达方式上有一些不同，主要内容和思想是完全一致的。也就是说，奎因在1939年时就已经把他对于本体论问题的主要观点都确立下来了，这也标志着奎因研究的重心开始转向了本体论领域。

不同于逻辑实证主义，奎因从一开始就没有拒斥过传统本体论的问题，并且奎因对本体论问题的分析和思考完全不同于传统的方式。奎因对本体论问题做出了一种完全建立在现代逻辑之上的新的阐述和分析。对此，奎因的思路是：首先把本体论问题区分为不同的层次，然后再依据所研究的不同层次把本体论问题转换为语言问题或关于语言的问题，最终再使之成为逻辑问题。

奎因主张应该首先区分两种不同的本体论问题：本体论的事实（onto-logical fact）问题和本体论的承诺（ontological commitment）问题，他说：

> 在本体论方面，我们注意约束变元不是为了知道什么东西存在，而是为了知道我们或者别人对某个陈述或学说所言说的东西存在；这几乎是完全同语言相关的问题；而关于什么东西存在的问题则是另外一个问题。[①]

> 我并不是在主张存在依赖于语言，这里所考虑的不是本体论的事实，而是话语的本体论的承诺，一般而言，何物存在不依赖于人们对语言的使用，但是人们说何物存在，则依赖于人们对语言的使用。[②]

结合奎因的观点，可以得出以下三点认识。第一，在本体论所涉及的两个问题上，哲学家们应该考虑的不是本体论事实的问题，而是本体论承诺的问题，只有它才是我们在本体论问题中所需要关注的真正领域。第二，本体论承诺的问题实际上是一个语言的问题。因为本体论的事实是指世界实际上有什么东西存在，这一事实上的问题不受到我们用以表达世界的语言的影响，也不会被语言所改变。而本体论承诺是指某一表达世界的语言或理论中认为什么东西存在，可见这并不是一个事实问题，而是一个语言的问题或者是关于语言的问题。既然是语言的问题就与我们对语言的使用密切相关。这样，本体论的承诺就使得本体论问题成为一个语言的问题。第三，既然本体论承诺是一个语言问题，那么关于本体论承诺的立场

---

① ［美］奎因：《从逻辑的观点看》，江天骥译，上海译文出版社1987年版，第13页。
② ［美］奎因：《从逻辑的观点看》，江天骥译，上海译文出版社1987年版，第95页。

也是任何学者和理论都无法回避的。只要我们使用语言去表达思想或建构理论，就必然要面对由语言的结构所显示出的本体论承诺。而这种表达本体论承诺的最好的语言结构就是一阶逻辑的结构。所以，奎因主张应该通过语义上溯的方式，使用逻辑的方法去关注和研究本体论承诺的问题。

本书认为，奎因本体论承诺的主要理论可以被归纳为以下两个方面。（1）关于本体论承诺的标准，即如何理解或表达"存在"。奎因把这一标准表述为："存在是变元的值。"奎因认为一个理论所承诺的本体论的实体，应该通过这个理论的量化表达式中的变元所指称的论域去寻找，所谓变元的值就是理论的论域中所包含的对象。也就是说，一旦一个事物处于这个理论的论域中，那么这个事物就是这个理论承诺的实体。按照奎因的理解，就一个给定的语言来看，存在什么实体依赖于在那个语言中什么位置允许变元进入，语言的改变就包含了本体论的改变。可见，本体论承诺的标准所表达的本体论的研究路径，就是借助对句子的逻辑结构的分析达到对"存在"的理解，这种方式也充分体现出了奎因哲学研究中所具有的一种明显的逻辑的观念。（2）本体论承诺的中立性。正如第二章论述的，某一理论的本体论承诺的中立性是指这个理论在本体论方面没有预设任何特殊对象的存在，在本体论研究领域能够保持题材的中立，不偏向任何特殊的领域和主题。奎因在本体论研究的过程中得出一个重要的论断就是，逻辑理论具有并且应该保持本体论承诺的中立性。在本书看来，奎因实际上是把本体论中立性作为其逻辑观的哲学原则。对这两方面的内容我们将在接下来的部分逐一展开论述和分析。

二 量词与量词所表达的东西

1945 年奎因发表了代表作《论何物存在》，它使得奎因的哲学思想第一次被广泛地讨论，奎因在文中详细论证了其本体论承诺的标准，这也意味着奎因本体论思想的形成。围绕着这篇论文论述的主要思想，奎因随后陆续发表了一系列重要的论著，如《从逻辑的观点看》（1948）、《经验论的两个教条》（1951）、《论卡尔纳普的本体论观点》（1951）、《论精神实体》（1953）、《卡尔纳普和逻辑真》（1954）等。直到 1960 年出版了被誉为 20 世纪最伟大的哲学著作之一的《语词和对象》，它标志着奎因本体论思想的成熟。我们对奎因本体论的论述和分析也主要围绕以上论著进行。

由第二章第一节的"NF 系统及其特点"的讨论可知，在 NF 系统中，奎因已经把量词作为系统的一个初始符号，这也是现代逻辑对于量词的基本设定。对于量词的形式研究大致经历了三个阶段。量词的专门研究始于亚里士多德。在传统逻辑中，量词被分为两种：全称量词和特称量词，亚里士多德又按照句子中量词（以及性质）的不同把句子划分为四种类型：全称肯定句、全称否定句、特称肯定句和特称否定句。在亚里士多德之后，量词及其在数学中的使用推动了对量词的进一步系统研究，如在 19 世纪，法国数学家柯西（Augustin-Louis Cauchy）在自己的数学论述中使用了一些用自然语言表达的量词："对于所有 x"或"有一个 x"等；布尔查诺（Bernard Bolzano）在 1817 年的著作《纯粹分析的证明》中，则采用了标准化的自然语言的量词去称述自己的数学定理以及证明。柯西和布尔查诺是同时代的著名数学家，正是因为他们在数学上的巨大影响，使得量词的使用得到了很大的推广，甚至于在当时的数学教科书上都要求使用者把表达数学陈述的初始语言转译为一种更加清晰的、标准的自然语言量化式。因此，在 19 世纪数学中对于这种标准量化式的使用，为量词的进一步发展提供了重要的基础。此后对于量词的真正的形式化研究，出现在弗雷格创立的第一个公理化的谓词演算系统中（现代逻辑相对于传统逻辑最大的改进之一就是对量词的澄清和使用，所以现代逻辑也被称为量化逻辑）。在弗雷格的逻辑中，量词的特点是：在句法上，量词是针对约束变元的算子；在语义上，量词又是一个二阶概念，其可以用来表达"存在"。奎因对于量词的理解就是建立在弗雷格的基础之上的。

基于这一设定，奎因建构了标准的一阶逻辑量化表达式。不仅如此，量词及其所表达的东西在奎因的本体论理论中也发挥了关键作用。对于本体论问题，奎因在《论何物存在》的开篇就做了一个开创性的精彩陈述，奎因说：

　　本体论问题的奇妙之处就是它的简单性，我们可以用英语的三个单音节词来提出这个问题："何物存在（what is there）"，而且我们可以用一个词来回答这个问题："每一个东西（everything）"，每个人都会承认这个回答是真的。然而这个只不过是说存在的东西是存在的。但是一谈到具体的事例，人们仍会有意见分歧，因此这个问题长期以来未得到解决。①

　　众所周知，本体论问题是一个始于古希腊的最古老的形而上学问题之一，这个延绵两千年的问题可以说是艰深复杂。但是，奎因出其不意地使用了"简单性"来描述此问题，并且只把本体论问题归结为三个英文单词："what is there"。在引文中，奎因在一问一答里直接就指明了对待本体论问题的第一个基本看法，即本体论问题首先与量词相关。② 奎因问出了"what is there?"这一本体论的核心问题，可以把这个问题理解为："有什么东西？"或"何物存在？"其实，这里的"there is"就是一种日常语言中的量词——"有些"的另外一种表达式。对于这个问题，如果以一个完整的句子来回答的话，通常应该是："There is everything"（存在每一个东西）或"There is something"（存在每一个东西）。但是，奎因并没有使用一个完整句子来回答，而是省略了表达存在的量词，而只以另外一种日常语言中的全称量词来直接回答："everything"（每一个东西）。只从奎因的回答中就可以明显地看出，奎因认为本体论问题或存在是与量词直接相关的。但是，为什么奎因不以一个完整句子（"There is everything"）来回答，而是仅仅以一个全称量词来回答？这是因为在奎因看来，本体论不仅与量词相关，而且与量词表达的东西相关。这也正是奎因对待本体论问题的第二个基本看法。为此奎因又说：

　　我们的整个本体论，不管它可能是什么样的本体论，都在"某一东西"、"无一东西"和"每一东西"这些量化变元所涉及的范围之

---

① ［美］奎因：《从逻辑的观点看》，江天骥等译，上海译文出版社 1987 年版，第 1 页。
② 王路：《奎因的本体论承诺》，《求是学刊》2015 年第 05 期。

内，为了使我们的一个断定是真的，我们确信一个特殊的本体论假设，当且仅当所谓被假定的东西被看作是在我们的变元所涉及的东西的范围之内。①

在这段话中奎因更加明确了：与本体论相关的量词不仅有全称量词（"每一东西"），还有存在量词（"某一东西"），存在量词的否定（"无一东西"）。此外更加重要的是，奎因还提到了"量化变元的范围"，也就是论域或量词域，它就是量词所要表达的东西。如果从奎因逻辑观的角度来看，一阶逻辑中的论域有两个特点：一是非空集合；二是集合中的对象为无穷个体。这些论域中的个体为量化表达式提供了真值条件，也就是，在对象量化的解释下，借助论域中包含的对象来为量化表达式赋值，从而确定其真值。按照奎因的说法就是，那些能够使一个理论所作的"断定"为真的东西，一定是处于被这个理论的变元所涉及的东西的范围（论域）之内的，而且也只有那些东西，才是这个理论所许诺的存在。换言之，存在就是存在量词所表达的东西。奎因这里所说的"断定"其实就是理论的表达式，这种表达式一般而言有三种：全称表达式、特称表达式和单称表达式，前两种都带有量词的是量化表达式，后一种没有量词的是非量化表达式。但是，在奎因看来非量化表达式一样可以使用量化表达式的方式来表达，如对于"苏格拉底是哲学家"这个单称表达式，也可以被表达为特称量化表达式："$\exists x$，使得 x 是苏格拉底 $\land x$ 是哲学家"，其实这个方法就是我们在第二章第二节的"SL 系统及其特点"中所论述的奎因的消去单称词项法。总之，在奎因看来，一个理论的所有"断定"或语句都可以转变为量化表达式，而存在就是量词借助于量化表达式所表达的东西。由此，我们就可以理解奎因所说的"存在是量化变元的值"这一本体论承诺的标准了。

三 对奎因本体论承诺的质疑与回应

奎因这种处理本体论问题的方法对当代分析哲学产生了巨大的影响。

---

① ［美］奎因：《从逻辑的观点看》，江天骥等译，上海译文出版社 1987 年版，第 13 页。

可以说，如果完全抛弃这种奎因式的本体论观点和方法，是很难真正理解当代分析哲学中的一些主要问题的。但是，尽管如此仍然有很多哲学家对奎因的本体论承诺提出了批评或疑问。例如，像 Azzouni（1998）、Hofweber（2005）、Price（1997）等哲学家完全不认可本体论的承诺是由存在量化变元的值来承担的。还有一些哲学家，如 Schaffer（2009）、Fine（2009）等，则认为奎因给出的本体论的解决方案本身就是一种完全错误的引导，应该重新寻找另外的形而上学的方案。其中以卡尔纳普的批评最有代表性，也最为系统，我们以此展开具体讨论。

卡尔纳普对奎因的本体论承诺的批评主要体现在《经验论、语义学和本体论》（1950）一书中。

首先，卡尔纳普认为，人们需要预设一种语言或者概念的框架，然后使用它才能去获取有关世界知识。我们不能够通过直接面对世界中的对象去解决问题，而必须先借助这种在先的语言框架去帮助我们形成关于世界的知识。也就是说，一种语言框架不仅是用来表达知识的，更重要的是我们要依靠它才能获得知识。卡尔纳普对于语言（框架）的选择秉持一种宽容原则（principle of tolerance）。他认为语言是多种多样的，在这些语言中没有对错之分，有的只是根据不同的需要和目的所做的自由的选择。即便是在人们的语言中谈论了一些事物，但这并不意味着就承认这些事物的存在，其仅仅意味着人们所选择的表述这些事物的语言中正好包含有这些事物的语词而已。对此，卡尔纳普说：

> 对于某些实体而言，一定不能把语言框架上（对它们）的可接受性视为某种在形而上学的意义上的暗示。①

其次，针对语言的框架，卡尔纳普又进一步区分了关于存在的两类问题："内部问题"和"外部问题"。所谓内部问题就是指处于某一种语言框架之内的可以使用经验的或逻辑的方法解决的、关于某种对象是否存在的

---

① Carnap, Rudolf, "Empiricism, Semantics, and Ontology", *Revue Internationale de Philosophie*, 1950, 4（11）, pp. 20–40. p. 214.

这类问题，如是否存在亚里士多德这个人，是否存在任意大于 2 的偶数都可表示成两个素数之和等。外部问题就是指对某种语言框架本身，亦是对于这种语言框架内对象的整体是否存在的问题，如人是否具有实在性，数是否存在等。卡尔纳普认为，对于内部问题我们可以通过一些具体的方法获得解答或验证，如通过历史学的方法去考察是否存在亚里士多德这个人，也可以通过数学的方法去证明是否存在那样的偶数等，因此，"在内部问题中出现的实在性概念是一种经验的、科学的，而非形而上学的概念"①。但是，对于某种语言框架本身（以及它所表达的对象的整体的实在性）则是一个外部问题。在卡尔纳普看来，这些外部问题就是由哲学家们胡思乱想出来的，争论了几个世纪都没有结果也注定不会有任何结果的形而上学问题。按照卡尔纳普的理解，我们任意关于某一问题的陈述都是基于某种语言框架的结果，而语言框架就是基于一些语言规则而形成的表达系统，具有决定性的问题不是某一对象是否存在的本体论问题，而是表达这一对象的语言框架的使用问题。卡尔纳普的这些观点与他所坚持的真之约定论也是完全一致的。真之约定论即主张一个句子的真值仅仅取决于这个句子的句法结构，而句子的句法结构又与语言框架的选择相关，因为不同的语言具有不同的约定，所以句子的句法结构是相对的。在卡尔纳普看来，与句子的真值类似，本体论也是相对于不同语言框架的，有关何物存在的一些常识性的或科学的论断都预设在某种特殊的语境和范围之内，这些特殊的语境意味着使用了特殊的语言框架，这也就导致了所谓的本体论问题成为一种相对于语言的问题，而不具有普遍性的本体论不是真正的本体论。

最后，卡尔纳普认为，奎因的本体论与传统本体论之间没有根本的区别，即使前者使用了完全不同于后者的分析方法，它也只不过是一种使语言简易化的解释而已。他对奎因的本体论承诺评价道：

我想强调的是，有关这种或那种类型的实体可以作为语言 L 中的变

① 洪谦主编：《逻辑经验主义》（上卷），商务印书馆 1982 年版，第 84 页。

元的值这样的观点，仅仅是一种试图使语言 L 的使用，尤其是语言 L 中的量化约束变元的使用变得容易理解的方式之一而已。因此，不应该对刚刚给定的这种解释做这样的理解，即那些接受和使用了一种语言的人们自然而然地在传统形而上学的意义上承诺了某种"本体论的教条"。通常所谓的关于数、类、时空的点、身体以及心灵等"实在"的本体论问题都是伪问题，它们都不具备任何的认知内容。①

上述观点表达了卡尔纳普对形而上学问题一贯的态度，即任何关于存在的本体论领域里都不具有认知的内容，任何本体论的问题，包括本体论承诺都是没有意义的。

奎因对卡尔纳普的上述观点做了回应。

首先，对于卡尔纳普认为人们需要借助于一种语言或者概念框架去认知或获取有关世界的知识这一观点，奎因是认同的。本书认为，卡尔纳普的这一观点与奎因关于语言的习得及其理论的建构的观点是类似的。奎因认为，人们对于语言的习得其实并非从命名一些直接呈现给我们的对象开始的，而是开始于接受外界刺激，然后反馈刺激，接着习得语句（此时的语句被奎因称为观察句），进而在此基础上通过推理论证等方式获得理论句，最终才形成了某种理论。

其次，奎因并不认同卡尔纳普由语言选择的相对性而形成的所谓宽容原则，奎因认为语言选择的相对性是由这种语言背后的本体论立场决定的。按照奎因的观点，一般而言，人们难以明确地区分语言的选择和在某种语言下的理论的选择。这两种选择本身也并不是很清楚明白的。奎因举例，如果一个科学家声称中子是存在的，这种声称并非基于语言的相对性，虽然他所使用的语言表达了他的本体论立场。奎因对于宽容原则的反对削弱了哲学与科学的区别。按照奎因的看法，物理学家们选择一种解释世界的最好的理论，通过对之前的理论进行改善，直至该理论成为最好

---

① Carnap, Rudolf, "The Methodological Character of Theoretical Concept", In H. Feigl and M. Scriven (eds.), *Minnesota Studies in the Philosophy of Science*, Vol. I, Minneapolis: University of Minnesota Press, 1956, pp. 44 – 45.

的。类似地，哲学家们也选择一种最好的概念框架，在奎因看来这种最好的概念框架就是一阶逻辑。

最后，奎因也不认同卡尔纳普完全拒斥本体论问题的态度和做法。奎因希望澄清的是，本体论问题并非哲学家们所臆想出来的问题。按照卡尔纳普的术语来说，没有任何一种能关于存在的问题脱离于语言系统之外，所有问题都是由语言表达的，那么所有问题就都是语言的内部问题，不会有任何外部问题。卡尔纳普否认存在一个有关本体论的主题，相反，奎因不仅肯定这样的主题，而且坚定地认为逻辑将会对这个主题作出巨大的贡献。奎因说，哲学家应该考虑的一个根本问题就是：怎样才能把我们关于世界的科学理论进行简洁和清晰的组织化和系统化。这个问题被科学家在他们各自的领域内所考虑，然而哲学家所考虑得则更为一般和普遍。但是，哲学家和科学家所考虑的主题实质上是没有差别的。对于卡尔纳普提出的内部问题和外部问题的区分，奎因并没有完全否定，但是，奎因认为从范畴问题和子范畴问题这两方面来进行区分会更加合理。如在奎因看来，数是否存在是一种子范畴的问题，而某一种偶数是否存在是范畴问题。区别这两种问题的关键在于一个语言中是否可以用变元及其值把某一对象呈现或表达出来，如果可以，那么它就是属于这一范畴的问题，否则就要扩大语言直至找到它所属的那个范畴。但无论是哪种范畴的问题，在奎因看来都是卡尔纳普所说的内部问题。

第二节　单称词项与存在

一　非存在之谜

在《论何物存在》中，奎因并没有对"何物存在?"这个问题做出直接回答，因为在奎因看来，在具体回答究竟何物存在之前，我们必须首先面对一个更加在先的问题：当我们问出"何物存在"时，这个"存在"究竟是什么？也就是说，需要对存在这个概念本身先做出解释或澄清，而对"存在"这个概念本身的理解就是要找到真正用以指称存在或实体的装置究竟是什么，或者存在之所在是什么？如上所述，奎因认为存在就是量化变元的值，这也是其本体论承诺的标准。

有一种直观和传统的观点认为，句子中用以承担指称存在或实体作用的是单称词项或专名，因此存在就是被单称词项所指称之物。奎因认为，正是这种对于单称词项和存在之间关系的误解，导致了传统形而上学解决本体论问题时的诸多困难，如"非存在之谜"。"非存在之谜"指对于一些在现实的时空中不存在的抽象实体，如飞马、金山以及方的圆等，当我们试图去表达它们是不存在的时候，就会遇到悖论而导致我们无法表达其不存在。具体而言，当我们想要表达飞马不存在时，我们会说："飞马不存在。"但是如果此句子是真的，那么，一方面按照其语义可知飞马这个东西确实不存在；另一方面按照通常的理解，当我们说"飞马不存在"时我们同时也"对飞马这个东西说了一些什么"（say something about Pegasus），或对它做了一个判断。既然能对某物做出判断，从直观上来看这就意味着此物以某种方式存在，否则这个判断就是无意义的。所以从这个角度来看，又可以认为飞马是存在的。所以，由"飞马不存在"这个句子为真会导致飞马既存在又不存在的悖论。其实我们也可以换一种方式来分析这个问题，当我们表达某个存在之物的存在是没问题的时候，如（1）北京存在，它也可以被表达为：（2）$\exists x$，使得 x 是北京 $\wedge\, x$ 存在。但是，当我们表述某个非存在之物的不存在时就会产生问题，如（3）"飞马不存在"，其也可以被表述为：（4）$\exists x$，使得 x 是飞马 $\wedge\, x$ 不存在"。显然，问题就在于（4）中的量词："$\exists x$"就表达了"有一个 x"或"x 存在"的意思，所以（4）实际上表达的是：（5）x 存在 $\wedge\, x$ 不存在。由（3）得出一个矛盾式（5），即当我们在表述某一东西不存在时，同时也在表述其是存在的。对此，奎因说：

> 这就是古老的柏拉图的非存在之谜。非存在必定在某种意义上存在，否则那不存在的东西是什么呢？这个纠缠不清的学说可以起个绰号名曰"柏拉图的胡须"，从历史上看它一直是难解决的，常常把奥卡姆剃刀的锋刃弄钝了。[①]

---

① Quine, W. V. O., *From a Logical Point of View*, Cambridge: Harvard University Press, 1953, p. 2.

奎因对这一"非存在之谜"作了详细分析。按照奎因的论述，对于"飞马是否存在"这一问题主要有两种不同的观点。第一种观点认为，飞马存在，因为如果飞马不存在，那么我们使用"飞马"这个词的时候就没有谈到任何对象，这样就使得"飞马"这个词没有意义，所以"否认飞马是不能自圆其说的，于是便得出结论：飞马是存在的。"并且持这种观点的人即使不相信在任何的时空范围内存在着这样一匹有血有肉的飞马，他仍然会认为飞马作为一种观念存在于人的心理。第二种观点认为，飞马不存在，但是飞马在作为未实现的一种可能世界中是存在的。这种观点其实是把"存在"理解为一种属性："现实性"。所以他们只是否认飞马在现实世界中的这种"现实性"，而认可了其在可能世界中的"现实性"。

奎因对上述两种观点做了逐一反驳。在他看来，上述第一种观点对于非存在问题的误解在于以下两点：（1）混淆了命名的对象飞马与命名飞马的这个专名，导致认为一个含有专名的句子如果要有意义就必须预先假设存在一个由这个专名所命名的对象（以现实的或者观念的方式）。奎因认为，专名可以指称对象，但是这并不就意味着被其所指称的这个对象是存在的，也就是说专名不能指称存在或实体。（2）混淆了现实的东西和心理的东西，把现实中的飞马与作为一种人心中的观念的飞马相混淆。奎因举例说，巴特农神殿是物理的东西，而巴特农神殿的观念是心理的东西，它们是完全不同的东西。同样地，飞马和飞马的观念也是完全不同的东西。所以我们说的是飞马不存在，并不是说飞马的观念不存在。奎因也反驳了上述第二种观点，他说当我们在说飞马不存在时，是指"根本没有这样的东西"，但并没有对这种不存在做出任何条件限制。奎因举例说，"伯克利学院又圆又方的屋顶"不仅在现实世界不存在，即使"作为没有现实化的可能事物也是不允许的"，所以可能世界的说法只是一种本体论的贫民窟，滋生了很多模糊不清的东西，应该完全舍弃。

奎因把导致悖论产生的原因，归咎为单称词项或专名所指称的东西直接被预设为存在或实体，即存在就是被单称词项所指称之物。如，我们说"小明"这个名称就意味着存在着小明这个人，我们说"北京"这一名称就是意味着存在着北京这座城。同样地，我们说"飞马"这一名称也就一定意味着存在飞马这样的东西，否则这些名称就没有任何意义了。也就是说，单称词项可以用来指称存在，单称词项赋予了其所指称之物作为本体论实体的合法性，有名字的东西就一定存在。在奎因看来，单称词项与存在之间的这种错误关系就是导致"非存在之谜"长期难以解决的问题所在。

奎因认为，单称词项往往是我们进行本体论追问时首先会想到的语词。因为从语词的起源来看，单称词项最初的作用就是去命名那些能够被感官所直接感知的东西，即单称词项产生于实指（ostension）。由一个单称词项就推知其所命名的东西一定存在，这种观点在单称词项的起源阶段是没有问题的。如，由"兔子"这一单称词项就可得知兔子这种东西是存在的，因为在语言的起源阶段，单称词项与时空中具体的个体就是相对应的。但是，随着语言的不断发展，是否仍然可以说，一个对象被命名了就意味着它一定存在？或者一个单称词项能否给一个不存在的对象命名？在奎因看来，这是不能的。对此，奎因说道："一个单称词项可以命名一个对象，也可以不命名一个对象。一个单称词项总是意图（purports）命名一个对象，但是它又无力保证所命名的对象出现，正如'飞马'所表明的那样。"[①] 这里的"意图命名"是关键，其表明奎因清楚地认识到单称词项只是希望或试图去命名一些对象，但是并不保证被其所命名的这些对象一定都是存在的。如被"北京"所命名的对象是存在的；但被"飞马"或"金山"等所命名的对象就是不存在的。

此外，为了区别于普遍词项，保证单称词项命名对象时的唯一性，有时要求单称词项处于特殊的语境之内或对其作出某种限定，即限定摹状词。如"小张"这个专名，如果在不同的语境下，可能会指称或命名不同的人，导致歧义。只有处于特定的语境之下或对其作出限定，如"这个房间中"或加限定词"这个"，这时在某一语境下的"这个小张"才有可能指称唯一的对象。所以，与专名类似，限定摹状词的指称之物既可以是存在的，也可以是不存在的，同时也可能是存在但不唯一的。

---

① Quine，W. V. O.，*Methods of Logic*，Cambridge：Harvard University Press，1950，p. 262.

如"当今中国的皇帝"这个摹状词就没有指称任何存在，因为事实上当今中国并没有皇帝；"《数学原理》的作者"这个摹状词指称的对象存在但不唯一，因为这本书的作者是两个人：罗素和怀特海。因此，单称词项无论是专名还是限定摹状词，都只是意图指称对象，它们指称的对象可能存在也可能不存在，即使存在也未必能够唯一地指称某一对象；并且有些存在的对象并非都能被单称词项所指称，即存在着没有被命名的对象，正如奎因所说：

> 人们首先认为指称把名字和其他单称词项联系起来，然而单称词项常常不能指称所有东西，集合论也告诉人们，无论我们的符号多么丰富，我们的表达是多么笨重，必然有个别不能指称的对象，尤其是不能指称的无理数。[①]

这就是说，我们所具有的单称词项的全集和存在的对象的全集之间，并非一一对应的关系。

总之，奎因坚持，存在"既不是在给定论述的单称词项中去寻找，也不是在所谓臆想的名词中去寻找，而是在量化表达式中去寻找"[②]。换言之，单称词项并不是指称存在的装置，它们也并不是存在之所在。对理论的本体论承诺而言，单称词项是多余的。为了论证这一观点，奎因提出要消去单称词项。他的论证思路是：由于一阶逻辑下的量化表达式中的任意单称词项都可以在保真的前提下被其他的表达式替换（单称词项可以被全部消去而不影响句子的真值），因此单称词项在逻辑的句法结构上就不是必要的。所以，传统观点中将用于指称存在的功能赋予单称词项的做法也就是错误的。

二 消去单称词项

奎因认为，词项可以分为具体的和抽象的两种，这只是在所指称对象

---

① Quine, W. V. O. , *Pursuit of Truth*, Cambridge：Harvard University Press, 1990, pp. 28－29.
② ［美］奎因：《从逻辑的观点看》，江天骥等译，上海译文出版社 1987 年版，第 94 页。

的种类方面的区分。从逻辑的观点看，更重要的区分是单称词项和普遍词项的区分。通常而言，单称词项（singular term）具体包含了两种：一种是专名（proper name），如"北京""飞马"等；另外一种是摹状词（description）①或函项表达式（function），如"《论何物存在》的作者""柏拉图的老师"等。其中，函项表达式相当于一个复杂的专名，实际上也是充当一个专名的作用。因此，与专名类似，函数表达式也可以通过把它转换为限定摹状词的方式消去。如函数表达式"6÷3"，在数学中这样的表达式是重要且常见的，但是奎因认为它能够被等值地转换为一个限定摹状词，如我们可以设定一个三元谓词 D（x, y, z），来使其代表"$x \div y = z$"这个关于除法运算的三元关系，如 D（4，2，2）就表示"$4 \div 2 = 2$"这个运算。这样，我们就可以把上述函数表达式"6÷3"，借助摹状词理论等值地转换为"有且只有一个 x，使得 D（6，3，x）"，其形式化的表达式为：$\exists x \forall y$（D（6，3，x）$\leftrightarrow x = y$）。显然，在这个式子中不包含任何的单称词项，但是它也等值地表达了那个函数表达式。按照这种方法，可以处理更加复杂的函数表达式，如"（3+4）×7"。这样就可以消去所有的函数表达式并且不影响语言的表达力。

　　严格地说，单称词项或专名理论是现代逻辑之后才真正产生的，正是在有了现代逻辑作为一种语言分析的工具之后，哲学家们才开始使用它去重新认识和理解语言、语言所表达的东西以及它们二者间的关系。

　　奎因曾就对语义学（semantics）作了一个划分，按照他的观点，语义学可以分为两类：一类是意义理论（theory of meaning）；另外一类是指称理论（theory of reference）。其中指称理论就是研究语言与语言所表达的外界事物之间的关系，奎因说："指称理论的主要概念就是命名、真、指涉

---

　　① 按照罗素的摹状词理论，摹状词有两种：不定摹状词和限定摹状词。它们的区别主要在于语词中是否含有定冠词"the"，不定摹状词就是不含有定冠词"the"，如"一个苹果""一所学校"等；含有定冠词"the"的就是限定摹状词，如"《工具论》的作者""坐在第一排的男生"等。因为中文中没有定冠词，所以以在中文中两者的区别不像英文那么直观。不定摹状词在罗素前后的著作中的表述有些不同，但是实质上不定摹状词就是一种量词表达式，如"每一个东西""一个东西""有些东西"等。限定摹状词是罗素摹状词理论的主要内容，罗素使用限定摹状词消去专名，这被达米特称为"哲学的典范"。

（或……的真）和外延，另外一个概念就是变元的值。"① 可见，在奎因看来，专名理论是属于指称理论范围内的，可以说专名理论就是在指称理论的基础上专门地研究语言中的一个具体的组成要素——专名。现代专名理论主要围绕以下三个问题展开：一是专名和摹状词的异同；二是专名的涵义和指称；三是专名的涵义和指称是如何被确定的。很多哲学家都对专名问题做过专门的讨论，如弗雷格、罗素、奎因和克里普克等。我们知道，奎因消去单称词项的方法其实主要是借鉴了罗素的限定摹状词理论，罗素的摹状词理论又是在弗雷格专名理论的基础上发展而来的。弗雷格作为现代逻辑和分析哲学的创始人，尽管专名理论不是其主要的讨论问题，但是他对于专名的一些观点构成了之后哲学家们讨论的基础，也对他们的专名理论都产生了直接的影响。

为了便于后续我们讨论奎因的单称词项理论，有必要先对弗雷格的专名理论和罗素的摹状词理论做一些梳理和分析。

首先，弗雷格并不严格区分专名和摹状词。一般而言，弗雷格所使用的专名或名字不同于后人，弗雷格的专名所涉及的范围很大，弗雷格说："我这里把'符号'和'名称'理解为任意的标记，它代表一个专名，其意谓是一个确定的对象（在最广的意义上使用这一词）……一个单一对象的标记也可由多个语词或其他的符号组成。为了简便起见，这些标记均可称为专名。"② 弗雷格哲学的一个最重要的基础就是对于对象和概念的区分，而他提出专名的目标就是为了方便地指称对象，所以，弗雷格是从对对象进行指称这个角度来界定专名的，即只要一个符号能够单一地指称一个对象，这个符号在弗雷格那里就被称为专名。

在弗雷格看来，专名指称的对象所具有的一个重要特征就是完满性或饱和性，这一特征既使得专名区别于其他的语词，也使得对象区别于概念。此外，弗雷格认为句子也具有完满性的特征，所以从这一意义上来看，句子也被称为一个专名，只不过作为专名的句子的涵义（思想）和意

---

① Quine, W. V. O., *From a Logical Point of View*, Cambridge：Harvard University Press，1953，p. 130.

② ［德］弗雷格：《弗雷格哲学论著选辑》，王路译，商务印书馆2006年版，第96页。

谓（真值）皆不同于通常的专名的涵义（思想的一部分）和意谓（对象）。因此，才有人认为弗雷格并没有建立一个完整的现代意义上的专名理论，其所形成的有关专名的观点，无论是从句法上还是语义上都只是为他的句子理论所服务的，句子理论才是专名理论的出发点和目的。如果上述考虑是对的，那么罗素和克里普克等人对弗雷格的专名观点所提出的批判（如弗雷格不区分专名和摹状词等）其实就是不合适的，因为他们都忽略了弗雷格专名理论的这一出发点。

当然，即便如此，弗雷格对于专名与限定摹状词还是有一个简单的区分，在《论涵义和意谓》的一个脚注中，弗雷格提到了像"亚里士多德"这样真正的专名，以此与"生于斯塔基拉的"或"亚历山大大帝的老师"这样的限定摹状词相区别。这表明，弗雷格是清楚地认识到，通常的专名和摹状词是不同的，只是在做出上述的简单说明之后，弗雷格并没有对专名和限定摹状词再做出进一步严格的区分。对他而言，关键在于表达式所指称的是同一个对象即可，对象才是弗雷格所关注的核心，至于用来表达对象的符号间的区别在他看来并不十分重要，正如弗雷格认为的，只要意谓相同，这些意见分歧就是可以容忍的。

其次，弗雷格根据专名指称的不同区分了不同的专名。弗雷格对专名的指称有过明确论述：一个专名的指称就是我们用它所表示的对象本身。如"亚里士多德"这个专名的指称就是它所表达的对象亚里士多德这个人。弗雷格认识到每一个专名都会有一个涵义，但是这并不意味着每一个专名也同样就会有一个指称，对于"亚里士多德"这样的专名当然是有指称的对象的；但是对类似于"离地球最远的天体"这样的专名是否有对象就是不确定的；而对于"最小的收敛级"这个专名可以确定它是没有指称对象的，因为每一个收敛级都可以发现一个更小的，所以没有一个收敛级会是最小的。另外，对于神话故事中的人物，如"奥德赛"这样的专名也是没有指称的对象的，弗雷格甚至称它们为"虚假的专名"。按照弗雷格的组合原则，句子的真值是由其组成部分决定的，而一个句子中有这样虚假的专名就会导致这个句子的真值条件不确定，"真为逻辑指引方向"，因此一个指称不确定的句子是不能被当作一个逻辑讨论的对象的。所以，为了避免出现这种情况，弗雷格预设了其所要讨论的专名都有指称，即每一个专名都指称对象，每一个句子都有真值，从而保证弗雷格逻辑的论域是非空的。这样的预设就完全回避了上述虚假专名等情况所导致的问题，使得弗雷格逻辑中的句子都是有确定真值的。但是，这一预设只是回避了问题，并没有真正解决问题，这些虚假专名导致的指称问题仍然存在（罗素最初就是为了解决这个问题才提出摹状词理论）。

最后，弗雷格说明了一个专名往往是具有多种涵义的。弗雷格说："一个专名的涵义要由这样的人来理解，他对该专名所属的语言或标记整体有足够的认识。但是在这种情况下，如果有意谓，那么意谓总是只得到片面的说明。我们能够对每个给定的涵义马上说出它是否属于一个意谓，这有赖于我们对这个意谓的全面的认识。我们从未达到这样的认识。"① 尽管这并不是一个对专名涵义的严格界定，但是这段话仍然能够表明：对一个专名的涵义的把握需要对其整个语言有充分的认识和理解才行，而专名的每一个涵义都是对其指称的某一方面的片面的认识，这种片面的认识可以被看作这个专名的一个描述性说明或摹状词，一个专名对不同的人可能有不同的片面的认识，任何一个人都不可能真正做到对专名的所有描述性说明的完全充分的掌握。如"亚里士多德"这个专名，既可以把"《工具论》的作者"作为其摹状词，又可以把"亚历山大大帝的老师"作为摹状词，使用哪一个完全取决于不同人的片面的认识。其实，弗雷格的这种对于一个专名具有不同涵义的理论，被奎因直接借用并成为消去单称词项的一个理论来源，因为奎因把所有单称词项都直接转换为其谓词形式，这种谓词化的单称词项只是这个单称词项的众多摹状词或涵义中的某一个，其可以作为指称这个对象的语词。

罗素在弗雷格的基础上发展了专名理论。相对于弗雷格，罗素最大的改进就是对专名和摹状词作了明确区分，在此基础上才进一步发展出了摹状词理论，主张使用限定摹状词消去那些导致句子真值条件不确定的空名。按照罗素的限定摹状词理论，对于一个含有限定摹状词的句子，如"《论何物存

———————

① ［德］弗雷格：《弗雷格哲学论著选辑》，王路译，商务印书馆2006年版，第97页。

在》的作者是哲学家"，可以表达为如下三个句子：（1）至少有一个人写了《论何物存在》；（2）至多有一个人写了《论何物存在》；（3）如果谁写了《论何物存在》，那么谁就是哲学家。其中（1）和（2）一起共同表达了"《论何物存在》的作者"的唯一性，即"有且只有一个人写了《论何物存在》"。罗素认为，上述三句话还可以用一种"全然清晰的形式"（一阶逻辑的量词表达式）表达为：（4）有一个 x 写了《论何物存在》；（5）有一个 x，任意 y，如果 x 写了《论何物存在》并且 y 也写了《论何物存在》，那么 $x = y$；（6）任意 x，如果 x 写了《论何物存在》，那么 x 是哲学家。因此，"《论何物存在》的作者是哲学家"这句话最终可以被改写为："有且只有一个 x，x 写了《论何物存在》，并且 x 是哲学家。"形式化为：$x \forall y \left(Fx \wedge \left(Fy \to x = y \right) \wedge Gx \right)$，其中"$F$"表示"写了《论何物存在》"、"$G$"表示"哲学家"。可见，在该表达式中，限定摹状词被完全消去了，取而代之的是量词及其变元和逻辑联结词以及谓词，这也就是标准的一阶逻辑的量化表达式（也被奎因称为"标准记法"）。此外，罗素的摹状词理论对句子的这种改写方式，还使得变元第一次出现在了本体论的讨论之中。正如罗素所说：我把变元看作一个最基本的概念，当我使用"$G(x)$"时，就意味着它是一个以变元"x"作为组成部分的命题，并且这个变元 x 在本质上和整体上都是必要的和不确定的。正是在此基础之上，奎因才真正揭示出变元和本体论的深刻关联。

奎因继承了罗素的摹状词理论并且把它推到了某种极端：奎因主张不仅要消去空名，而且要消去全部单称词项。奎因的基本思路是：首先，句子中出现的所有单称词项都可以被转换成限定摹状词，如专名"亚里士多德"能够转换为"《工具论》的作者"或"是亚里士多德"；其次，所有的限定摹状词又都可以通过罗素的摹状词理论消去，这样句子中所有的单称词项都被消去了，如"《工具论》的作者"可以被消去并且转换为量词表达式："至少有一个并且至多有一个 x，使得 x 写了《工具论》。"最后，不含有单称词项的表达式就被称为一种标准的一阶量化表达式，这种表达式只含有量词及其变元、真值函项连词以及谓词等，它们使得句子具有了确定的真值条件。

奎因的理论就相当于把罗素理论中的限定摹状词推广到了所有的单称词项，而这也是奎因消去单称词项的关键一步：即把句子中的所有专名和函数表达式都转换成相应的限定摹状词。用奎因的话说就是：

> 我们借助于名字所说的任何话，都可以在一种根本没有名字的语言中说出。①

在第二章第二节的"SL 系统及其特点"中具体论述了奎因上述步骤的逻辑细节，在一阶逻辑系统中任何含有单称词项的句子都可以保真地转换为不含有单称词项的句子。此外，在具体把单称词项转换为限定摹状词的过程中还需要说明的是，奎因把单称词项又分为两种："通常的专称词项"和"空名"（1）通常的单称词项，指如"亚里士多德""北京"等这样可以把它们直接转变为与之同义的摹状词，如转换为"逻辑学的创始人"（或者"《工具论》的作者"）、"中华人民共和国的首都"等，至于选择哪一个则完全依赖于我们每一个人对此单称词项的理解和认识，即与任何一个单称词项对应的转换后的谓词可以不唯一（此处是指在谓词选择上的不唯一，而满足其中任意谓词的对象都是唯一的）。（2）除了这些通常的单称词项之外，那些完全抽象的并且没有实际的指称对象的单称词项，即为空名。这些空名对我们而言可能难以理解，因此也就难以像上述那样使用描述或定义的方式把其转换为限定摹状词。如"飞马""金山"等空名，由于我们对其可能一无所知，所以难以通过通常的描述说明的方式把它转变为摹状词。

在这种情况下，奎因说："我们可以使用一个简单的权宜之计，即坚持普遍词项的优先性。一开始我们就不把通过实指所获得的词项作为说明对象的一个名字，而是直接把它作为一个普遍词项，让它只符合所说明的对象。"② 奎因的意思就是，我们最开始获得关于对象词项的方式是实指，

---

① Quine, W. V. O., *From a Logical Point of View*, Cambridge：Harvard University Press, 1953, p. 13.

② Quine, W. V. O., *Word and Object*, Cambridge：MIT Press, 1960, p. 182.

并且把通过实指方式获得的单称词项就看作这个对象的名字，但是现在为了消去单称词项，完全可以在最初阶段就不把它们看作名字，而直接视为普遍词项或谓词，普遍词项取代单称词项成为最初的关于对象的词项。这种方式的具体做法就是直接转换词性，把单称词项（一般为名词）直接转换为其动词或形容词形式，并且以它们为基础可以找到一个与此单称词项对应的特殊的摹状词，如把"飞马"这个名词转换为相应的动词或形容词形式："飞马化（Pegasizes）"或"是飞马（is-Pegasus）"等，这样就可以把"飞马"等同于以下摹状词："飞马化的这个东西"或"是飞马的这个东西"。① 其实，按照这种方式，无论是像"金山"这样的空名，还是像"亚里士多德"这样通常的专名，都可以找到其对应的摹状词，如"金山化的"和"亚里士多德化的"。而这些摹状词在逻辑上都相当于一个不可再分解的、只适用于唯一的一个对象的特殊的谓词，这样，所有类型的单称词项就都能转变为限定摹状词。此外，奎因认为此方法也同样适用于含有专名的命题态度句。如"小明相信北京是首都"，在这句话中出现了两个专名"小明""北京"，按照上述方法，这句话可以被分析为："$'x$（x是小明并且 x 相信（$'y$（y 是北京）并且 y 是首都））"。尽管按照奎因的分析，我们知道对诸如相信、知道、认为等命题态度词施量化会导致指称隐晦的问题，但是这是另外的问题，此处只是为了说明可以把同样的消去专名的方法用于不同的情况中。

单称词项的消去为"非存在之谜"提供了一种解决方式。对于（1）飞马不存在，其相当于：（2）并非（飞马存在）。根据奎因消去单称词项的方式，可以把（2）转变为：（3）并非（飞马化的这个东西存在）。再根据罗素的摹状词理论可以把（3）转变为：（4）并非（有一个东西是飞马化的东西，并且没有别的东西是飞马化的东西）；或者说，有一个 x，使得 x 是飞马化的东西，并且任意 y，使得如果 y 是飞马化的东西，那么 $x = y$。而（4）又等值于：（5）没有一个东西是飞马化的东西，或者至少有两个

---

① 奎因认为这种通过把专名直接转换词性处理为一个谓词的做法在中世纪是一种普遍的做法，并且在奎因看来莱希涅夫斯基和格赖斯（Grice）也使用了类似的做法。参见 Quine, W. V. O. , *Word and Object*, Cambridge：MIT Press, 1960, p. 181。

东西是飞马化的东西。由此，把（1）最终转换为了（5）这样一个没有矛盾或不会产生悖论的式子，从而使得非存在得以有意义的表达。

当然也可以从形式化的角度来看，把（1）表述为：（6）$\forall x\ (\neg Px)\vee \exists x \forall y\ (Px \wedge Py \rightarrow x \neq y)$，其中"$P$"为"飞马化的东西"。（6）是一个标准的量化表达式，其所包含的本体论承诺依赖于式子中的约束变元"x"和"y"的值。也就是说，要想成为被此理论所承认的本体论的实体，就需要其是论域中的对象。按照真值条件，用此论域中的对象为"x"和"y"赋值，如果至少有一个对象满足上述表达式，那么这个表达式就是真的，反之就是假的。这样的话，显然（6）不是真的，因为没有任何一个这样的对象（飞马）满足该式子。按照之前的分析，（1）会导致悖论，换言之，就是（1）的真值情况不确定，或者既不真也不假，这也被称为真值空隙（truth-value gaps）。但是，通过上述转换，最终可以等值地成为具有明确真值的句子（6）。按照奎因的理论，只有（6）才是关于非存在的正确表达式。

一般认为，奎因消去单称词项的理论是建立在罗素的摹状词理论基础上的。然而本书认为，这两种理论之间实际上存在着很大的不同，其主要体现在以下两方面。

一方面，奎因理论中的特殊的谓词"A"是通过一定的句法，即词性转换专名"a"而得来的，这不同于罗素的摹状词理论。罗素把所有获取知识的途径分为两种：亲知（acquaintance）和描述（description）。亲知的方式就是一种通过亲力亲为的直接的感官刺激而获得第一手知识的方式，描述的方式就是一种通过一些中介载体而间接地获取第二手知识的方式。在罗素看来，亲知是可靠的和确定的，而描述是模糊的和不确定的，因此，从描述得来的知识最终都要还原为亲知才能具有意义。在此基础之上，罗素对名称也有一个这样的区分：通过亲知获得的专名以及通过描述获得的名称。前者是确定的，所以是可以保留的。而后者是不确定的，因此要把其转换为对等的摹状词（equivalent description），转换的方式就是借助一定的手段对其重新解释和描述。如在《论指称》中，罗素通过查询古词典的方式把"阿波罗"（Apollo）转换成对等的摹状词"太阳之神"，之所以可以这样转换就是因为"阿波罗"是一个非亲知的名称，可以通过重新解释把它转换或还原为一个摹状词。但是罗素强调亲知的专名是要保留的，正如奎因所说："罗素并没有把所有的名称都看作摹状词并因此也消去它们，他宁愿作为摹状词的缩写的名称与通过亲知获得的、不可归约的专名之间保持一种认识论上的区别。"[①] 这样的区分也决定了罗素的摹状词理论只能消去非亲知的名称以及全部的限定摹状词，而奎因的理论则能消去所有的单称词项，其中既包括限定摹状词，也包括所有专名和函数表达式（复杂专名）。

另一方面，奎因和罗素消去专名的目的不同。罗素的摹状词理论主要是针对那些空名的表达问题，所以，罗素只是希望通过把这些空名消去并替代为摹状词，进而最终转变为不含单称词项的量化表达式的方法解决这个问题，因此无矛盾地表达含有空名的句子才是罗素的理论诉求。此外，从逻辑语言的功能上来看，罗素认为逻辑的语言是一种理想语言，它就是被用来精确地反映我们理解外界世界的语言结构的，也是用来回答我们何以能够理解外界世界的真正有效的语言工具。因此，对于没有单称词项的语言，罗素认为"完全不能想象这种（没有任何专名的）语言的存在"[②]。但是，与罗素不同，奎因消去单称词项的目的在于实现对自然语言的逻辑整编，使其义释为具有更清晰的指称结构的标准记法，因为这种满足一阶逻辑语言要求的标准记法可以揭示出句子的本体论承诺的结构。如果以揭示本体论承诺为理论目的来看的话，单称词项不仅是多余的，而且会导致指称的模糊，所以奎因坚持要消去所有的单称词项。总之，罗素消去部分空名和摹状词，主要目的在于能够有效地表达包含这类专名的句子；而奎因消去全部的单称词项，主要目的在于明确句子中的本体论承诺的结构。

消去单称词项对于奎因的本体论思想具有两大重要意义。（1）这种方法确实可以在不削弱语言表达能力和推理能力的前提下，消去语言中的全部单称词项，这样就彻底澄清和避免了试图通过单称词项的命名来承载存在之所在的错误观点。就像奎因所说："如果我们能够使用'飞马化'这

① Quine, W. V. O., *Methods of Logic*, Cambridge：Harvard University Press, 1950, p. 282.

② Russell, B., *An Inquiry into Meaning and Truth*, London/NewYork：Routledge, 1992, p. 94.

个词，把名称'飞马'解释为受罗素的摹状词理论所支配的摹状词的话，那么我们就可以清除掉以下古老的看法，即不预先假设飞马在某种意义上存在，就不能说飞马不存在。"① （2）通过消去单称词项转换而成的语言结构是一种明确的可以用于呈现句子的本体论承诺结构的标准记法，即标准的一阶逻辑谓词表达式。奎因说，一旦我们的语言被整编成适合谓词逻辑演算形式，完全取消单称词项就会很容易，这样就只留下变元使其成为唯一与对象联系的东西。也就是说，消去句子中全部单称词项后，尽管不再能够通过单称词项这种方便的方式直接谈论实体，但是可以通过量化约束变元的值来谈论实体，并且也只有这种方式所谈论的实体才是真正具有本体论合法性的存在。消去单称词项的逻辑语言之后，句子中就只有量词及其变元和真值函项联结词等逻辑常项，也正是它们决定了一个句子的逻辑结构，同时一个理论的本体论的承诺也通过表达这个理论的语言的逻辑结构得以呈现。

三 对奎因消去单称词项的质疑与回应

奎因消去全部单称词项的做法是其本体论承诺理论的重要手段，只有在此基础上才有了对于本体论承诺的标准等奎因本体论核心思想内容的进一步讨论。随着奎因思想的传播，消去全部单称词项的做法获得了很多人的支持和赞同，但是同时也遭到了很多的质疑和批评。奎因对其中的一些观点有过回应。无论是质疑还是回应，这些理论的争论都有助于对奎因思想以及相关问题的理解。

本书将主要从两个方面论述对奎因消去单称词项理论的质疑。

质疑一，有学者认为单称词项在语言中具有特殊的功能，是语言中必不可少的构成要件，消去单称词项会导致语言表达力的缺失，不含单称词项的语言是无力的，甚至是无效的。这种质疑主要集中于奎因这种不含单称词项的语言的有效性方面。

持有这种观点的代表人物是斯特劳森（P. F. Strawson），他在《单称词

---

① Quine, W. V. O., *From a Logical Point of View*, Cambridge：Harvard University Press, 1953, p. 8.

项、本体论和同一性》（1956）和《个体》（1959）中，对奎因的单称词项观点表达了强烈反对。斯特劳森从语言的经验性习得这个角度出发，认为对所有经验性习得的语言来说，如果想使用这种语言去指称一些特殊之物（particulars，也被译为"殊相"），那么就必须在语言中包含一种指示性语词，即单称词项，以便由它们来行使指称特殊之物的功能。① 斯特劳森还反复强调，无论对于听者还是说者，语言中用于识别和指称特殊之物的指示性词项都是必不可少的。同时，在一个语言系统之中，包含了单称词项的句子［也被斯特劳森称为单称陈述（singular statement）］具有表达的优先性。斯特劳森的意思是，我们不能通过直接的面对面的实指性的（ostensively by direct confrontation）学习去获得有关普遍词项或者谓词的使用方法，如我们不能通过指着红色的苹果或者红色的铅笔等，就学会了"红色的"这个词的使用，除非我们能够正确地解释某些与此谓词相关的指示性语词。亦即，我们只有借助于表达具备"红色的"这个属性的每一个个体的单称词项，才能真正学会使用"红色的"这个普遍词项。普遍词项的习得是以相应的单称词项的实指性习得为前提的。如果要通过单称称述去扩展到一般称述，只有借助于如"这个苹果是红色的"或"这个铅笔是红色的"这两个句子中的单称词项"这个苹果"和"这个铅笔"，才能理解和习得"红色的"这个普遍词项。换言之，单称陈述优先的立场就是认为语言中的所有谓词的习得都需要借助单称词项或者指示性词项，语言中的单称词项是必不可少的。

此外，在斯特劳森看来，即使按照奎因的方式消去了语言中的所有单称词项，代之以量化变元来充当指称对象的作用，这种量化变元指称对象的方式也仍然需要依赖于一种识别性指称（identifying reference）方法，同时只有单称词项才真正具备这种识别性指称的功能，因为按照斯特劳森的观点，单称词项的首要作用就是识别对象，其次才是对象进行描述或分类。此外，斯特劳森在批判罗素的摹状词理论时，也认识到了空名指称模糊的问题，他也认同一个含有空名的句子的真值是不确定的，会导致真值

---

① Strawson, P. F., "Singular Terms, Ontology and Identity", *Mind*, 1956, 65 (260), pp. 433 – 454.

间隙的产生。但是，为了避免这种情况，斯特劳森却采用了一种不同于罗素和奎因的做法，他认为只需要对逻辑的范围进行调整，从而把这些含有空名的句子直接排除出逻辑的范围之外即可，剩余的专名自然就一定有所指。可见，这种对专名的处理方法与弗雷格十分类似。

达米特认为，奎因消除全部单称词项的做法，不仅是对弗雷格逻辑的破坏，而且在事实上也不会明显简化本体论证的过程。达米特基于弗雷格的"对象"这一概念所具有的两种作用来进行论述。在达米特看来，这两种作用分别是：（1）用以解释专名；（2）用以解释量化。达米特相信，是弗雷格第一次把"对象"引入哲学中，并将其作为弗雷格本体论的最基本概念，用以说明涵义和意谓的区别。按照达米特的理解，弗雷格之后的、但凡使用或支持弗雷格逻辑理论的人自然而然地就应该认可"对象"这一概念，也认可它的上述两种作用。如果奎因消去了全部单称词项，就会导致他完全忽视"对象"的第一种作用。所以，奎因这种消去单称词项的做法破坏了弗雷格逻辑的基础。达米特还认为，对于那些本身就不含有量词的原子句，使用奎因的方法全部消去单称词项后转换为了一个包含量词表达式，由此一个不含有量词的原子句最终被引入了量词。在达米特看来，这样的转换很难说是对本体论论证的简化，并且"这个过程看起来只是一个循环，因而很难弄懂，奎因何以能够在这个基础上论证说，这样的语言完全不需要本体论承诺"[1]。

我们把奎因对上述观点的一些回应概括如下。

首先，奎因承认，相较于直接使用单称词项的语言，一个不含有单称词项的逻辑语言在对个体表达的方便性上的确有所损失，他说：

> 单称词项的消去并非都是好的，甚至对于逻辑学和数学也是如此……用"$\exists x\,(Fx \wedge Gx)$"这样的形式所表达的句子："$\exists x\,(x$ 是苏格拉底并且 x 是希腊人）"，肯定要比用"苏格拉底是希腊人"（或

---

① Dummett, Michael, *Frege*: *Philosophy of Language*, 2nd edn, London: Duckworth, 1981, p. 478.

Ga）这样的形式更加累赘。①

　　按照奎因的观点，在其他具有单称词项的语言中，如数学语言、物理语言等可以通过直接使用单独词项去方便地指称对象。如使用人名可以很方便地直接地去指称某人，当然会有同名同姓的情况出现而导致指称的混淆，但是这种混淆可以通过一些简单的预设而消除，如"在这个房间里的小张"，一般在人名前加一些限定词方式等；又如在算术语言中，可以使用"5"这个数字去明确、方便地指称 5 这个数；在物理学语言中可以使用"质量最低的夸克"去方便地指称某个粒子。相反，如果这些语言中消去单称词项，它们都会变得低效和复杂，甚至语言本身的表达力也可能被削弱。

　　其次，使用单称词项并非唯一的表达个体的方式，即使在消除了单称词项的语言中，我们仍然可以借助于其他方式表达个体和谈论对象。奎因说：

　　　　单称词消失的实际意义在于，对任何种类（具体的或抽象的）对象的指称都是通过一般词项和约束变元来实现的。关于任何一个对象或所有对象，我们仍然能够随意地说任何东西，但是，我们总是可以使用量化这种习惯的方式将其表达为："有一个对象 *x*，使得……"和"每一个对象 *x* 是这样的，使得……"在我们的论域中隐含着其存在的那些对象，最终正是这样的对象：为了使我们的断定是真的，必须承认这些对象是"变元的值"，即把它们纳入我们的量化变元所辖定的对象整体中来考虑。②

　　奎因的上述观点非常清楚，对于任何对象，如果其表达式是通过"一般词项"和"约束变元"来实现的，它们其实就是谓词和量词；而当我们使用量化表达式时，就是一种对于论域中的对象的表达和谈论，同时也正是依赖于这种谈论对象的方式才使得量化表达式具有了真值。单称词项可

---

①　Quine, W. V. O., *Word and Object*, Cambridge：MIT Press, 1960, p. 188.
②　Quine, W. V. O., *Methods of Logic*, Cambridge：Harvard University Press, 1950, p. 282.

以表达对象，量化式也可以表达对象。在用量化表达式来谈论和表达对象这一点上，奎因的观点和弗雷格是一致的，弗雷格在《对涵义和意谓的解释》中说过，逻辑的基本关系就是一个对象处于一个概念之下。而且所有概念间的关系都可以还原为这种一个对象处于一个概念之下的基本关系。[①]可见，逻辑的基本关系被弗雷格认为就是一种表达对象的关系，而这种表达方式根本上是通过量化表达式（对象处于概念之下）来实现的。

再次，即使是对于像消去单称词项这样的语言处理方式，它也只是针对某一具体的理论目的而言的，如果抛开这一具体的目的，把其泛化至任何语言中，这样的做法就是无效的。正如奎因说："出于某些目的对某些句子进行义释时，单称词项派得上用场；在其他一些场合，普遍词项则更加适合。"[②] 这就是说，单称词项只是对于奎因的本体论承诺的结构而言是多余的，因此完全消去单称词项在本体论意义上即正面的和重大的。况且，奎因也并不认为他所主张的这套规整化的逻辑语言，能够或者应该完全代替自然语言或者规整化之前的语言，尤其是在非哲学的领域。因为从语言的目的和功能的角度来看，奎因所坚持的这套逻辑语言并非让我们用来理解和认知实际的经验世界的语言，这也就决定了这样的逻辑语言并不适用于"在市场中"的日常生活以及"在实验室中的科学工作"等的实践场合。逻辑语言的真正的用武之地，在于如哲学这样的以抽象的、先验的理论为研究目的的场合，只有在这样的场合下，逻辑语言才能够发挥其澄清语言结构、明确语词指称的功能。

最后，尽管没有单称词项的语言有诸多不便，但是奎因仍然认为这种不方便仅仅是语言表达上的烦琐而已，并非真正削弱了语言本身的表达能力。具体到斯特劳森的观点，奎因认为我们完全可以通过实指性的方式去习得某些已经显现了的对象（shown object）的名字，并且这种非语言的识别方式对于这些已经显现了的对象而言是基础的和直观的。但是这并不妨碍我们把这样的名称看作一种特殊的、只被唯一对象所满足的谓词。也就是说，对于任意单称词项而言，都可以具有斯特劳森所谓的识别性指称作

---

① ［德］弗雷格：《弗雷格哲学论著选辑》，王路译，商务印书馆 2006 年版，第 120—121 页。

② Quine, W. V. O., *Word and Object*, Cambridge：MIT Press, 1960, p. 189.

用，不过我们无须预设只有单称词项才能具有这种功能，这只是指称对象的一个非必要的方式。在奎因看来，由单称词项转换而来的谓词和通常的谓词之间在指称方面的区别，也仅仅体现在二者所应用或满足的对象的范围或数量不同而已：前者有且只有一个，后者则至少一个。而且正如之前章节所论述的那样，消去单称词项这一处理从逻辑上来说没有任何的不妥，也没有损失任何的形式语言上的表达和推理能力。此外，奎因还提出，尽管在逻辑语言中的单称词项被消去了，但是在必要时，我们仍然可以利用定义的方式把被消去的专名重新引入我们的标准量化语言中。[①]也就是说，对于一个已经被转化为谓词的专名而言，可以根据此谓词把这个专名以使用形式定义的方式重新引入。如根据谓词"亚里士多德的"，可以把专名"亚里士多德"定义为：$\exists x$（x 是亚里士多德），并且为了不混淆作为专名的"亚里士多德"和作为谓词的"亚里士多德的"，可以使用不同的记法来分别标注。但是，这两种语词在实际中是不会混淆的，因为作为专名的语词和作为谓词的语词所处的句法位置是完全不同的。这种通过形式定义的辅助手段把单称词项重新引入进来的做法具有一举两得的优势：既不破坏已经形成的标准的一阶逻辑的量化式，又能保持理论的简洁性和表达一些理论时的方便性，如代数。奎因把这种优势称为一种"哲学的慰藉"[②]。

质疑二，有学者认为奎因消去单称词项的做法，难以达到其目的。如前所述，奎因消去单称词项的目的在于表明它不具有本体论的指称作用。按照奎因的思路，单称词项能够在逻辑上被完全消去，所以它就不具有本体论的指称作用，也不具备承担本体论承诺的能力。但是，试图通过单称词项的可消去性来表明它与本体论承诺之间的无关性，是难以让人信服的，其质疑主要集中在，奎因消去单称词项对否定其本体论承诺的功能的充分性上。

哈克甚至提出了更进一步的观点，她说道："问题的实质是：如果单称词项的可消去性能够成为否定单称词项承担本体论承诺的充分理由的

---

①　Quine, W. V. O., *Word and Object*, Cambridge：MIT Press, 1960, p. 186.

②　Quine, W. V. O., *Word and Object*, Cambridge：MIT Press, 1960, p. 190.

话，那么量词的可消去性也能成为否定量词的本体论意义的充分理由。"①
哈克提出这个反驳的依据就是，如果承认奎因消去单称词项是可行的，那
么实际上量词及其变元也都是可消去的。奎因在 1960 年专门写了一篇论文
《被解释掉的变元》，文中论述了一种被称为组合逻辑（combinatorial logic）
的理论。在组合逻辑系统中，变元也可以被彻底消去，代之以一种被称为
组合子算子（combinater）的运算，奎因对组合逻辑中的变元是如何被消
去的做了详细的技术考察。② 由此，哈克的反问就可以被理解为：既然单
称词项不是必要的并且可以被消去，所以其不能指称存在，那么同样变元
也可以被消去，为何变元却可以指称存在呢？

本书认为，质疑二确实构成了对奎因论证的一个有力反驳。通过上面
的分析，我们看到，单称词项的可消去性实际上确实被奎因当作一个主要
理由，用来论证单称词项不具有指称本体论承诺的功能。所以，对此提出
疑问就抓住了奎因论证的关键之处。对于这个质疑，奎因也做了一个相对
较弱的回应：奎因承认其关于本体论承诺的标准不能直接适用于没有变元
的组合逻辑中，但是，他仍认为可以通过把组合逻辑的表达式翻译为一阶
量化表达式的方式来间接地运用该标准。然而，奎因的这一回应显然并没
有太大的说服力，因为如果既然不含变元的组合逻辑能被翻译为含有变元
的标准逻辑，那么这就意味着变元对于逻辑系统而言也不是必要的，正如
单称词项不是必要的一样，这样就又重新绕回到了开始的那个质疑上了。
对此，哈克作了一种可能的基于奎因的回应：

> 奎因所坚持的量词的对象量化的解释对于他的本体论标准的极其
> 重要的意义被显现出来了。奎因认为，虽然同样的理论可以用量词也
> 可以用单称词项来表达，或者可以不用量词而用组合算子来表达，但
> 是这个理论的量化形式能够更加明显地揭示它的本体论承诺。③

---

① Haack，Susan，*Philosophy of Logics*，London：Cambridge University Press，1978，p. 48.

② Quine，W. V. O.，"Variables Explained Away"，*Proceedings of the American Philosophical Society*，Vol. 104，No. 3，1960，pp. 343 – 347.

③ Haack，Susan，*Philosophy of Logics*，London：Cambridge University Press，1978，p. 49.

通过这段论述可以看出，哈克实际上是希望通过借用奎因本体论的语义基础——对象量化——来为奎因的理论做出辩护，对此我们将在下一节进行具体论述和分析。①

第三节　量化解释的选择

一　对象量化还是置换量化

所谓量化解释就是对形式语言中的全称量词和存在量词的语义解释，一般有两种：对象量化解释（objectual quantification interpretation）和置换量化解释（substitutional quantification interpretation）。在《指称之根》中奎因对两种量化做了清晰的说明：

> 对待量化和变元有两种不同的态度，必须慎加区别，因为两者的差异既是微妙的又是影响深远的。一方面，变元严格说来就是置换者，用来置换那些可以被它置换的常项。这样一些变元并不把对象作为值，而那些可被它们替代的常项完全不必是名字，它们可以属于任何语法范畴……当其变元是被置换地说明时，一个全称量化为真当且仅当量词后面的开语句在这一变元的任意置换下都为真。而一个存在量化为真当且仅当开语句在某一置换下为真。另一方面，当其变元是被对象地说明时，变元则把某类对象作为它的值，在这些对象中不必每一个都是可分别以名字或摹状词加以详细说明的，我们分别赋予"(x)"和"$(\exists x)$"以"任意 x，使得（everything x is such that）"和"有些 x，使得（something x such as）"这样的经典读法，这就是我们

157

所理解的变元的意思。①

简言之，对象量化就是通过借助变元的值（处于论域中的对象）去解释句子中的量词。如：

（1）"∀xFx"被解释为："在 D 中的任意对象 x，都满足 Fx。"

（2）"∃xFx"被解释为："在 D 中的至少一个对象 x，满足 Fx。"

其中，D 是论域的集合，处于其中的对象被指派为变元的值。

置换量化则是借助被置换例（能够带入变元的表达式）去解释句子中的量词。如：

（3）"∀xFx"被解释为："对于 Fx 的所有置换例都为真。"

（4）"∃xFx"被解释为："对于 Fx 中的至少一个置换例为真。"

其中，置换例指用任意单称词项或专名对 Fx 中的自由变元进行任意置换后所得到的表达式。

对象解释和置换解释最大的差异体现在它们与本体论承诺的相关性上。奎因等人认为对象量化与本体论密切相关，马库斯等人则认为置换量化与本体论完全无关。如句子：（1）∃x（x 是透明的），如果对（1）中存在量词做对象量化的理解，那么为量化变元 x 赋值的就是论域中的个体对象，如水或空气等。如果对（1）做置换量化的理解，那么为量化变元赋值的就是一些置换例，如"水""空气"等这样的表达式，用它们去置换变元 x，从而确定（1）的真值。对象量化就是以对象来给量化变元赋值后的东西，或者说对象量化变元所指称的是外界的对象。而置换量则是以表达式（可以是专名、摹状词甚至是谓词）来给置换量化变元赋值后的东西，或者说置换量化变元所指称的是语词符号，而非外界对象。显然，两者在本体论的承诺方面有明显的差异：对象量化变元的值是论域中的对象；为了确定量化表达式的真值，对象量化的解释就需要预设论域中对象是存在的，否则无法为变元赋值。

但是，由于置换量化变元的值只是作为一种语言表达式的置换例，不涉

---

① Quine，W. V. O.，*The Roots of Reference*，La Salle：Open Court，1974，p. 98.

及任何外界对象，即置换量化下的量化表达式的真值不取决于任何外界对象，所以，置换量化的解释就被认为与本体论承诺无关。如句子（2）：∃x（x > 7），可以使用"8"和"10"等数字来置换句子中的变元 x，得到"8 > 7"和"10 > 7"这样的真句子。由此，可以得到一个这样的类，如 {"8"，"10"，"12"，"20"}，在该类中的任意一个数字都可以去置换 x 使得句子"x > 7"为真。这就是所谓的置换量化，这个类就是一个置换类，类中的每一个数字就是一个置换例。在这样的置换解释中，我们不需要涉及任何的本体论问题，仅仅做出数字符号的置换即可。但是，如果要对（2）作对象量化的解释，那么就需要预设数字所指称的论域中的数是存在的，也就是说，数字"8"是一个数字，其所指称的数 8，才是对象量化中变元 x 所指称的对象。这样就不得不对数的存在作出本体论的承诺，即在算术理论中承诺数字所指称的对象数的存在。在对象解释下，也可以得到一个类，如 {8，10，12，20}，其中的成员作为（2）中变元的值，并且每一个成员可以使（2）为真。需要注意的是，这里涉及的两个类：{"8"，"10"，"12"，"20"} 和 {8，10，12，20}，它们具有完全不同类型的成员，前者是数字，可以作为置换例为置换解释下的变元赋值；后者是数，可以作为本体论的实体为对象解释下的变元赋值。可见，它们在本体论方面具有不同的意义。

对于这两种量化解释的选择有两种不同的立场。一种认为两种量化是对立的，只能有一个是正确的，需要二选一；另外一种则认为两种量化没有绝对的正确与错误之分，它们都有合理性，也都有弊端，人们可以根据各自的目的或动机选择不同的量化解释方案。奎因是对象量化的坚决支持者，认为只有对象量化才是正确的量词解释方式。马库斯赞同用置换量化来替代对象量化，克里普克认为二者无法完全分离，而弗雷格的理论中则被认为在不同阶段采用了不同量化解释。有关弗雷格的对象量化和置换量化的观点，按照达米特的理解，弗雷格有关同一性的看法在早期的《概念文字》和后来的《论涵义和意谓》中是不同的。在《概念文字》中弗雷格主张同一性关系存在于名称之间，而不是事物之间。弗雷格之所以有如此看法，目的在于解释一个同一性的真句子为何表达了信息。但是，这样就使得在等词的任何一边使用约束变元都没有意义了。达米特认为，弗雷格后期通过区分涵义和指称，换了一个更让人满意的解释——这样，同一性就可以当成是对象之间的关系（任何对象对自己具备，而对其他任何东西都不具备的关系），而不至于使同一性能传达信息这一点变得不可理解。达米特在此处提到的，弗雷格使用的一个"满意的解释"是指从原来的替换量化的解释转变为新的对象量化的解释。按照对象量化的解释，量化表达式的真值不仅取决于真值函项连词，也取决于句子中的专名所指称的对象。这样，含有等词的句子的真值就取决于等词所连接的两个专名是否指称同一个对象，而等词所指称的同一性自然也就成了对象之间的关系。

对于量化解释理论的这种分歧，可以追溯到 20 世纪 40 年代之前。在那个时候，逻辑被过多地强调是一种句法学的研究，是一种纯公理化的符号演算，其中的演绎规则被视为构造新语句的句法装置，而一个新理论无非就是通过运用这个句法装置很容易地构造出来。①

卡尔纳普就是这种观点的代表。在《语言的逻辑句法》中，卡尔纳普建构了一种纯句法形式的逻辑学。他认为逻辑学家们可以自由地选择任意一种逻辑系统，只要这个系统的句法是清晰的："在逻辑中，没有道德可言。每个人都可以自由地建立他自己的逻辑，如满足他自己的语言形式。而如果他希望去讨论这些逻辑的话，对他而言所有的要求就是：必须清晰地陈述他的方法，以及给出可以代替哲学论证的句法规则。"② 这段话表明了，一个逻辑系统或者由之构造的理论，可以仅单纯凭借它的句法的有效性或合句法性就使这个理论为真，并且与语言之外的世界没有任何关联。而置换量化解释对于表达式的置换为真的观点，正好符合了这种纯粹出于句法来建构逻辑的思想。

其实关于语言、逻辑和世界的关系，卡尔纳普在写完《语言的逻辑句法》之后就有了不同的观点："我主要通过与塔斯基和哥德尔的谈话意识

---

① Decock, Lieven, *Trading Ontology for Ideology: the Interplay of Logic*, *Set Theory and Semantics in Quine's Philosophy*, Kluwer/Springer: Synthese Library, 2002, p. 135.

② Carnap, Rudolf, *The Logical Syntax of Language*, Smeaton. A (tr.), London: Routledge, 1966, p. 52.

到：在我们谈论的句法学模式之外，还必定存在着一种别的谈论语言的方式。换言之，这种方式还涉及了语言和事实之间的关系，涉及了如何做出关于指称关系以及关于真的陈述。"① 或许这也能部分解释为什么1935年之后卡尔纳普转向了形式语义学的研究。

其实，奎因十分认同卡尔纳普这种在解决哲学问题时重视逻辑方法的做法。早在1933年，奎因在欧洲拜访卡尔纳普时就读过了《语言的逻辑句法》的草稿。他在1970年为《语言的逻辑句法》写的书评中说道："在此书中，卡尔纳普再一次充满活力地利用了现代逻辑的资源来服务哲学。这本书是一大宝矿，其中有关于逻辑哲学以及哲学逻辑的证明和观点。在那个关键的十年中，此书乃年轻的科学化的哲学工作者的主要灵感来源。此书无疑有着处于舞台中心的重要作用，围绕着它，波澜一层层地荡漾开来，使得其在更为广泛的范围内得到传播。"② 从奎因这些论述中不难看出，当时奎因对于卡尔纳普逻辑方法十分推崇。③

但是奎因同时也意识到，这种在逻辑中单一地强调句法的理论很容易导致一种约定论（conventionalism）：

> 人们总是想说，一个句子是逻辑真句子，如果它纯粹是凭它的句法结构而为真的。我避免这么说，因为它表明了只是语言使得逻辑真句子为真——纯粹是语言，与世界的本质毫不相关。这样的学说被我称之为语言学的逻辑真之理论（linguistic theory of logical truth），卡尔纳普就很赞同该理论，但是我认为它并不像表面看来那么有道理。④

---

① Carnap, Rudolf, *Intellectual Autobiography*, In The Philosophy of Rudolf Carnap, Open Court, 1963, p. 60.

② Quine, W. V. O. , *The Ways of Paradox and Other Essays*, Cambridge Mass. : Harvard, 1966, p. 44.

③ 王浩在《超越分析哲学》中也对此书十分赞赏，认为卡尔纳普的这本书之所以成功，在很大程度上是得益于卡尔纳普对于弗雷格的著作、《数学原理》、《逻辑哲学论》、希尔伯特学派、哥德尔和波兰逻辑学家的著作等思想资源的吸收和熟练运用（尽管在王浩看来，卡尔纳普或多或少对上述知识有误解和曲解）。

④ Quine, W. V. O. , *Philosophy of Logic*, Cambridge：Harvard University Press, 1970, p. 95.

可以看出，奎因是反对逻辑约定论的，他不认为逻辑是根据某些约定而进行的纯符号的操作。奎因一直相信逻辑与经验之间没有严格的分离，这种看法也体现在他的《经验主义的两个教条》中。在该文中，奎因否定了分析判断和综合判断间的区分，并且阐述了他的整体主义哲学。他也反对将科学的框架（逻辑）与经验科学截然两分，认为它们都处于一个整体的信念之网中，只是所处的位置不同而已。奎因明确说道，量化与语言之外的经验世界之间有着密切的联系，这种联系就在于：一个量化式的真值通常部分地取决于我们把什么东西算成是在这个量化式中变元的值。个体变元的本质在于对现实经验世界中对象的指称。从这一点可以看到，奎因的对象量化观点的前提就是：理论和经验之间不能是隔绝的，量化和世界是相互联通的，只有这样我们才能借助经验去解释量化，而不是仅仅将其解释为一种语言符号的句法操作。

二 奎因的对象量化

奎因说："任何逻辑，如果它不打算戛然而止，那么它就必须以某种方式接纳量化。"① 量化理论不仅是逻辑理论的最主要内容，而且也是奎因本体论的出发点。对于两种量化来说，奎因始终坚持对象量化的解释，对象量化为其本体论承诺的标准提供了必要的语义基础。"存在是变元的值"，具体而言，这里的"变元"是指"量化变元"，而这里的"量化"又是指"对象量化"。所以，本体论承诺的标准应该被更加具体和精确地表述为："存在是对象量化下的变元的值。"对象量化作为一种经典的量化理论，被大部分人所接受，正如哈克说的："我认为公正的说法是，一般认为对象解释是标准的解释；而置换解释一般被看成一个挑战者，其可靠性还有待仔细研究。"②

奎因认为，两种量化理论之间也是存在一些联系的，奎因在《存在与量化》中说：

---

① Quine, W. V. O., *Philosophy of Logic*, Cambridge：Harvard University Press, 1970, p. 88.

② ［美］苏珊·哈克：《逻辑哲学》，罗毅译，商务印书馆2003年版，第59页。

以单称词项或名字为成员的置换类的置换量化与对象量化是最为接近的，但是，显然它们并不等同，除非我们的每一个对象都可以通过某个单称词项或我们语言中的其他词项而得到具体的指称，并且在这个置换类中的任意词项都能够具体指称一个对象。[①]

按照奎因的观点，如果对象量化和置换量化具有同等的解释力，那么在论域中的任意对象就需要满足以下几点：（1）可数的；（2）可被命名的；（3）对象和其名字之间是一一对应的。上述三点的关键就是第一点：论域中的对象是不是可数的？因为只要对象是可数的，那么就可以为它们逐一地命名，否则两种量化就是完全不同的。在奎因看来，论域是不可数的（innumerable），即使假设对象语言中有无限多的词。在论域中必定有些没有名字的对象存在，而只要有一个这样的对象存在，这两种量化就不是等同的。"我们对个体的量化的最自然方式是把它看成是针对事物的。但把它看成是置换的，则要求在我们的语言中为每一个无论多么模糊、多么细微的个体或粒子都预设名字或者唯一的指称性表达式，然而这充其量是人造的。"[②] 换言之，为每个对象命名是经验的、人为的结果，而不是每个对象自身具有的先天的特征，所以一定有些对象不具有名字。这样就可能导致如下的情况发生：对于同一个存在量化式，对其做置换解释时为假，而做对象解释时为真。这是因为存在着一个没有名字的对象，它满足了这个存在量化式，使其为真。但是由于其本身没有名字，所以无法作为一个置换例去置换量化式中的变元，这就使得这个量化式为假。类似地，对于同一个全称量化式，对其做置换解释时为真，而做对象解释时为假，也是因为存在着一个没有名字的对象，这个对象不满足全称量化式，因而使其为假，但是如果给它做出适当的命名的话，它又可以作为一个置换例满足全称量化式，从而使其为真。这样就最终导致了，对于同一个量化式，两种不同的量化解释

---

① Quine, W. V. O., *Ontological Relativity and Other Essays*, New York: Columbia University Press, 1969, p.106.

② Quine, W. V. O., *The Ways of Paradox and Other Essays*, Cambridge: Harvard University Press, 1966, p.273.

会产生不同的真值。如对于量化式"$\exists xFx$"，如果在个体域中存在一个对象满足 Fx，那么按照上述对象量化的定义，这个式子在对象量化下就为真；但是，如果这个可以满足 Fx 的对象并没有在置换类中被命名，即在置换类中没有一个项对应这个对象，而且这个类中也没有其他项可以置换变元 x，使得 $\exists xFx$ 为真，在这种情况下，这个式子在置换量化下就为假。但是，如果假设个体域中的每一个对象都被单独词项命名，同时置换类中的所有项都是单独词项并且每一个单独词项都指称一个对象，那么就可以说对象量化和置换量化是一致的，然而这样的假设是没有普遍性的。

此外，奎因也认为量化理论的论域可以是无穷的。在全称量化式和合取式以及存在量化式与析取式之间分别有一个等值关系，即可以把全称量化式"$\forall xFx$"定义为在论域 D 内对象的合取式：$\forall xFx \equiv Fa \wedge Fb \wedge Fc\cdots\cdots$；存在量化式"$\exists xFx$"定义为论域 D 内对象的析取式：$\exists xFx \equiv Fa \vee Fb \vee Fc\cdots\cdots$。如果上述论域 D 是有穷可枚举的，那么我们完全不需要引入量词去刻画一个句子中的量化关系，仅凭借有穷的合取式或者析取式就可以实现。因为论域 D 如果是有穷可枚举的，就意味着在 D 中的每一个对象都能被命名，如 $D = \{a, b, c, \cdots, h\}$。上述两个量化式分别被两个有穷的合取式或析取式所取代：$\forall xFx \equiv Fa \wedge Fb \wedge Fc\cdots \wedge Fh$；$\exists xFx \equiv Fa \vee Fb \vee Fc\cdots \vee Fh$。但是，如果论域 D 是无穷的，上述方法就不再适用。在奎因看来，在一些情况下，可以通过把论域限制于某一特定的范围内，来使其成为一种有穷且可枚举的集合，这种就可以消去量词或者不引入量词，从而简化了论证。但是，除此之外，绝大多数问题的论域并不能被限制于某一范围内，如对于整数问题的讨论，论域中的整数就是无穷的，这样就必须引入量词。量词的引入在此就是必要的，其扩大了逻辑能处理的对象的范围。

对此，奎因做了进一步的例证。由于整数是可数的，这就意味着，理论上可以为任意整数指派一个数字（名字），即使整数集是无穷的，但是仍然可以通过一些方法做到数字和整数的指派一一对应，如借助哥德尔编码的方式。这样如果以整数集作为一个量化式中的变元的取值范围的话，对这个量化式中的量词做置换解释和对象解释就是完全一致的。但是，对于实数而言，情况就完全不同于整数。两者最大的区别就在于整数是可数的，而实数是不可数。康托尔给出了实数不可数的证明。按照康托尔的证明，实数是不可数的，表明不存在这样的一个函数式，使得任意的实数都能够一一映射到整数上。简单地讲就是，所有整数都能被命名，但是并非所有实数都能被映射到整数上，因此一定有些实数无法被命名。按照奎因的理解，这就意味着对于实数的量化式或以实数集为变元的值的范围而言，两种量化的解释是不同的，并且置换量化的解释是不能成立的。由于存在没有被命名的实数，那么在置换量化的解释下，以实数为论域的量化式的真值条件就是不确定的。

置换量化在实数理论领域所面临的困难对奎因的影响很大。因为在奎因看来，任何一个可靠的科学理论都必须包含实数理论在内。因此，对于实数理论的量化式的解释关系到其他科学理论中量化式的解释，如果置换量化在实数理论中不能成立，那么势必也难以在其他科学理论中成立。此外，奎因还考虑了集合论中的单元子类原则（the law of unit subclasses）：$\forall w\,[\,w$ 非空 $\rightarrow \exists z\,(z$ 以 w 的一个元素作为其唯一的元素$)\,]$，如果对这条原则做置换量化的解释，就是要求对集合 w 和 z 做置换并带入置换例中，必须具备一个条件以使得我们可以唯一地找出一个个体作为这个集合的元素，以满足这个原则。但是，如果这个置换例中的个体是不可数的，那么这样的条件是难以具备的，因为有些个体是无法被命名的。因此，在奎因看来，如果使用置换量化的解释，就会导致集合论中的这个最基本原则的失效。

总之，奎因认为，尽管对象量化和置换量化有联系，但是它们仍然是完全不同的两种解释理论。在论域不可数的情况下，存在着没有被命名的对象从而使得置换量化无法成立。所以，只有对象量化才是可以被选择的正确理论。

三　对奎因对象量化的质疑与回应

克里普克对奎因的上述观点提出了疑问，他认为，实际上并不能把被命名的对象与没有被命名的对象分离开。在克里普克看来，显然并没有一个这样的开语句，它仅仅能够被已命名的对象所满足，而不能被没有命名的对象满足。同样地，也就没有方法可以把命名的实数从没有命名的实数中分离出来，因为克里普克认为无论这个实数是否被命名，它都和所有其他实数一样满足任意实数所具备的一切属性，而决定一个数成为实数的条件在于这些属性，而非是否被命名。因此，被命名的实数和没有被命名的实数无法被分离开导致了对象量化和置换量化的解释也无法被分离：任意一个实数的量化式，如果对象量化下的解释使其为真，那么置换量化也使其为真；反之亦然。所以，从本质上看，这两种量化理论具有相同的解释能力。对象量化中变元直接指称对象，而置换量化中变元则是先经过置换例，然后再通过置换例这样的表达式去间接地指称对象。换言之，两者的区别仅仅就是，前者直接指称对象，后者间接指称对象。所以，这两种量化只是具体指称方式的不同，在语义解释上并没有根本区别。

可以看出，其实克里普克为置换量化辩护的关键就在于命名关系（name-relation），这个关系指在一个理论中如何给对象指派名字的方法。具体到前述内容就是在实数中如何给每一个实数命名的方法。克里普克认为正是在实数理论中不包含这种命名关系，所以无法区分有名字和没名字的实数，也就无法区分对象量化和置换量化。

本书认为，克里普克的辩护是不能成立的。因为在一个理论中，如果既包含名字自身，同时也包含命名关系，就会导致悖论，即在对象语言的同一个层次中，既有句法规则（命名关系）又有语义（名字）会导致语义悖论的产生。命名关系和名字不能同时出现在一个理论的论域中。所以，克里普克所质疑的没有实数的命名关系在实数理论中是难以成立的。相反，如果能成立的话，那么实数理论本身就是不一致的。尽管我们认为克里普克的质疑是不成立的，但是他提出的问题是有意义的，即是否需要一个命名关系去对有无名字的实数作出区分。答案是肯定的，但是并不能在理论自身中去寻找。对此奎因也给出了一个建议："我们仍然可以从背景理论（background theory）的有力角度作出这种区分。"[1] 在奎因看来，在背景理论中完全可以通过说明的方式来去界定某个实数，以表明它在对象理论中是没有名字的，并且我们可以在背景理论中认定对象理论的论域穷尽了所有的实数。因此，就可以通过这种间接的手段在对象理论中证明存在着没

---

① Quine, W. V. O., *Ontological Relativity and Other Essays*, New York：Columbia University Press, 1969, p. 65.

有名字的实数。然而，这样的方式也会有一些问题。如在这种方式下对象量化的解释所确定的约束变元的值是相对的：相对于背景理论以及相对于加诸背景理论中的这种对象量化的解释，这就体现了某种本体论的相对性。

除了克里普克，马库斯也是主要的对象量化的质疑者和置换量化的辩护者。在马库斯看来，奎因的对象量化通过变元的值指称存在，把变元的值作为其本体论的承诺，但是，这样的对象量化就限制了逻辑系统只能是一阶的，亦即本体论承诺的考虑限制了奎因的逻辑观。因为对于一阶量化表达式：$\exists xFx$，如果对其做对象量化的解释，即在论域中，至少有一个对象使得它具有 F。这样如果其为真，那么自然就是承诺了至少有一个能够满足 "F" 的个体对象的存在。但是对于二阶量化表达式：$\exists F \forall x$ (Fx)，如果对其也做对象量化的解释，即在论域中，至少有一个性质或关系，对于任意的对象，使得对象具有这种性质或关系。那么作为本体论的承诺在论域中必须既要假设个体对象的存在以作为变元 x 的值，同时也要假设抽象对象（性质或关系等）的存在以作为谓词变元 F 的值。

从奎因逻辑观的角度看，对二阶量化做对象量化式的解释一定会导致对内涵对象的本体论承诺。而拒斥这些内涵对象是奎因哲学的一个根本性的观点，所以为了避免这种本体论上对内涵对象的承诺，奎因只能把自己的逻辑理论限制于一个 "安全的" 一阶逻辑的范围内。置换量化的支持者们认为，对象量化就是导致逻辑被本体论限制的原因所在，如果放弃对象量化的使用而采纳置换量化，就完全可以避免这种限制。因为置换量化解释下的变元只是代入置换实例，它们仅仅是表达式的代入，而不会承诺任何对象的存在，置换量化不涉及任何本体论承诺的领域，也就避免了他们所认为的本体论承诺的限制。①

---

① 奎因曾经在晚年时表现出了一些对置换量化的兴趣和同情。可是即便如此，仍然有两个数学方面的阻碍，使得奎因不能向置换量化做出妥协退让，这两个数学方面的阻碍也都是实数理论的本体论承诺所导致的后果。其一就是正如上述所说的，置换量化的困难在实数中仍旧是可数的表达式与不可数的对象，它们的差距导致了量化式真值条件的不确定。尽管这一点被克里普克加以反驳，但是这种反驳在奎因看来是不成功的。其二，置换量化的另一个困难是要求谓述性（predicativity）[参见迪克特（Decock，2002）]。这两点理由使得奎因在量化解释的立场上最终还是坚持了对象量化而非置换量化。

具体而言，马库斯认为置换量化的一个优势就在于能够解决对象量化下对于非存在对象的存在概括失效的问题。马库斯举例道，句子（1）："飞马是一个长有翅膀的马"为真，那么按照存在概括原则可以得出句子（2）："∃x（x是一个长有翅膀的马）"也为真。但是，如果按照对象量化的解释，（2）就是假的，因为并不存在一个被命名为飞马的对象可以满足"是一个长有翅膀的马"这个属性。因此，存在概括原则在对象量化的解释下是失效的，这也就是非存在对象的存在概括失效的问题。相反，如果在置换量化的解释下，（2）就是真的，因为可以把"飞马"这个专名当作一个置换例，去置换"x是一个长有翅膀的马"中的变元x，从而使得这句话为真。这样存在概括规则在置换量化的解释下就是成立的。同样地，我们可以在置换量化的解释下，使用存在概括规则，从"飞马不存在"为真推出"∃x（x不存在）"为真。

对于量化解释的上述争论，达米特曾经有过一个准确的概括和评论：

> 奎因认为，只有当量化要在实体中取值时，我们才需要把那些实体作为指称赋予相应的常项表达式，才需要在我们的本体论中承诺那些实体——因而对他来说置换量化就显得是这样一种威胁，是这样一种无须本体论承诺就可以使用的工具。倡导置换量化的人也与奎因一样，认为本体论承诺只是要求对"实体式"量化，因而把置换量化当作摆脱本体论承诺的手段。他们都错了，因为最初要求赋予指称的不是量化——要想对某种语言给出一种语义学解释，那么就得对那种语言中充当有意义单元的所有表达式都必须赋予指称。①

第四节　量化表达式与语义整编

奎因说："存在是变元的值。没有关于单称词及其指称的终极哲学问

---

① Dummett, Michael, *Frege：Philosophy of Language*, 2nd edn, London：Duckworth, 1981, p. 529.

题，而只有关于变元及其值的终极哲学问题；而且只有以存在量词'∃x'表达的存在，而没有其他表达存在的终极哲学问题。"① 引文中关于单称词项与变元的问题我们已经讨论过了，现在讨论量化表达式与存在的问题。按照奎因的上述观点，只有使用量化表达式才能真正实现对于存在的理解和解答。对此，当代著名的奎因研究专家吉布森（Roger Gibson）也认为："只有使用一种被规整化了的语言才能使得对于本体论问题的讨论变得有意义。"②

奎因给出了本体论承诺的标准，按照这个标准我们可以对一个科学理论的本体论承诺作出判断。而要作出这种判断先需要对表达这个理论的语言进行语义整编。在《语词和对象》中，奎因提出通过严格规整化的方法把我们的日常语言义释为一套标准记法，它具备了清晰而严格的句法形式和真值条件。奎因所说的标准记法其实就是一阶量化表达式在本体论领域的对应物。③

一　作为一种标准记法的量化表达式

自然语言或日常语言具有丰富的表达能力，但是自然语言中也会有很多歧义，如自然语言中一些代词的指称模糊性会导致句子歧义，一些量词或形容词所修饰范围的模糊也会导致句子歧义。我们以代词为例来进行分析。

自然语言中代词的一个重要作用就在于语言符号间的相互指称（cross-reference），如代词可以与它的句法先行词（grammatical antecedent）之间构成相互指称，如（1）"我买了一个杯子，它很大。"这个句子中的代词"它"指代的就是它的句法先行词"杯子"（这里是特指买的那一个杯子，而非泛指其他的杯子），（1）中代词的这种指代关系是最简单和明确的，所以这句话不会产生任何歧义。但是，当一个句子的语法结构变得复杂时，代词与其句法先行词之间可能就会出现指代关系的混乱，导致歧义，

---

① Quine, W. V. O., *Methods of Logic*, Cambridge: Harvard University Press, 1950, p. 282.

② Gibson, Roger, *The Philosophy of W. V. Quine*, Flordia: University of South Florida, 1982, p. 109.

③ 有哲学家从更宽泛的角度去理解奎因的标准记法，如哈克（R. J. Haack, 1978）就认为奎因的标准记法不仅是一种语言层面的规范记法，更是整个科学理论的一种规范模式。

最终使得句子的真值条件变得模糊。如（1'）"我买了一个杯子，上面有动物图案，它很大"，此时与"它"可以构成指代关系的既可以是"杯子"，也可以是"动物图案"，这种指代的歧义会使得句子的真值条件难以确定。

在自然语言中，有一些方式可以避免或消除一些代词的指代关系混乱导致的歧义，如重复这个代词所指称的句法先行词或者标明性别、人称语法等的方式。如（2）"我和母亲去见了一个朋友，她很伤心。"在这句话中，"她"既可以指称母亲，也可以指称那位朋友，由于这个代词的指称不明确导致了句子的歧义。但是，通过用重复的先行词来替代代词就可以消除歧义，即把（2）中的代词"她"用其实际所指称的先行词替代，如改为"我和母亲去见了一个朋友，母亲很伤心"或"我和母亲去见了一个朋友，那个朋友很伤心。"这样歧义就被消除了。也可以使用人称代词替代一般的代词，在（2）中，如果见到的那位朋友是男性，那么可以使用相应的人称代词（把"她"改为"他"）来消除歧义。然而，问题在于并非所有的歧义都是能被消除的。如，如果代词的先行词是不定词项时，这种重复先行词的方式就不能消除指称歧义。如（3）"每一个东西都有小于它的部分"，代词"它"的先行词是"每一个东西"，但是并不知道是具体哪个东西，所以这句话是有歧义的。然而，如果希望通过重复先行词的方式来消除歧义的话，即把（3）变为（4）"每一个东西都有小于每一个东西的部分"，显然（3）和（4）并不等同，（4）也没有消除（3）的歧义。此外，面对一个句子中有多个代词的更复杂的情况时，上述消除歧义的方式都是难以产生效果的。这也是难以直接使用自然语言有效地讨论哲学问题的原因之一。

逻辑中的变元的作用实际上就相当于自然语言中的代词，"在对象性指称出现的地方，约束变元的基本任务就是在句子不同的位置进行相互指称"[1]。在把自然语言规整化为标准记法后，使用变元替代代词就可以完全避免或者消除指代的歧义性。奎因说："（有两种工作）一种是以方便的规

---

[1] Quine, W. V. O., *The Ways of Paradox and Other Essays*, Cambridge：Harvard University Press，1966，p. 282.

范形式严格进行理论演绎的工作，另一种是将日常语言义释为理论的工作。后一种工作不如前一种工作那样严密，但对熟悉标准记法的人来说，通常也没有多大困难。"① 在规整化的过程中，形式语言的变元以及一些固定的句式表达，如"使得……"（"such that"）发挥着重要的作用。我们将对此作出分析，说明奎因的语义整编是如何消除自然语言的歧义，使句子的真值条件以及本体论承诺的结构得以清晰地表达和呈现。奎因通过一些具体的例子来论述。

（5）一个律师对一个同事说，他认为他的一个委托人对他自己比对他的任何一个对手都更加挑剔。②

在这个自然语言的句子中出现了至少 4 个代词，它们的相互指称关系使得句子有完全不同的语义，这种不同的语义导致了很大的歧义，最终使得句子的真值条件失去了确定性。奎因说，为了消除这个句子中代词导致的歧义，数学家们使用了不同的字母来替代那些模糊不清的代词，使得句子得到了清晰的表达，这些字母就逐渐成为变元。（5）被相应不同变元替换后变为：

（6）一个律师 x 对同事 y 说，x（或 y?）认为 y（或 x?）的委托人 z 对 z（或 y? 或 x?）比对 z 的（或 y 的? 或 x 的?）任何一个对手都更加挑剔。③

可见，相对于（5）而言，被变元替换后的（6）消除了代词相互指称导致的句子歧义。奎因认为上述对于变元的引入就是"变元的起源……它揭示出了变元的基本作用和最终效用，变元是一种这样的方式，它把一个句子的不同位置标志和连接起来，它的任务就是连接与取代"④。

此外，奎因重点分析了英语中常见的关系代词，如"who""which"，

① Quine, W. V. O., *Word and Object*, Cambridge：MIT Press, 1960, p. 159.

② "A lawyer told a colleague that he thought a client of his more critical of himself than of any of his rivals."

③ "A lawyer x told a colleague y that x [or y?] thought a client z of y [or x?] more critical of z [or y? or x?] than of any of z's [or y's? or x's?] rivals."

④ Quine, W. V. O., *Quiddities：An Intermittently Philosophical Dictionar*, Cambridge：Harvard University Press, 1987, p. 238.

由于它们的一些指称混乱导致了句子的歧义，奎因认为可以使用"such that"加变元的句式替换关系从句，这样就可以使用变元的相互指称功能，替换关系代词的指称，从而避免了后者导致的歧义。从日常语言的语法角度来看，在一个句子中由这些关系代词引导的从句往往起形容词的作用，来修饰从句之前的先行词。关系代词引导的从句按照这个关系代词是否在从句中充当句法作用，又分为限定性从句和非限定性从句。在限定性从句中，关系代词既要充当引导词，使得从句和主句间在句法上得以衔接，又要充当从句中的代词，指称主句中的先行词。如：

（7）Fido which I bought from a man who found him. ①

关系代词"which"在其引导的关系从句中充当代词的作用（作为动词 bought 的宾语），用来指称先行词"Fido"，"bought from"是一个三元关系词："I"、"you"和"Fido"，"I bought Fido from you"，在从句中"Fido"被省略，其被关系代词的指称作用所替代。同样地，关系代词"who"充当由其引导的从句中的主语，"found"是一个二元关系词。既然关系代词具有指称作用，那么就像通常的代词一样，在一个含有多个代词以及关系代词的复杂句子中，关系代词的相互指称也可能会导致句子的歧义。如：

（8）who told a colleague that he thought a client of his more critical of himself than of any of his rivals. （"告诉一个同事说他认为他的一个委托人对他自己比对他的任何一个对手都更加挑剔的那个人。"）

这个句子中既有关系代词，又有多个代词，它们的相互指称产生了巨大的歧义，导致整个句子无法理解。对此，奎因主张用"such that"（使得)加上变元的句式替代关系代词从句，加入的这个变元用来代替原来的关系代词的指称作用。他说：

> 在形成关系从句时，我们之所以变换词序就是为了把关系代词放在句子的开头或者其附近。在复杂情况下，这样做会很费力；因而，

---

① 由于奎因分析的是英文中特有的语法结构（关系代词等），汉语中并没有与之对应的结构，所以这里也使用英文例子来论述。

我们有时会避免这样做而诉诸其他更为平易的结构，如"such that"的结构。这个结构不要求像"which"所要求的那种词序变换的手段，因为这个结构把"which"的职责一分为二了：其作为从句中单称词项的职责被"it"所代替；作为从句开始的标志的职责被"such that"所代替。①

按照奎因的观点，在"such that"这样的句法结构下，关系代词的指称作用实际上被"such that"句型中的代词或变元所取代，而这个代词所指称的只是"such that"之前的先行词；而其作为引导词的作用则被"such that"的句型取代。这样处理的好处就是既保持了原来句子的语法功能不变，同时又能把关系代词的指称功能分离出来，这样就能够让关系代词中的指称关系得到澄清和明确，也就消除了歧义。如（7）中的两个关系代词"which"、"who"都被"such that"句型转换：

（9）Fido such that I bought him from a man such that drove him.

从句中增加了两个代词"him"，用来替代原来的关系代词的指称作用。但是，两个代词"him"的指称发生了歧义：是指称"Fido"，还是"the man"？按照奎因的方法，此时只需要把前面论述的变元来替代代词即可消除歧义：

（9'）x such that I bought x from a man y such that y dound x.

又如把（8）中的关系从句转换为：

（10）lawyer such that he told a colleague that he thought a client of his more critical of himself than of any of his rivals.

（8）中的关系代词"who"被（10）中"such that"替代，"such that"之后的每一个代词都确定地只指称"such that"之前的先行词"lawyer"，可见（8）中的歧义在转换到（10）中就被彻底消除了。同样，可以对使用了个体变元但是仍然含有关系代词的（6）做相应的改写，使之也成为"such that"句式：

① Quine，W. V. O.，*Word and Object*，Cambridge：MIT Press，1960，p. 112.

（11）律师 x 使得 x 对同事 y 说，x（或 y?）认为 y（或 x?）的委托人 z 对 z（或 y? 或 x?）比对 z 的（或 y 的? 或 x 的?）任何一个对手都更加挑剔。①

注意（11）中的个体变元 x 指称的不是某个作为单称词项的"律师"，而是指称一个作为普遍词项的"律师"。换言之，（11）中的变元 x 是自由变元，它并没有被任何量词所约束，也没有指称任何存在。同样，y 和 z 也都是自由变元。因此，（11）的真值条件就是不确定的。而只有当（11）中的所有变元都成为约束变元时，它们才真正具有了本体论的意义和承诺，包含它们的句子的真值也才能确定。如对（11）中的变元施量化为：

（12）$\exists x \exists y \forall z$（律师 x 使得 x 对同事 y 说，x（或 y?）认为 y（或 x?）的委托人 z 对 z（或 y? 或 x?）比对 z 的（或 y 的? 或 x 的?）任何一个对手都更加挑剔）。②

可见，（12）中的任意变元都是约束变元。这样一方面使得（12）的真值条件得以确定；另一方面（12）中的每一个变元的值［在（12）中变元所指称的相应的对象：那个律师、那个律师的同事以及那个委托人］都是被本体论所承诺的存在。

总而言之，奎因通过两步实现了对日常语言的语义整编：第一步，用个体变元去替换自然语言中的关系代词；第二步，使用"such that"的句式作为一种标准的句法结构，替代自然语言的关系从句，这样个体变元也就替代了关系代词，充当表达式中指称存在的功能。其实，奎因在《语词和对象》中对相互指称与约束变元有过专门说明，奎因认为在逻辑学的讨论语境中，对变元使用相互指称这个词是不太合适的。因为一个代词或一个单称词项也都可以指称某个对象，这种情景下的指称实际上是符号和对象之间的关系。但是，相互指称则仅仅是符号与符号之间的关系。因此这种关系实质上是与代词回指其句法先行词的关系一致的。因此，为了区

---

① "lawyer x such that x told a colleague y that x [or y?] thought a client z of y [or x?] more critical of z [or y? or x?] than of any of z's [or y's? or x's?] rivals."

② "$\exists x \exists y \forall z$ (lawyer x such that x told a colleague y that x [or y?] thought a client z of y [or x?] more critical of z [or y? or x?] than of any of z's [or y's? or x's?] rivals)."

别，逻辑学家在涉及相互指称时往往用另外一个词来说明：约束（binding）。亦即，只有约束变元才具有相互指称的作用，因此，本体论承诺标准中的变元一定是约束变元。

二　语义整编与翻译的不确定性

如上所述，奎因提倡的语义整编其实就是把关于世界的理论适配（fit into）纳入一阶逻辑的标准记法或框架之内，这样做的目标是使理论义释为一种简洁化、清晰化和系统化的概念模式（conceptual scheme）。由于 20 世纪分析哲学获得了广泛的认可，很多哲学家都认为哲学研究需要一种形式化的语言，通过这种语言使理论的意义、指称或真值条件变得明确清晰。自然语言的特点在于具有丰富的表达力，但是它最大的问题就在于其句法上的模糊性和语义上的歧义性，这使得自然语言难以成为一种理想的哲学分析工具。如上文所提到的，自然语言中存在的一些指代的歧义性不能被完全消去，奎因认为这样的句子无法作为精确的理论语言，尤其是使用这样的语言无法获得清晰的本体论承诺的结构。他说：

> 普通人的本体论在两种方式中是模糊的和不整齐的。这种本体论承认许多所谓的对象，并且对这些对象的界定是模糊和不恰当的。不过，更加重要的是这些对象的辖域也是模糊的；我们甚至都不能一般地说应该把这些模糊事物中的哪些归于一个人的本体论中、应该把哪些看成是这个人所设定的。[1]

既然自然语言没有明晰性，且形式化的逻辑语言有被认可的规范的分析语言，那么在两种语言间进行语义整编就是必要的了。按照一个直观的标准，判断一个有效或成功的语义整编的标准在于被整编之前的自然语言和之后的形式语言之间应该是同义的（synonymous）。如对于自然语言 L，通过一个有效的语义整编，把 L 义释为一个标准记法 L'，而 L' 会消除 L 的

---

[1]　Quine, W. V. O. , *Theories and Things*, Cambridge：Harvard University Press, 1981, p. 9.

歧义，同时又具有明确的真值条件。通过对 L' 的分析我们获得了它的本体论承诺的理论，并且我们也相信 L 有和 L' 相同的本体论承诺。之所以具有这个信念的依据就是 L 和 L' 之间是同义的。

其实这种同义性的观点试图说明的是，通过语义整编可以对不同语言进行确定的和对等的翻译。但是，有学者对此提出了异议，如希尔顿（Hylton 2007）就认为，在奎因的语义整编与翻译的不确定性等观点间存在着一种内在的理论冲突或对立。① 具体而言，按照奎因的观点，在给定的两种语言中可以建构一些彼此不兼容但是具有同等效力的翻译手册，翻译手册是针对不同"语言间的翻译关系而确定的一种递归或归纳的定义，并且它声称能使句子的一切有关行为相互协调起来"②。但是，奎因认为翻译又具有一种不确定性："两本翻译手册的这些说法可能都是真的，然而这两种翻译关系却不可能在句子之间交替使用，而又同时不导致形成不一致的结果。"③ 也就是说，这些翻译手册都可以实现这两种语言间完全的和正确的翻译，但是语言中句子的含义仅仅取决于所采用的不同的翻译手册，所以句子含义又是不确定的。假如在英语和汉语之间存在着两本不同的翻译手册，这两本翻译手册代表了英语和汉语间不同的翻译关系。尽管它们都能够满足两种语言间交换信息的基本翻译要求，但是问题在于使用不同的翻译手册会导致在同一语言内产生不同的甚至不可互换的相互矛盾的翻译句。"每本手册都有可能规定一些会被另外一个翻译者所拒斥的翻译，这就是翻译的不确定性论题。"④ 希尔顿的质疑其实是，如果把从初始语言到标准记法的语义整编也视为这两种语言间的一种翻译的话，那么奎因如何在翻译的不确定性与语义整编方法的普遍有效性之间保持协调呢？

当然，也有很多哲学家认为根本不存在这种语言间翻译的问题，因为自然语言或日常语言本来就可以作为哲学研究的主题和工具，无须把它们翻译为形式语言。持这种观点的就是以牛津为代表的日常语言学派，他们

---

① Hylton, Peter, *Quine*, Abingdon：Routledge, 2007, p. 197.
② Quine, W. V. O., *Pursuit of Truth*, Cambridge：Harvard University Press, 1990, p. 48.
③ Quine, W. V. O., *Pursuit of Truth*, Cambridge：Harvard University Press, 1990, p. 48.
④ Quine, W. V. O., *Pursuit of Truth*, Cambridge：Harvard University Press, 1990, p. 48.

肯定形式语言对于哲学分析的作用，但是并不认为只有形式语言或者形式化才是哲学研究的唯一方法，哲学的主要任务应该是研究日常语言的用法或功能，其代表有摩尔的概念分析、奥斯丁的言语行为、斯特劳森的自然语言逻辑等。其中斯特劳森的观点较为独特，尽管他对现代逻辑进行了批评，但是不同于其他日常语言学派哲学家，斯特劳森是一位真正掌握了现代逻辑技术的哲学家，他主张把现代逻辑的方法与日常语言分析相结合，试图发展一种日常语言逻辑（the logic of ordinary language）。因此，斯特劳森并没有否认语言的逻辑形式，而是把逻辑形式进一步区分为现代逻辑的和日常语言逻辑的，认为应该使用日常语言逻辑的形式作为分析日常语言的结构。可见，从主张应该对日常语言做出语义整编或义释这一点上看，斯特劳森和奎因的观点是一致的，其实他也强调了自己的逻辑理论深受奎因逻辑的影响（Strawson，1952），而他们的分歧就在于义释为何种逻辑形式。

奎因并不认可关于两种语言间的同义性假设或标准。奎因认为，我们的确需要使用一阶逻辑的语言去规整自然语言，这种规整是对真与实在的最终结构的描述，这种描述不仅不会歪曲我们对于世界的理解，而且会使得我们的理解变得更加清晰。在规整化的过程之中，既可能对自然语言中的复杂语词结构进行义释，使其能够转换为简洁的逻辑语言；也可能对自然语言中原本简单的语词结构进行义释，把它们转换为逻辑语言中较复杂的结构，以便其能够在形式语言中得到更清晰的表述。但是，无论是对自然语言的简单化还是复杂化的操作，都不是要对两种语言做同义替换。换言之，规整化并不是在前后两种语言间预设它们具有同义性，奎因认为："我们所使用的分析方式本身通常将依赖于当下探究所追寻的东西，而无须提出关于唯一正确的分析和同义性的问题。"这表明对自然语言具体义释的方式不是唯一的，也不必假设它们间的同一性。其实，奎因十分反对同义性这个概念，他说：

　　我们不主张同义性。我们也不主张澄清和阐述那些使用模糊不清的语词的人的心中那些不自觉产生的东西。我们不揭示隐藏的意义……我们不受约束地承认阐释项可以具有与被阐释项毫无联系的各种新的内涵。①

在奎因看来，我们未尝不可以一种非技术的态度或在一个含糊的要求下谈论同义性，但是，"在最恰当的义释中，人们如将某种绝对的同义性作为目标，则会招致混淆和含糊不清"②。按照奎因的观点，没必要假设 L 和 L' 之间是同义的，它们的关系仅仅是"说话人在那个场合正试图借助于 L 去做的事情，完全可以通过使用 L' 而不是 L 达到其目的"③。也就是说，两种语言间的联系可以是具有共同目的而使用不同的表达方式，由此避免使用同义性这一含糊的概念。

对于语义整编和翻译的不确定性之间的关系，奎因的回应是：翻译的不确定性论题并不适用于语义整编。为此，奎因澄清了导致翻译的不确定性的原因。按照奎因的观点，翻译的不确定性是由翻译手册的不完全确定性（underdetermined）导致的。一种语言的翻译手册就是这种语言的意义理论，其不完全确定性源于有关世界的质料的理论是不完全确定的，同样也来源于质料的翻译的手册是不完全确定的，这种不完全性也可以进一步追溯到指称的不可测性（inscrutability of reference）。指称的不可测性是由句子中的单称词项和谓词的范围的相对性导致的，是一种语词层面的不确定性。每一个句子都是由这些语词组成的，语词的不确定自然就会导致对这些句子所做的翻译的不确定性。把翻译的不确定性归咎于翻译手册的不完全确定性在奎因的观点中是有据可循的。例如，奎因在《从刺激到科学》中坚持的一种重要的观点就是，真正能够赋予句子"意义"的东西，仅仅来自行为者通过外界刺激所获得的"刺激意义"，而这种"刺激意义"是粗糙的（coarse），难以唯一地确定为任意一本正确的翻译手册，这也就必然会导致任意一本翻译手册的不完全确定性。此外，在《本体论的相对性》中，奎因强调无论句子所承担的是何种意义，它们都必须具备一种叫

① Quine, W. V. O., *Word and Object*, Cambridge：MIT Press, 1960, p. 258.

② Quine, W. V. O., *Word and Object*, Cambridge：MIT Press, 1960, p. 161.

③ Quine, W. V. O., *Word and Object*, Cambridge：MIT Press, 1960, p. 354.

作意义的公共性（publicity of meaning）的东西，这是指句子的意义需要的是一种可以被公关获取的、建立于证据之上的易理解性和可习得性。但是每一个人都是可以单独地完成语言认知活动的。每一个个体获得意义的独立性与意义的公共性是对立的，这就意味着意义的这种公共性是不完全确定的，因此，任何一本表达语言意义的翻译手册自然也是不完全的。

奎因坚持语义整编是一种处于母语中的默许（acquiesce）转换，这种转换是不需要借助任何翻译手册的，因此由翻译手册的不完全性导致的翻译的不确定性就不适用于语义整编。母语是人们自幼习得的语言，是交流和思维的最自然的工具，所以母语是先于任何形式的翻译的。所谓母语中的默许转换就是在母语表达范围内，不同语言形式间的转换不需要借助任何翻译中介，只需要依赖母语本身来获得语义的相互解释。奎因说：

> 这种不确定性或相对性可以扩展到母语吗？在《本体论的相对性》中我说过是可以的，因为正如代理函项所表现的那样，通过实质上违反单纯同一转换这样的交换，可以把母语翻译为其自身。但是如果我们选择同一转换作为我们的翻译规范，采纳母语的字面含义作为其含义的话，相对性的问题就可以得到解决。[①]

奎因在《真之追求》中把这种从初始语言到规整化的语言的默许转换看作母语间的一种"同一转换"（identity transformation），并且以此作为这种语言转换的规范，这样的母语间的"同一转换"显然是不需要任何翻译手册的。换言之，从初始语言 L 到规整化语言 L' 的转换不需要借助任何一本翻译手册就可以完成，其过程是母语中的自然转换，这种转换是没有不确定性的。也有学者认为通过母语内的默许转换方式并不能消除不确定性，如弗拉森（Fraassen，1990）在对《真之追求》的书评中指出，尽管人们可以知道其各自母语的翻译手册，并且在此母语中的默许转换方式可以使此语言的使用者知道他们在交流时的含义，但是这并不意味着母语中

---

① Quine, W. V. O., *Pursuit of Truth*, Cambridge：Harvard University Press, 1990, p. 52.

句子的含义就不是被翻译手册所决定的，因为存在着多种的、不对等的但是等效的翻译手册。默许转换的方式可能只是对于其中的一本翻译手册是豁免的，它可能还是依照其他的某本翻译手册而规定出来的，因此，默许转换的方式仍然不能完全摆脱翻译的不确定性。

总之，通过对翻译的不确定性原因的澄清，以及对语义整编内在机制的论述，奎因认为翻译的不确定性和语义整编之间是一致的。

第五节　没有同一性就没有实体

奎因给出了一个本体论承诺的标准，希望通过这个标准去澄清和明确：当我们问何物存在时，这里的"存在"究竟是指什么？他又说："我提出一个明确的标准，根据它来判定一个理论在本体论上作出了怎样的说明承诺，但是事实上要采取何种本体论的问题仍未解决。"① 要采取何种本体论的问题，其实就是问：变元的值是什么？（What are the values of the bound varibles?）或者，本体论中合法的实体是什么？奎因对此的回答是：物理对象。奎因还给出了判断某些对象是否具有本体论合法性的依据——同一性标准，即"没有同一性就没有实体"。

一　如何理解同一性：从弗雷格、维特根斯坦到奎因

同一性是一个形而上学的传统问题，在近代，随着现代逻辑和分析哲学的产生以一种全新的研究方法被重新讨论，这种全新的研究方法就是一种基于现代逻辑的语言分析的方法。从现代逻辑的观点看，同一性被理解为形式语言中" = "的语义解释，表达了论域中对象间的一种关系。我们知道，奎因认可的是一种带等词的一阶逻辑，在他的逻辑观中专门强调了等词理论属于逻辑。在第二章第二节的"等词理论属于逻辑"中，我们论证和分析了奎因逻辑中等词的句法特征，在这部分我们要对其语义解释——同一性作出分析。这部分将围绕奎因对于同一性的论述，结合弗雷

---

① Quine, W. V. O., *From a Logical Point of View*, Cambridge：Harvard University Press, 1953, p. 19.

格和维特根斯坦等人的观点，分析在现代逻辑与分析哲学的理论脉络下，哲学家们是如何理解同一性的：何为同一性？它究竟是一种句法关系还是语义关系？或者说，同一性是语词间的关系还是语词所指称的对象间的关系？这种对象只能是个体对象，还是也能是抽象的内涵对象？

对于这些问题奎因有明确回答。按照奎因的观点，同一性是一个简单又基本的观念，说两个东西同一就是说它们是相同的东西。同一性不是一种语言的句法关系，而是一种语义关系，"被断定同一的不是名称而是名称所命名的对象"[1]，每一个对象都与其自身同一并且不与其他任何东西同一。奎因还认为，说一个关于同一性的陈述是真的，就是说关于同一个对象的命名不同名字用的句子为真，而这个句子为真也正是因为不同的名称指称了同一个对象。换言之，等词既可以联结同一个词项，如 "$a=a$" "$x=x$"，也可以联结指称同一个对象的不同词项，如 "$a=b$" "$x=y$"，其中 a 和 b 指称同一个对象，x 和 y 也指称同一个对象。对此，奎因说道，凡是适合一个事物的就的确适合它，无论它被冠以何种名称。奎因主张的同一性是一种定义在论域内的对象之间的绝对的同一或不同一，并且这种绝对的同一性在本质上是由量化逻辑的结构所决定的。而吉奇主张使用多元的、相对的同一性的关系，而反对单一的、绝对的同一性关系。奎因在一篇书评中针对吉奇的观点反驳道："（相对同一性）这种观点与量化的概念本身相矛盾，而量化的概念又是现代逻辑的主要动力。量化取决于变元有值可取，这些值无条件地同一或者不同一；承认了量化，在同一性上就没有选择的余地了，对变元也是如此。对于一种包含了量化的语言来说，对 '$x=y$' 只有唯一的合法解释。"[2] 这种合法解释也就是奎因在等词逻辑系统中对 "$x=y$" 所作出的定义，并且等词在逻辑系统中所具有的唯一被定义性也印证了奎因所说的同一性关系的单一性和绝对性。

在奎因看来，很多哲学家都对同一性有错误的理解：

---

① Quine, W. V. O., *Methods of Logic*, Cambridge：Harvard University Press, 1950, p. 268.

② Quine, W. V. O., "Identify and Individuation", *Journal of Philosophy*, 1972, 69（16），pp. 488 – 497.

尽管同一性的概念很简单，但是人们对这个问题的混淆并不少见。赫拉克利特残篇中的名言（"人不能两次踏入同一条河流"）就是一个例子……同一性的混淆也使得休谟提出了以下论断："确切地讲，我们不能说一物与其自身等同，除非我的意思是说，在一个时间存在的物体与这个物体在另一个时间存在的自身相等同。"……这个困难的根源在于混淆了符号和对象。同一性之所以是一个关系，"＝"之所以是一个关系词，是因为"＝"居于同一单称词项或不同单称词项的不同出现之间，而不是因为它把不同的对象联系起来。弗雷格也持类似的观点（混淆符号与对象）……维特根斯坦的错误就更加明显，他反对同一性概念。①

我们将分别讨论和分析奎因的论证中所涉及的弗雷格、维特根斯坦以及赫拉克利特（第四章第五节"奎因哲学中的物理对象"）等的同一性观点。②

首先是弗雷格对于同一性的论述。

本书认为，上述奎因对于弗雷格关于同一性的理解是不准确的，尽管有人认为弗雷格在不同时期关于同一性有过不同的表述。例如，按照达米特的说法，弗雷格是第一个把同一性变成了一个逻辑概念的人。弗雷格有关同一性的看法在早期的《概念文字》和后期的《论涵义和意谓》中是不同的。在《概念文字》中弗雷格主张同一性关系存在于名称之间，而不是事物之间，正如弗雷格自己所言："我在《概念文字》中认为是后一种关系"即同一性"是对象或符号之间的关系"。在达米特看来，弗雷格之所

---

① Quine, W. V. O. , *Word and Object*, Cambridge: MIT Press, 1960, p. 116.

② 其实奎因还提到了莱布尼茨、怀特海和柯日布斯基（Alfred Korzybski）等人，奎因认为他们在同一性问题上都犯了混淆符号和对象的错误。如，按照奎因的理解，怀特海支持"2＋3"和"3＋2"两个式子是不是同一的，理由在于这两个式子中的符号"2"和"3"出现的次序不同，而不同的次序又代表了不同的思想过程。但是，显然这两个式子是同一的（相等的），"2＋3"和"3＋2"的不同只是符号出现次序的不同，然而它们的同一性不是由符号所决定的，而是由符号所指称的作为对象的符号"5"的数所决定的。换言之，在奎因看来，怀特海混淆了作为符号的数字和作为对象的数。总之，奎因认为他所提到的这些哲学家的错误都在于混淆了符号和对象，把同一性关系错误地视为符号之间的关系。

以有如此看法，目的在于解释一个同一性的真句子为何表达了信息。但是，这样就使得在等词的任何一边使用约束变元都没有意义了。达米特认为，弗雷格后来在《论涵义和意谓》中通过区分涵义和指称，换了一个更让人满意的解释——这样，同一性就可以当成是对象之间的关系（任何对象对自己具备，而对其他任何东西都不具备的关系），而不至于使同一性传达信息这一点变得不可理解。达米特在此处提到的，弗雷格使用的一个"满意的解释"是指从原来的替换量化的解释转变为新的对象量化的解释。按照对象量化的解释，量化表达式的真值不仅取决于真值函项连词，也取决于句子中的专名所指称的对象。这样，含有等词的句子的真值就取决于等词所连接的两个专名是否指称同一个对象，而等词所指称的同一性自然也就成了对象之间的关系。但是，奎因始终没有混淆符号与对象（符号所表达的东西），从这一点来看，奎因和弗雷格对于同一性的理解和认识实际上是一致的。

弗雷格在《论涵义和意谓》的开篇就提出了关于同一性的问题，他说："何为同一性？它是一种关系吗？是一种对象间的关系还是对象的名字或符号间的关系？"[①] 接下来，弗雷格为了区分涵义和意谓，对同一性作了明确的表述：

> 我们发现"$a = a$"与"$a = b$"一般具有不同的认识价值，那么这可以解释如下：对于认识价值来说，句子的涵义，即句子所表达的思想，与它的意谓，即它的真值，得到同样的考虑。如果现在 $a = b$，那么尽管"b"的意谓与"a"的意谓相同，因而"$a = b$"的真值与"$a = a$"的真值也相同，但是由于"b"与"a"的涵义不相同，因而"$a = b$"所表达的思想与"$a = b$"所表达的思想也不相同。这样，这两个句子的认识价值也不相同。[②]

弗雷格在语言哲学中的一大贡献就是对语言所表达的东西作出了进一

① ［德］弗雷格：《弗雷格哲学论著选辑》，王路译，商务印书馆 2006 年版，第 93 页。
② ［德］弗雷格：《弗雷格哲学论著选辑》，王路译，商务印书馆 2006 年版，第 93 页。

步的区分，在此之前，通常只区分语言和语言所表达的东西，但是弗雷格又把语言所表达的东西作了进一步区分，分为了专名的涵义（思想的一部分）和意谓（对象）以及句子的涵义（思想）和意谓（真值）。在这种情况下，对于等词所联结的由相同和不同的专名所构成的两个等式："$a=a$"与"$a=b$"，奎因认为它们有以下不同。

第一，在句法层面上，这两个式子显然是不同的。等词在一个式子中联结的是同一个符号，在另一个式子中则联结两个不同的符号。

第二，在语义解释或意谓层面上，这两个式子的真值可能相同也可能不同。"$a=a$"是真的，而"$a=b$"真值不确定，这取决于两个专名所指称的是不是同一个对象。如果"a"和"b"指称同一个对象，用弗雷格的话说即"b"的意谓与"a"的意谓相同，那么"$a=b$"就是真的，这样这两个式子的真值就是相同的。正如弗雷格所说的："如果我们现在把相等看成是'a'和'b'的名字所意谓的东西之间的关系，那么如果$a=b$是真，则$a=b$和$a=a$就不能是不同的。"① 如"晨星是晨星"与"晨星是昏星"这两个句子的真值是相同的，都是真的，因为"晨星"和"昏星"这两个专名所指称的是同一颗行星。

第三，在涵义的层面上，这两个式子所表达的思想是不同的。即使"a"和"b"指称相同的对象，也正是这种不同导致了两个式子的不同的认识价值，对此，弗雷格说道："$a=a$是先验有效的，根据康德的定义，应该叫作分析的。而具有'$a=b$'形式的句子常常十分有意义地扩展了我们的认识，并不总是能先验地建立起来的。"② 这里的扩展的认识就是由"a"和"b"在涵义上的不同所带来的。所以，"a和b的交点"和"b和a的交点"这两个句子的意谓相同，它们的涵义却不同。也正是因为"晨星"和"昏星"的涵义不同使得"晨星＝昏星"这样的句子具有了天文学意义上的新的认识价值。对于这一点，奎因和弗雷格持有相同的看法，奎因认为在那些所命名的对象相同但是名称不同的同一性句子中，对这些名称所作出的语言学研究是不足以判断同一性关系是否成立的，也就是说仅仅依

① ［德］弗雷格：《弗雷格哲学论著选辑》，王路译，商务印书馆2006年版，第95页。
② ［德］弗雷格：《弗雷格哲学论著选辑》，王路译，商务印书馆2006年版，第95页。

靠语词的分析不能确定这个同一性句子的真值，确定真值需要依靠语言之外的经验事实的调查。这种经验调查也就相当于弗雷格所说的非先验的认识扩展。

此外，弗雷格还进一步表明，同一性并不是一种概念（作为谓词的意谓）间的关系。如果把诸如属性和关系这样的抽象实体理解为谓词或者普遍词项所指称的东西（也就是弗雷格所说的"概念"）的话，那么弗雷格并不认为同一性是这些抽象实体间的关系。弗雷格对此的论述是基于对象和概念的区分的基础上的。对象是专名所指称和命名的东西，其本身是饱和的和确定的。而概念是谓词所意谓的东西，它是一个含有一个自变元的函数，函数的值总是一个真值。这样通过函数来理解概念，概念就是不饱和的。谓词在句子中起说明作用，概念则具有谓述性。因此，弗雷格认为对象和概念是完全不同的，不能相互替换，作为对象之间的同一性关系也就不能被看成是概念间的关系。

弗雷格还对以下情况专门作了澄清：原本希望表达概念间的同一性，而实质上表达的还是对象间的同一性。按照弗雷格的理解，当我们说"红色的杯子这个概念和透明的杯子这个概念是同一的"时，尽管可能说话者想陈述的是"红色的杯子"和"透明的杯子"这两个谓词所指称的两个概念或属性之间的相等关系，但是由于这两个谓词前面加了定冠词"这个"，所以这个谓词已经不再是谓词而变成了一个专名，因为加了定冠词的谓词就失去了它所要表达的谓述性以及不饱和性。换言之，"红色的杯子"是一个谓词，但是"红色的杯子这个概念"就不是一个谓词而是专名。因此，上述句子："红色的杯子这个概念和透明的杯子这个概念是同一的"，既没有表达两个谓词："红色的杯子"和"透明的杯子"之间的同一关系，也没有表达这两个谓词指称的属性之间的同一关系，而是表达了两个专名："红色的杯子这个概念"和"透明的杯子这个概念"所分别指称的对象之间的同一关系。

因此，在弗雷格看来，一定不能把对象间的同一关系看作概念之间的同一关系。至于以下说法："A 这个谓词所意谓的和 b 这个谓词所意谓的是同一的"，弗雷格认为："我们可以断言'两个概念词所意谓的是相等的，当且仅当其从属的概念外延重合。'"① 亦即概念词所意谓的就是概念，弗雷格认为，说它们是同一的实质上是指概念的外延是重合的，而概念的外延就是对象，故外延的重合就是指对象的同一。因此，概念之间没有同一性关系，即使存在表面上的同一性，但在实质上仍然是对象之间的同一性。在弗雷格那里，对象之间的关系被称为第一层关系，而概念之间的关系是第二层关系。

根据上述分析，我们可以得出三点认识。（1）弗雷格认为同一性是一种语言所表达的东西之间的关系。（2）就语言所表达的东西而言，弗雷格又认为同一性是专名指称的对象之间的关系，而不是涵义之间的关系。(3)奎因和弗雷格在同一性观点上是一致的，并且通过对弗雷格的现代逻辑的使用，尤其是对其中表达同一性的同一性替换规则等外延性规则的坚持，奎因的同一性观点很大程度上是继承弗雷格的。

其次是维特根斯坦有关同一性的观点。

在《逻辑方法》中，奎因论述了维特根斯坦提出的一个关于同一性的问题：有人可能会问，如果一个事物与自身同一是空洞的，如"北京＝北京"表达的是空洞的同一性；而与任何其他事物同一又是假的或无意义的，如"北京＝上海"表达的是无意义的或假的同一性，那么同一性这个观念有什么用呢？显然，如果同一性只有上述两种意义：要么空洞，要么无意义，那么按照奎因的理解，维特根斯坦所认为的同一性这个概念就是没用的。这是奎因所理解的维特根斯坦关于同一性的看法。②

本书认为，维特根斯坦与奎因的分歧首先在于如何表达同一性（是否使用等词），然后才是如何理解同一性（是符号之间还是对象之间的关系）。对此，本书将对维特根斯坦关于同一性的观点和论述进行以下两点分析。

---

① ［德］弗雷格：《弗雷格哲学论著选辑》，王路译，商务印书馆2006年版，第125页。
② 维特根斯坦在《逻辑哲学论》的5.53节中（共12条论述）集中讨论了有关同一性的问题。而奎因对于维特根斯坦的上述引述就来自5.5303，原文是："大体说来，就两个物说它们是同一的，这是胡话，就一个物说他与自身同一，这等于什么都没说。"可以看出，奎因对于维特根斯坦的观点的论述是准确的。（引文参见维特根斯坦《逻辑哲学论》，韩林合译，商务印书馆2014年版，第84页。）

第一，从维特根斯坦表达同一性的方式来看，他认为同一性使用同一个符号来表达，而不是使用同一性符号（等词）来表达。维特根斯坦表达同一性的方式不同于通常的使用等词的方式：

> 一个对象的同一性，我通过一个符号的同一性，而不是借助于同一性符号来表达。诸对象的不同性，我通过诸符号的不同性来表达。[①]

在维特根斯坦看来，对于同一性直接使用同一个符号来表达，不同性则使用不同的符号来表达，这样同一个符号既表达了自身又表达了自身的同一性，而不同的符号表达的则只是不同性。具体而言，按照维特根斯坦的理解，一个事物只能使用一个名称来命名，不同的名称不能用来命名同一个事物，这样就不会出现使用不同名称来表达同一性的问题，因为任何不同的名称一定只能命名不同的对象。如北京城只使用"北京"这个符号来命名，而不使用其他的诸如"中国的首都"这样的名称，这样就不会出现如"北京＝中国的首都"这样的问题，同一性只存在于同一个名称之中。当然，维特根斯坦对同一性的上述论述是限定在了形式化的逻辑语言，即他的"理想语言"之内的。[②] 按照维特根斯坦的这种表达方式，不会出现如 "$a=a$" "$a=b$" 这样的等式，因为 "a" 本身就已经表达了自身的同一，而 "a" 和 "b" 是不同的符号，它们就一定是不同一的。因此，维特根斯坦才有了上述观点："$a=a$" 是空洞的，"$a=b$" 是虚假的。换句话说，按照维特根斯坦的认识，如果 "a" 和 "b" 是同一的，那么不需要使用两个不同的符号，只需要直接使用同一个符号 "a"（或 "b"）即可。既然使用了两个不同的符号就表明两者是不同的。

维特根斯坦之所以不使用通常的使用等词的方式来表达同一性，是因为他认为使用等词是一种不必要的和不恰当的方式，还会导致一些问题，

[①] 维特根斯坦：《逻辑哲学论》，韩林合译，商务印书馆2014年版，第83页。

[②] 维特根斯坦在他的理想语言或逻辑语言中规定的这种不使用等词来表达同一性的方式，关键在于要求名称和对象之间严格的一一映射关系，这种要求在形式化的语言中可以得到满足，但是，在日常语言中不可能满足这样的要求，因为在日常语言中对同一个对象给出不同的命名是很常见的，也是不可避免的。

维特根斯坦说："同一性符号（等词）并不是概念文字中具有本质意义的部分。"[1] 维特根斯坦以罗素对" = "的定义为例作了说明，罗素在《数学原理》中把"$x = y$"定义为"$\forall F\,(Fx \leftrightarrow Fy)$"，即对于任意属性而言，如果 x 满足某个属性，那么 y 也满足这个属性，反之如果 y 满足某个属性，那么 x 也满足这个属性，那么 x 和 y 就是同一的。维特根斯坦认为这个定义的问题在于："按照这个定义，人们不能说两个对象共同具有所有的性质（即使这个命题从来不是正确的，它当然也是有意义的）。"[2] 维特根斯坦的意思是，如果使用这个等词的定义，就不能表达具有所有共同的性质的两个对象间的关系，因为按照上述定义，具有所有共同的性质的对象只能是同一个对象，而不会是不同的"两个"对象。在维特根斯坦看来这样的命题又是有意义的，应该对其作出表达。而如果按照他的方式就可以毫无疑问地表达这样的命题，即，使用同一个符号。[3] 需要注意的是，维特根斯坦并没有拒斥同一性这种关系，他拒斥的仅仅是用等词表达同一性的这种方式而已。

第二，维特根斯坦认为同一性不是对象之间的关系，而是一种函项或语言符号之间的关系。我们认为，维特根斯坦的这个理解是由他表达同一性的方式所决定的。换言之，维特根斯坦使用同一个符号来表达同一性的方式，使得他相信同一性并不是存在于语言之外的对象之间的一种关系，而是存在于同一个符号之内的关系。维特根斯坦借用式子"$\forall x\,(fxZx = a)$"作出说明，在他看来，这个式子中与个体常项"a"具有同一性关系，是用以满足函数表达式 f 的变元符号"x"，这里只是符号之间的同一，与它们所指称的对象没有关系。[4] 因此，可以把维特根斯坦有关同一性的观点概括为：同一性是一种通过使用同一个符号来表达的符号之间的等同关系。

对于维特根斯坦的观点以及提出的问题，奎因做了一些回应和反驳，

---

① ［德］维特根斯坦：《逻辑哲学论》，韩林合译，商务印书馆 2014 年版，第 84 页。
② ［德］维特根斯坦：《逻辑哲学论》，韩林合译，商务印书馆 2014 年版，第 83 页。
③ 此外，维特根斯坦认为用同一个符号表达同一性的方式也可以很好地解决罗素的"无穷公理"所带来的一切问题，因为可以把"无穷公理"表达为"存在着无穷多具有不同的所指的名称"。
④ ［德］维特根斯坦：《逻辑哲学论》，韩林合译，商务印书馆 2014 年版，第 84 页。

他说："经过仔细思考就会消除这种个别的疑惑。事实上，不仅需要考虑两种情况：一个是空洞的，一个是虚假的。而且还有第三种情况。"[1] 按照奎因的观点，除了有如（1）"北京＝北京"，这种空洞的同一性表达，以及（2）"北京＝上海"，这种虚假的同一性之外，还存在着第三种既不空洞也不虚假的同一性，如（3）"北京＝中国的首都"。奎因说：

> 第三种情况能够提供知识，因为它联结了两个不同的语词，并且由于这两个语词是同一个对象的名称，所以第三种情况还是真的。一个同一性称述为真，需要"＝"出现在同一对象的不同名称之间，名称本身可以是不同的，并且在有些情况下也就是不同的，因为被断定是同一性的不是名称而是所命名的对象。[2]

从实际的认知来看，关于同一性的问题并非在于对一个已经存在的对象去问它是否与自身同一或者是否与其他事物不同一，而在于从不同的认识中得到的是不是同一个对象。换言之，如果在不同的认识中得到了两个符号不同但实际上却是指称相同对象的名称，那么我们是否能够认识到这种不同名称之间所表达的同一性呢？这才是同一性真正要关注的问题。并且在对这个问题作出解答的过程中可以产生新的知识。用奎因的话说就是，同一性问题之所以产生，是由于我们可以用两种不同的名称去指称同一个对象，而别人不知道我们所指称的对象是不是同一个东西。如，对于北京这座城市，实际上并不会去问它是否与自身同一，而只有当出现不同的两个词项："北京"和"中国的首都"时，才会产生真正的同一性问题，即"北京"和"中国的首都"这两个名称是否表达了同一性，或者"北京＝中国的首都"这个表达式是否为真。显然，在奎因看来，对于同一性的这种认识是既不空洞也不虚假，同时又有意义的。

奎因对于同一性的理解除了上述观点之外，最重要的体现就是他所提出的同一性标准。目前针对不同类型的对象存在着相应的同一性标准，如

---

① Quine, W. V. O., *Methods of Logic*, Cambridge：Harvard University Press, 1950, p. 268.

② Quine, W. V. O., *Methods of Logic*, Cambridge：Harvard University Press, 1950, p. 268.

（Ⅰ）$\forall x \forall y\,(x=y \leftrightarrow \exists p \forall t\,(O\,(x,\,p,\,t)\,\leftrightarrow O\,(x,\,p,\,t)))$

（Ⅱ）$\forall x \forall y\,(x=y \leftrightarrow \forall Z\,(Zx \leftrightarrow Zy))$

（Ⅲ）$\forall x \forall y\,(x=y \leftrightarrow \forall z\,(z \in x \leftrightarrow z \in y))$

（Ⅳ）$\forall x \forall y\,(x=y \leftrightarrow \forall z\,(x \in z \leftrightarrow y \in z))$

（Ⅴ）$\forall x \forall y\,(x=y \leftrightarrow \exists z \exists w\,(D\,(x,\,z)\,\wedge D\,(y,\,w)\,\$z \parallel w)$

（Ⅵ）$\forall x \forall y\,(x=y \leftrightarrow \forall z\,(z < x \leftrightarrow z < y))$

（Ⅶ）$\forall x \forall y\,(x=y \leftrightarrow C\,(x,\,y))$

其中，（Ⅰ）被奎因认为是物理对象的同一性标准：即任意两个对象 x 和 y 是同一的，当且仅当在任意时间 t，x 和 y 占据（occupy）同一位置 p。其中量词域中仅包含个体或物理对象。奎因使用物理对象的时空坐标关系来定义同一性。

（Ⅱ）是莱布尼茨的不可分辨事物的同一性原则，这个原则基于二阶逻辑：任意两个事物 x 和 y 是同一的，当且仅当对于任意属性或关系 Z，如果满足 x，那么也满足 y，反之亦然。其中量词域中不仅包含个体，还应该包含属性和关系这样的抽象实体。莱布尼茨使用事物对于属性或关系的不可区分性来定义同一性。

（Ⅲ）是奎因认可的类的同一性标准，也被称为类的外延性原则：对于任意类 x 和 y 是同一的，当且仅当任意个体 z，如果 z 属于 x，那么 z 也属于 y（或个体 z 是类 x 的成员，那么个体 z 也是类 y 的成员）；反之亦然。其中量词域包含了个体和类。奎因使用类的成员来定义类的同一性。

（Ⅳ）是（Ⅲ）的替换版本，不同之处在于（Ⅳ）中的量词域仅仅包含类，这个标准也被看作类的同一性标准：对于任意的类 x 和 y 是同一的，当且仅当任意类 z，如果 x 属于 z，那么也属于 z；反之亦然。奎因试图以此作为属性的同一性标准来反证属性与类不同，即属性不具有同一性标准。

（Ⅴ）是弗雷格提出的线的同一性标准：对于任意线段 x 和 y 是同一的，当且仅当分别有 x 和 y 的方向 z 和 w，并且 z 和 w 间是平行的。其中量词域包含线段以及线段的方向。弗雷格使用线段的方向的平行关系来定义线段的同一性。

（Ⅵ）是古德曼（Nelson Goodman）的个体同一性的标准：对于任意个体 x 和 y 是同一的，当且仅当任意个体 z，如果 z 是 x 的一部分，那么 z 也是 y 的一部分；反之亦然。其中量词域仅仅包含个体。古德曼利用部分—整体（part-whole relation）的关系来定义部分的同一性。

（Ⅶ）表达了上述同一性定义的结构。双条件符号右边是对于任意两个事物（物理对象、类、类的类以及线段等）x 和 y 同一的充分必要条件 C，此条件也包含了一些量化结构。即任意事物 x 和 y 同一，当且仅当 x 和 y 满足条件 C。

如前所述，奎因认为逻辑具有本体论承诺的中立性，而其他理论，如集合论、数论或高阶逻辑等都因为预设了一些本体论上非法的实体而不具有中立性。那么什么是实体的本体论合法性的依据或标准呢？奎因的答案是同一性标准。奎因反复强调的一个观点是，明确的同一性标准，既是一个对象具有本体论合法性的必要条件，即"没有同一性就没有实体"；也是其充分条件，即如果某一对象具有了明确的同一性标准，那么这个对象就是本体论合法的实体。这里的同一性是一个外延性概念，其指任何事物都与其自身相同，与其他事物相异。从最弱的意义上来看，同一性标准也是任何事物得以存在的必要条件，因为对于任何事物而言，如果不能为其自身提供一个明确的用以判断其在何种这情况下与自身相同、与他物不同的标准的话，那么这个事物就不可能是任何一种存在物或本体论上的实体。

针对这些质疑，奎因基于他的同一性标准，对于本体论的实体作出了两个补充论述。

第一，奎因对内涵对象或普遍之物（universal，也被译为"共相"）采取了一种极端的态度，即"逃离内涵"。内涵对象就是指命题、意义、属性、思想等被内涵概念或谓词所表达的东西。奎因拒绝承认一切内涵对象是合法的本体论实体，因为在他看来，它们都没有明确的同一性标准。

第二，奎因认可的合法的实体只有物理对象（及其类），因为物理对象具有明确的同一性标准。奎因对物理对象这个概念作了明确的定义，所谓"物理对象"就是"空间—时间中的任何一部分的物质内容"（material content of any portion of space-time），而我们可以通过任何一个物理对象都具有的唯一的一个"实数的四元组"（quadruple of real number）坐标去获得这个物理对象的时空内容，进而精确地确定这个物理对象。基于这个定义，奎因给出了物理对象的同一性标准："物理对象是同一的，当且仅当它们是共外延的（coextensiveness）。"就是说，奎因的物理对象同一性的标准就是所谓物体的时空性的（spatiotemporal）同一，即如果任意两个物理对象在任意时间点上占据了相同的空间位置，那么这两个物理对象就是同一的；反之，如果两个物理对象是同一的，那么它们一定在任意时间点上占据同一个空间位置。或者说，同一个物理对象不会在一个时间点上占据不同的空间位置，两个物理对象不会在一个时间点上占据相同的位置。

法恩（Kit Fine，2003）认为奎因给出的这种物理对象的同一性标准，隐含着一种强烈的经验论的直觉，即同一个时间点上的同一个空间位置不能被不同的两个物体占据。换言之，一个物理对象在一个时间点上只能处于同一个位置而不能处于不同的位置，所以如果两个物理对象在同一时间点上若都处于同一个位置，那么它们一定是同一的。但是，在法恩看来这种同一性标准的直觉是错误的，因为他认为在同一个时间点上可以在同一个位置上放置两个不同的物体。为此他举例道：设想有一块蘸了水的面包，这块蘸了水的面包和不包括这些水的这块面包，它们是两个不同的物体：一块被蘸了水，另一块只是面包。然而它们是在同一时间点上占据了同一个位置的。按照法恩的观点，这里的问题在于，如何准确地界定"位置"这个词：含有水分子的面包和不含有水分子的面包是否处于同一个"位置"。

其实法恩所质疑的这个问题，奎因在《属性的个体化》中就有过相对明确的论述。奎因认为，物理对象的错误的个体化与边界的模糊状态之间是毫无关系的。如果我们深入一张桌子的细微结构的时候，我们会发现，它的分子的聚合状态是很模糊的，尤其到桌子边沿时会逐渐离散，这些桌子边沿的分子甚至会与和它们接触的空气的分子相互交织在一起，也就是说，任何一个特殊的桌子的外围分子是否隶属于这张桌子是不确定的，这些具有几乎相同外延的对象（如桌子边沿、空气、水汽等分子）都可以被当作桌子来加以使用，甚至没有一个对象比另外一个对象更加适合，这就是桌子的模糊性。但是，这种模糊性并不影响桌子或其他物理对象的同一性标准或个体化原则的明确性。根据物理对象的同一性标准，可以很明确地对桌子进行个体化，尽管并不能很好地对桌子的边沿作出精确界定，但这仅仅是具体说明（specification）的问题，与个体化无关。按照奎因的观点，蘸了水的面包和不包含水的面包是两个不同的物理对象，因为它们并没有在同一时间点上占据同一个位置，它们彼此边沿的分子之间的模糊性，并不意味着它们就占据了同一个位置，它们仍旧处于不同的位置，即蘸了水的面包和不包括水的面包不是同一的。

我们将在接下来的两节分别对上述几个方面的内容作详细分析。

二 同一性标准与内涵对象

奎因的同一性标准及其相关论证遭到了有些学者的质疑。这种质疑主要体现在两方面。一是，吉奇（Geach，1975）和卡普兰（Kaplan，1964）等人认为在一些一阶量化表达式中事实上是隐含着对于谓词或类的量化的。所以奎因所说的变元的值实际上也是包含了属性或集合等抽象实体的。二是，有哲学家认为认可并揭示出性质等普遍之物的本体论的地位在科学理论中是重要的，也是必要的。因为科学的发现会不可避免地涉及性质等抽象实体，如化学中的"可溶解性"、心理学中的"感觉"等。这样，科学理论就需要给出这些抽象实体的本体论承诺的说明。因此，他们提出本体论的承诺应该作出进一步的改进，如 Cocchiarella（2001）认为应该加上量化谓词变元，并且承诺谓词变元所指称的性质的本体论的合法性地位；而西蒙斯（Simons，1987）认为应该加上量化谓词变元，但是不需要承诺谓词变元所指称的性质的本体论地位等。

此外，Jubien 基于自己的立场，激烈地质疑了奎因的同一性标准，他认为奎因的同一性标准是一种哲学的"神话"，其对于本体论而言毫无用处：

在有关于属性、关系和命题的问题上我是一个柏拉图主义者，这就意味着我认为上述这些实体是事实上存在的，就像是桌椅的存在那样。但是，这些抽象实体又不同于桌椅的是，它们不是一种时空中的存在……有一种观点对柏拉图主义提出了激烈的反对，这种观点认为，对于上述存在的实体而言，它们不能提供令人满意的同一性标准（或者个体化的原则）。众所周知，奎因发表了很多这方面的观点，并且他的这些观点产生了很大的影响。①

可见，Jubien 不认同奎因拒斥内涵对象的观点，在他看来内涵对象是存在的，尽管它们不是以时空中的具体对象的方式存在。

有关内涵对象是否存在或普遍之物的实在性是一个经典的本体论问题。概括起来，关于这个问题主要有三种代表性观点。一是实在论，这种观点认为普遍之物是存在的，并且是独立于人心的，人只能去发现这些普遍之物，而不能发明或创造它们。上述 Jubien 所坚持的柏拉图主义就是一种最著名的实在论。此外，按照奎因的理解，由于不对量化变元的类型进行限制，使得逻辑主义成了逻辑中的实在论，他说："由弗雷格、罗素、怀特海、丘奇和卡尔纳普代表的逻辑主义允许人们不加区别地使用约束变元来指称已知的和未知的、可指明的和不可指明的抽象物。"② 二是概念论，这种观点也认为普遍之物是存在的，但与实在论不同的是，概念论认为这种普遍之物的存在是一种依赖于人心之物，是需要靠人去建构而成立的。直觉主义是概念论在数学中的代表。三是唯名论，这种观点与前面两种观点完全对立，它只承认具体的个别对象的存在，反对任何抽象对象的存在。奎因认为形式主义把数学看作一种无意义的符号游戏，这就是唯名论在逻辑中的一种体现。奎因不承认自己属于上述任何一种观点。因为在不承认属性、命题等抽象对象的存在这点上，奎因赞同唯名论；但是，在承认类和数作为抽象数学对象的存在这点上，奎因的观点又与实在论和概念论相类似。

----

① Jubien, Michael, "The Myth of Identity Conditions", *Philosophical Perspectives*, 1996, pp. 343–356.

② [美] 奎因：《从逻辑的观点看》，江天骥等译，上海译文出版社 1987 年版，第 23 页。

奎因澄清了普遍词项和普遍之物或内涵对象之间的本体论联系问题。有一种传统观点认为，被普遍词项所指称的内涵对象都是存在的，也就是说，普遍词项可以作为一种本体论意义上指称内涵对象的装置，并且普遍词项也只有作为内涵对象的名字才是有意义的。如对于诸如"红苹果""红衣服""红花"等普遍词项而言，它们都指称或命名了一种共同的颜色属性：红色性（redhood），并且"红色的"这个普遍词项如果不命名这种真实存在的红色性，那么这个词就是无意义的。

对此，奎因从两方面作了回应。

一是否认了意义。奎因说："我所知道的唯一的还击方式就是拒绝承认意义。无论如何，我对此并不犹豫，因为我并不由于拒绝承认意义就否认语词和称述本身是有意义的。"[①] 一个名字不需要给一个对象命名才有意义，正如不是每一个对象都需要有一个名字才有意义一样。在奎因看来，通常人们说某句话是"有意义的"（meaningful），就是指能用一句更清楚的话来表达上一句的内容并且假设这两句之间是同义的。但是，奎因认为以同义性这个更加不清楚的概念来解释意义是难以成立的，并且应该使用"有意思的"（significant）这个词来替代"有意义的"，从而避免把意义作为一种抽象对象来看待。

二是否认了普遍词项与所指称和内涵的对象具有实在性这两者之间的联系。在第四章第二节中我们分析了奎因的观点"单称词项对于本体论问题而言是无关紧要的"：单称词项只是表达个体的方式之一，并不是唯一方式，也不是必要的构成逻辑语言的初始符号，我们可以用其他的方式去表达个体，也可以用其他的符号来替代或消去单称词项，只有变元的值才是唯一的指称本体论实体的装置。其实，这些论断对于普遍词项也同样适用：普遍词项只是表达普遍之物的一种方式，可以使用其他的方式（如在NF 系统中那样使用集合论的语言等）去表达，并且谓词在逻辑语言中也不是必要的。因此，使用普遍词项并不必须假设它指称了抽象实体。如"有些苹果是红色的"，这句话并不意味着就要承诺"苹果性"和"红色

---

① ［美］奎因：《从逻辑的观点看》，江天骥等译，上海译文出版社1987 年版，第25 页。

性"这样的属性作为实体而存在。这句话只是表达为：$\exists x$（x 是苹果 $\wedge x$ 是红色的），即有些东西既是苹果又是红色的。如果这句话的真值条件就是在论域中至少有一个红苹果使之为变元赋值即可，那么论域中并不需要包括任何抽象的属性。

另外还有一种代表性观点，认为既然奎因的物理对象的类的同一性标准可以根据类的成员的同一来确定，那么根据属性和类的某种相似性或一致性，也可以通过满足该属性的对象之间的同一性来确定该属性的同一性。这种论证的一个最主要的依据就是奎因所确定的类的同一性标准，即外延性公理：$\forall x \forall y \forall z((x \in z \leftrightarrow y \in z) \rightarrow x = y)$，其中 x 和 y 的论域是个体和个体的类，z 的论域是类。奎因用这个公理来表达个体或类的同一性关系：对于任意个体 x 和 y 以及任意的类 z 而言，如果 x 属于 z，那么 y 也属于 z；同样地，如果 y 属于 z，那么 x 属于 z，这样的话就使得 $x = y$。如果论域中的个体是具体的物理对象以及这些对象的类的话，其就是奎因类的同一性的标准。但是，按照前述观点，也可以通过修改论域中的内容去定义属性的同一性，即如果上述 x 和 y 的论域只是一些作为属性的集合，z 的论域是这些属性的集合（集合的集合），那么按照这个同一性的定义，对于任意的属性 x 和 y，如果 x 属于 z，那么 y 也属于 z；同理，如果 y 属于 z，那么 x 也属于 z，这样的话就使得作为属性的 x 和 y 同一。

奎因举了一个很直观的例子来反驳这种观点。由"所有具有心脏的生物"可以组成一个类，由"所有具有肾脏的生物"也可以组成一个类。按照常识，我们可以判断这两个类的成员是同一的，那么是否就可以根据上述观点确定"具有心脏的"和"具有肾脏的"这两种属性是同一的呢？显然，它们不同一。奎因对此作了进一步分析，他认为上述给出的根据属性的成员的同一来确定属性的同一，这种论证是一个循环论证。因为尽管类的同一性定义的确是取决于类的成员的同一，但是，属性以及属性的成员的类不同于物理对象以及物理对象的类。在奎因看来，属性的成员的类和属性一样是一个不清楚的概念，希望借助于属性的成员的类的同一去定义属性的同一是不能成立的。如果没有一个明确的属性的同一性标准，那么由属性的成员所组成的类的同一性自然无法成立，进而也就不能用属性的类的同一再去确定作为成员的属性的同一性。换言之，奎因认为只有对于类或物理对象或属性或其他任何对象具有了一个可接受的同一性标准之后，对于这样的一个对象才会产生一个可接受的概念，即属性的成员的类的同一性依赖于属性的同一性。因此，不能通过属性的成员的类同一性去反向确定属性的同一性。

三　奎因哲学中的物理对象

如第四章第五节中的"如何理解同一性：从弗雷格、维特根斯坦到奎因"中所述，奎因哲学中对物理对象这一概念有着严格的界定，其具有明确的同一性标准，所以，物理对象被奎因作为建构其"物理主义本体论"（physicalist ontology）体系的最稳定、最坚实和最可靠的基础元素。

本节将围绕何为物理对象、基于物理对象重释赫拉克利特的问题以及物理主义本体论体系的建构三个主题来论述和分析奎因哲学中的物理对象。

第一，奎因对物理对象这一概念的深入理解和准确界定是一个不断发展的理论历程。在对于本体论承诺的研究中，奎因早期有一个基本的出发点，他认为没有什么东西能比"外界事物"（external things）[1] 更能使我们对实在性抱有信心的了，这些外界事物就是指那些可以被我们感知到的东西，如木棍、石头和白色的牛奶等。在奎因看来，在现实世界中，能被我们神经末梢的感官刺激所直接感知到的这些具体的东西，由于它们具有连续的和固定的形态，很容易使得我们在认知的最初阶段获得关于这些东西的确定性认识，进而建构起关于这些东西的理论。奎因认为不能把对外界事物的感知或把握过程，简单地理解为对外界事物的一种设定（assuming），因为设定是一种难以把握和描述的心理活动，而只有当我们把自身具有的语词概念框架这一关键因素加诸对外界事物的思考过程中时，才有可能把握这些外界事物。他说："无论如何，语词大多与思想相伴出现，只有当思想表现在语词当中时，我们才能对思想作出详细的阐述。"[2] 这

---

[1]　在《语词和对象》中，奎因还仅仅是把物理对象笼统地称为物理事物（physical things）。
[2]　Quine, W. V. O., *Theories and Things*, Cambridge：Harvard University Press, 1981, p. 2.

样，奎因就把我们的注意力从对外界事物的把握转变为对外界事物的语词的把握和表达上，也把对于外界事物的设定问题转变为对外界事物的语词的指称问题，即对外界事物的设定就被认为是对表达外界事物的语词的指称。

按照奎因的观点，指称事物的语词最初是通过实指的方式习得的，这些语词中既有单称词项，又有普遍词项。在一种日常的语境下，外界事物这一概念是可以合理地表达对于事物的理解的。但是，如果以外界事物作为构建一个理论的本体论承诺的元素就会出现问题，因为外界事物这一概念既包括了具体事物又包括了抽象事物，而这两类事物有着截然不同的性质和表现，当它们都用外界事物来描述时就会导致所谓的"模糊的和不整齐的本体论"。因此，基于建构一个科学的本体论承诺的体系的要求，就需要一个更加准确的概念。对此，奎因说：

> 缺少一个可定义的立足点，在这个立足点上，自然而然地可以把空间—时间的任何一部分的物质内容看成是一个对象，尽管它是不规则、不连贯或不同质的。这就是把初始的和未加定义的物体的范畴，概括为我所说的物理对象的那种东西。①

这段话表明，奎因把物理对象定义为空间—时间中的任何一部分的物质内容，并且重要的是，这些物质内容可以是连续的和固定的，也可以是间断的和散乱的。换言之，具有连续和固定的外形并不是一个物理对象的必要条件，他说："较好的做法就是，简单承认任何时空部分都是物理对象，无论它多么不规则、多么不连续。"② 这一看法明显与"外界事物"不同，也与我们通常的对事物的直观理解不同。奎因举例道，被"美国总统"所命名的美国的总统职位就是一个物理对象，这个物理对象在时间上始于1789年美国首任总统乔治·华盛顿就职之时，止于美国总统的最后一

---

① Quine, W. V. O., *Theories and Things*, Cambridge：Harvard University Press, 1981, p. 15.

② Quine, W. V. O., *From Stimulus to Science*, Cambridge：Harvard University Press, 1995, p. 41.

次换届。美国的总统职位作为一个物理对象的特点是它在空间上是不连续的，在时间上也被分割为不同的时间片段。美国总统职位就是一个在全部的时间—空间上，由一些不同的人（美国总统）构成它的物质内容的一个物理对象。

奎因之所以会做出上述物理对象的论断，也和他作为一个极端的外延论者，并且持有强烈的经验论的观点直接相关。通过他对于观察句的说明可以验证这一点。奎因认为，我们整个的科学理论是建立在一种现实的经验与我们的感官刺激直接牢固地结合在一起的句子之上的，这些句子就是观察句。观察句的特点首先就是它的初始性。观察句是从刺激到理论的第一步，它处于科学语言的最外围，是语言中直接和经验相联系的部分，而这就意味着全部语言都要与实在发生关系从而获得意义，最终都要通过观察句。所以，观察句也被奎因称为科学证据的承担者。此外，观察句的另外一个特点在于它是当被观察的事件发生时每一个目击者都必定会同意的句子。在观察句的基础之上，我们加上逻辑理论而形成了理论句，进而构成了整个的科学理论。而整个科学理论的解释最终都要通过诉诸观察句对于经验现象的直接理解而得到确认。在这种情况下，我们就可以理解奎因给出的物理对象的定义，这个定义是建立在对于经验世界的直接观察而得的观察句之上的。

奎因用空间—时间的物质内容来定义物理对象，那么空间—时间的物质内容具体又是指什么呢？或者说，我们通过什么途径能够获取某些空间—时间的物质内容呢？按照奎因的观点，可以通过任何一个物理对象所具有的唯一的一个"实数的四元组"坐标去界定这个物理对象的时空内容，亦即一个物理对象的四元组坐标决定或体现了它的时空的物质内容。四元组是指空间的三维：长、宽和高以及时间这一维度。其实根据物理学的基本理论，空间的三维就可以唯一地决定一个物体，但是，奎因强调还需要时间这一维度去表达一些物理对象中的那种持续性或持存性，从而把物理对象在时间中的变化具体化。用"实数的四元组"来描述一个物理对象的变化，既可以从它的空间的三维角度描述，如长度的增减，也可以从时间的延续性上来描述，如从前和以后等。这就可以理解，为什么奎因也把物理对象描述成是分布在一段绵延的时间和扩展的空间上的持续流逝的微粒的总和。

奎因预料可能会有很多人反对这一看法：把（由物理对象组成的）世界与"如此随意地选择的四维坐标系统"看作等同的。对此，奎因认为我们应该容许这一点，因为在他看来，正是由于我们可以如此任意但是精确地确定一个对象的坐标系统，才能使对象进入真正的物理学规律的研究中，而只有当我们去研究天文学、地理学、地质学和历史学中那些相对粗糙的、不求精确的事物时，物理对象的这种精确的四维坐标系统的特殊重要性才会显现出来。其实，从物理对象这个概念的界定中，也能看出奎因强烈的物理主义的倾向以及外延主义的立场。

可以说，外延主义是奎因处理物理对象的一个主要原则。奎因并没有从最基本的粒子的角度去定义物理对象。随着科技手段的提高，我们可以使用显微镜等技术方法观察到更加细微和深入的物质，如光子、轻子以及夸克等更基本的粒子，而这些基本粒子都是被自然主义者所坚持的。奎因当然承认这些基本粒子一定也是物理对象，但是从他对于物理对象的定义来看，奎因放弃了这种物理主义者或自然主义者通常的微观的理论出发点。奎因认为，不管我们以何种方式去分析理论的建构，我们都必须从中等的（middle）立场开始，"在概念上初始的东西都是处于中等距离（middle-distanced）和中等大小（middle-sized）的对象"，并且强调一种直接的人类的可观察视角（direct human perception）。也就是说，奎因宁愿以人们可以直观感觉到的水这一立场来定义作为物理对象的水，而不采取用两个氢原子和一个氧原子的微观的分子立场来定义。对于奎因来说，从人的自然视角获取的对物理对象的可识别性要远大于单纯的科学的立场的需要，从这点上来看，奎因的外延主义强于自然主义。

因此，物理对象作为一个重要的基础概念，在被奎因重新定义之后，克服了之前使用的一些困难，如外界事物的模糊性等，使物理对象真正成为一个可以为其本体论系统的建构提供可靠保证的基础概念。

第二，奎因的物理对象的特点是通过时间和空间的内容和结构去共同界定的，而并不同于传统意义上仅仅通过空间内容的单一界定方式。正是这一特点使得奎因可以借助于物理对象这个概念去澄清和重释一些传统的本体论问题，如所谓古老的关于同一性的问题。一般认为，在古希腊哲学中有三个与同一性相关的问题。一是赫拉克利特（Heracleitus）的名言：人不能两次踏入同一条河流。二是提修斯（Theseus）之船：一艘船经过多年陆续更换了它的全部材料之后是否仍旧是同一艘船？三是有关人的历时同一性：既然每过几年我的物质实体都要发生一次完全的更换，那么我和更换之前的我是否还是同一个我？

奎因认为这里的问题与其说是关于同一性的问题，不如说是关于我们如何去理解和使用诸如"人""船""河流"等语词的问题，以及如何理解这些词所指称的对象的问题。在奎因看来，对于不同时间的、历时的事物是不是同一个事物的问题，并不是同一性问题，而是需要通过给予这个事物更精确的定义，进而对照这种定义进行判断的问题。奎因说，上述三个古希腊的所谓同一性问题，并不是真正的同一性问题，只是关于对象以及命名对象的语词的理解问题。如果按照他的方式把这些对象或外界事物用更精确的物理对象替代之后，这里所谓的"同一性"的问题自然就解决了。

以赫拉克利特的名言为例对奎因的论述作一些分析。赫拉克利特之所以认为"人不能两次踏入同一条河流"，是因为河水是奔流不息的，当你再次踏入那条河流的时候，这条河已经不是原来的那条河了。这里的关键在于"河流"这个词所指称的那个事物的界定的问题，如果我们使用"物理对象"这个概念界定或描述"河流"所指称的那个事物的话，就可以把这个问题澄清。正如奎因所说：

实际上，人们能够两次踏入同一条河流。但不能两次踏入同一河段（river stage）。人们可以踏入同一条河的两个河段，这就是人们两次踏入同一条河的意思。河流是在时间中流逝的一个过程，而河段是其暂时的部分。把第一次踏入的河流与第二次踏入的河流视为同一，恰恰决定了我们的论题是河流而非河段……假如把众多的水分子看作河水，你可以两次踏入同一条河，而不是两次踏入同样的河水。在交通发达的今天，你可以两次踏入不同的两条河却相同的河水。[①]

奎因在这段话中涉及了三个不同的物理对象：河流、河段和河水。而明确区分它们的方式就是使用不同的名称对这三个对象分别进行命名。按照奎因对于物理对象的上述定义，不同时刻的那个物理对象，只是这个物理对象的不同的时间切片，时间切片就是这个物理对象的瞬时对象。这也是物理对象的四维坐标中时间的维度所强调的。因此，水分子构成了河水，河水又是河流和河段的基本组成成分，河段是一条河流在不同时空上的部分，而河流是一个在时空上延续的由不同河段以及河水组成的一个整体。我们只是分别使用"河水"、"河段"和"河流"对上述物理对象进行了命名就明确了它们的区分。所以，奎因对赫拉克利特的河流问题的解答的关键就在于，强调河流作为一个物理对象以及它的同一性标准中的这种时间的维度："把同一性，而不是把同一条河流归之于这些对象，其结果就是谈论卡斯特河，而不是谈论 a 和 b（这样一个瞬时的河段）。"同一条河流仅仅具有空间的维度，而河流的同一性就具有了时间的维度。但是，这里可能也有一个问题，就是上述所说的时间维度本身是一个含糊的指称。因为即使假定物理对象是一个具有相当长时间长度的过程，是许多瞬时对象的总和，问题是究竟是哪种总和？如卡斯特河究竟是许多河段的总和，还是水段或水分子的总和？为此，奎因提出一种消除上述含糊性的方法。他认为可以通过把实指这样的指示动作同"这条河流"这样的语词连接起来，"用一个在先的河流的概念作为一种特殊的耗时过程，一种特殊的瞬时对象的总和"。如果"河流"这个概念本身已经是可以理解的，那么它指称的对象就没有任何含糊了："这条河流"的意思是"包含这个瞬时对象在内的一些瞬时对象的、具有河流特点的总和"[②]。

---

① Quine, W. V. O. , *From a Logical Point of View*, Cambridge：Harvard University Press, 1953, p. 65.

② Quine, W. V. O. , *From a Logical Point of View*, Cambridge：Harvard University Press, 1953, p. 67.

类似地，可以把提修斯之船也看作这样的一个物理对象，它只是占据在一个时空区域中的物质内容，这艘船的材料不断地被更换的过程，只不过是这个物理对象的各个不同的时间切片（time-slice）上的事物片段（momentary-thing）而已，即使材料全部更换，这艘船仍然是处于同一个时间维度下的物质内容，更新后的船和更新前的船仍然是同一个物理对象。同样，人还是那个人，即使人的物质内容，甚至思想状态发生了很大的改变，但是人作为一个物理对象而言是同一的。

第三，奎因使用物理对象建构起了一种物理主义的本体论体系。奎因给出了一个本体论承诺的标准，而不同的标准代表了不同的理论的概念模式或框架，通过这些标准能够阐明一个理论说了或承诺了什么东西存在。① 所以，本体论承诺的体系只是因为采用不同本体论承诺标准而产生的不同结果而已：如，在现象主义的理论框架下，满足这种框架的本体论承诺就承认了质料（sense-data）的存在；在柏拉图主义的理论框架下的本体论承诺承认了数学对象的存在，但是唯名论下的本体论承诺不会承认这些抽象实体存在；而在物理主义的理论框架下的本体论承诺则承认了物理对象的存在等。所以，有何种本体论承诺取决于采用何种本体论承诺的标准或者何种理论框架。对于各种不同的本体论承诺，奎因持有的态度是"宽容和实验精神"，他认为通过这些不同的理论框架及其本体论承诺可以让我们看到物理主义、现象主义和柏拉图主义等各自以及相互间到底能够产生什么不同的结论。从奎因本人来说，他反对现象主义，也放弃了唯名论。

奎因支持的是物理主义的观点，他所赞同的是一种物理主义的本体论。奎因认为从对经验材料的解释所构造出来的概念结构来看，有现象主义的和物理主义的。如果我们以简单性作为概念结构的构造原则的话，那么物理主义的构造方式可以把毫无秩序的、零星杂乱的经验材料的复杂性归结为更容易处理的概念的简单性，即以物理对象为代表的物理主义的概念结构，可以使理论的解释更加简单和方便。有了物理对象这个精确的概念，并满足了其同一性的标准之后，奎因就可以构建他的物理主义本体论的体系了：

① Decock，L.，*Trading Ontology for Ideology：The Interplay of Logic，Set Theory and Semantics in Quine's Philosophy*，Dordrecht：Kluwer，2002，pp. 27 - 46.

物理主义的本体论明显适合于所有的实在，它仅仅包括物理对象，加上所有物理对象的类，加上所有上面所说的任何东西的类，加上所有由这整个聚集的任何东西组成的类，以此类推。①

按照奎因的观点，物理主义本体论是一个有着分明的构造的层级（hierarchy）。在这个层级中的底层元素（ground elements）就是物理对象，它们是整个本体论的基础，处于这个本体论层级的第一层，这一层的对象有着明确的同一性标准。处于第二层的对象是底层元素的集合，这些对象的同一性标准就是集合的同一性标准，即任意两个集合是同一的，当且仅当它们的成员是同一的。这就相当于把第二层对象的同一性标准还原到第一层，即第二层对象是同一的，当且仅当第一层对象是同一的。这就使得，通过第一层物理对象的同一性标准的清晰性来保证第二层物理对象的类的同一性标准的清晰性。第三层对象是第二层对象的集合，即集合的集合，同样，第三层对象的同一性标准是任意两个集合是同一的，当且仅当它们的成员（集合和物理对象）是同一的。这样第三层对象的同一性标准就还原到了第二层及第一层，它的清晰性也同样是得到保证的。以此类推，在奎因的本体论中，第 n 层对象就是第 $n-1$ 层对象的集合，它的同一性标准可以被还原为集合的同一性标准，最终都还原到物理对象的同一性标准上。奎因的物理主义本体论世界就是这样通过物理对象、物理对象的集合、集合的集合……逐层构建起来的，并且这种纯外延性层级中的每一层对象的同一性标准都可以通过还原的方式，即奎因认为的最清晰可靠的物理对象的同一性标准所保证。

此外，在奎因的本体论世界中还包含了像数、函数以及其他的数学对象。因为这些抽象的数学对象最终都可以被集合所定义，或者用集合论的语言表达出来，因而它们的同一性标准也可以被集合的同一性标准所表达，最终还原到物理对象上。除此之外的其他内涵对象是不被奎因的本体

---

① Quine, W. V. O., *From Stimulus to Science*, Cambridge: Harvard University Press, 1995, pp. 40 – 41.

论所承认的，即使具有一些所谓的同一性标准（如卡尔纳普提出的属性的同一性标准——内涵同构性），在奎因看来这些标准也难以被还原为物理对象的同一性标准。

奎因所建构的物理主义的本体论是一种单向的，从最低层级的物理对象为基础，逐层累加起来的一种无限的集合的层级，其中任何一层的集合的同一性标准都可以被还原到物理对象的同一性标准上，否则就不属于这一本体论体系内的实体。因此，我们也可以把奎因建构其物理主义本体论体系的基本论证作如下概述：

前提1：没有同一性就没有实体。

前提2：物理对象具有明确的同一性标准。

前提3：类的同一性标准可以被还原为物理对象的同一性标准。

前提4：数、函数等数学对象可以被集合所表达。

前提5：属性、命题等所有内涵对象没有明确同一性标准。

结论1：物理对象及其类是被认可的实体。

结论2：数、函数等数学对象是被认可的实体。

结论3：所有内涵对象都不是被认可的实体。

奎因在其学术生涯的晚期开始反思和修正他的一些观点。如提出了物理对象的消去和本体论的还原。所谓本体论的还原就是指一个理论 T 能够在本体论上被还原为另外一个理论 T'，当理论 T 被用于表达的目的而且能够被理论 T' 很好地且等值地表达出来时。也就相当于使用一个更为基础和根本的理论去解释另外一个理论，由于不同的理论所具有的本体论承诺是不同的，因此在进行理论更替的同时也会伴随着本体论的还原。如欧几里得几何可以被还原为实数以及实数的集合的理论，这就意味着用后者去解释前者的同时，前者所具有的本体论承诺也被还原为后者。按照奎因的理解，物理对象可以通过与其对应的实数的四元组时空结构来识别，实数本身又可以还原为集合，所以，实数的四元组就是一个四元序偶集 (x, y, z, t)，它本身就是一个集合。最终，奎因得到了一个与之前不同的结论：科学的本体论最终可以被还原为纯集合论。按照奎因的观点，所谓纯集合论是指没有其他对象，仅仅从空集开始构建，空集的集合、空集的集合的集合等，奎因称这种纯的集合论为"勇敢的新的本体论",即"此处体现了本体论的转换。我们可以按照某一个获得的坐标系统,在放弃一些时空区域的同时,持有那个与之对应的、由数的四元组所组成的类。这样留给我们的恰恰就是一种纯的集合论,因为数和数的四元组都可以在这样的纯的集合论中获得它们的模型。不再有任何物理对象被看作个体,这种个体处于类的层级中最基础的位置。并且这样处理对理论而言没有任何不妥之处"①。

从某种意义上可以说,正是奎因在本体论上的研究使得已经被逻辑经验主义所拒斥的形而上学问题重新回到主流哲学讨论的范围内,人们认识到本体论问题是不应该也不能回避的。奎因在本体论上的工作完全称得上是当代形而上学研究的典范。正如达米特所说的,人们都把罗素的摹状词理论看作哲学分析的典范,但是在类似的方面,奎因的工作更应该是值得赞扬的。

---

① Quine, W. V. O., *Theories and Things*, Cambridge: Harvard University Press, 1981, p. 22.

结语　逻辑观：从一元论到多元论

本书以奎因逻辑观为中心论题，详细梳理了奎因逻辑观的产生、发展及其完善，并围绕由奎因发起的、在现代西方哲学中处于核心地位的一些逻辑命题和哲学命题作了深入细致的分析。以此试图呈现由奎因逻辑观所代表的一种现代逻辑的技术、方法、视野，对哲学理论特别是奎因的本体论研究的重要意义和特殊价值。本书也期望通过揭示奎因思想中逻辑与哲学的紧密联系，对目前西方哲学研究中呈现出的逻辑与哲学日渐分离的现实状况提供一种启发。

在奎因晚年，他的学生王浩曾经写了一篇关于奎因逻辑理论的长文，在文中王浩对奎因的整个逻辑及相关的逻辑哲学思想作了清晰的概括和深入的论述。奎因也对这封信作了认真的回复，就在这一回复中奎因提道："为逻辑注入一种健全的哲学态度是我一直以来的一个主要目的。"① 这个具有某种学术总结形式的论断非常值得重视。

奎因一生以逻辑研究为志业，他把自己坚持和认可的逻辑提炼概括为一种具有"健全的哲学态度"的逻辑。这一观点集中地体现了奎因对于逻辑和哲学关系的深入思考，也鲜明地呈现了奎因所秉持的逻辑观。那么，奎因这里所说的"逻辑"是指什么？被注入这种逻辑中的"健全的哲学态度"又是指什么？它们对奎因逻辑观究竟起到了什么作用？奎因逻辑观对于本体论研究的意义和作用是什么？本书的研究就在试图回答这些问题。

本书认为，奎因早期构建的一些经典逻辑系统明确界定了逻辑的技术内容：带等词的一阶逻辑。在之后的研究中奎因又逐渐认识并确立了逻辑

---

① Hahn, Lewis Edwin and Schilpp, Paul Arthur, "The Philosophy of W. V. O. Quine", *Philosophical Review*, 1989, 98（2）: pp. 242 – 247. p. 644.

的哲学原则：本体论承诺的中立性原则。它们共同塑造了奎因逻辑观，即一种以本体论承诺的中立性为哲学原则，以带等词的一阶逻辑为基本技术内容的逻辑观。

基于一阶逻辑的形式分析与基于本体论中立性承诺的哲学分析，它们共同塑造了奎因的思想内核。这两方面的内容相互作用、相辅相成，奎因使用现代逻辑的技术和方法去分析和重构传统的本体论问题，形成了他的本体论承诺的一系列学说，推动了当代本体论问题的发展。此外，奎因在对本体论的研究中，又对现代逻辑技术和方法作了深入的哲学反思，把本体论承诺的中立性作为逻辑理论应该具有的并且始终保持的哲学态度。奎因的主要逻辑和哲学论题，无不体现着他的这种逻辑观。也正是这种对逻辑哲学的极端重视，才使得逻辑观不仅是本体论，也是奎因整个哲学理论的坚实基础。

附录：奎因与逻辑的观念

——访清华大学王路教授*

奎因是 20 世纪西方最伟大的哲学家之一。逻辑的理论和方法是奎因哲学的基础。他强调一阶逻辑的重要性，甚至认为模态逻辑不属于逻辑。他对许多传统哲学观念提出挑战，包括关于分析判断和综合判断的区分，有关个体的本体论承诺等，在哲学研究中产生广泛的影响。王路教授赞同奎因的逻辑观，认为从弗雷格到奎因，他们的逻辑观是一样的，尽管他们使用了不同的表述方式；奎因的逻辑观与亚里士多德的逻辑观是一脉相承的。这种逻辑观在理论上体现的是关于量词的研究，实质则是对普遍性的追求。正是在这一点上，它与哲学是一致的，因此，在哲学研究中起着十分重要的作用。

阴昭晖：王老师，您多年以前出版过一本书《逻辑的观念》①，这本书尽管篇幅不很长，但是，在学界产生了很大的影响。在这本书中您提出过很多鲜明的观点，比如归纳不是逻辑，辩证逻辑不是逻辑。您认为逻辑的性质就是亚里士多德说的"必然地得出"。而在对弗雷格的研究中，您又总是强调他说的"真（这个词）为逻辑指引方向"②。此外，我看到，奎因的逻辑观被很多人总结为"逻辑就是带等词的一阶逻辑"。在奎因看来，模态逻辑、高阶逻辑以及集合论等都不属于逻辑，有人曾把这种逻辑称为"奎因式逻辑"（Quinine logic）。我的问题是，您是否同意这种对奎因逻辑

---

   * 原文发表于《清华大学学报》（哲学社会科学版）2019 年第 3 期。

   ① 王路：《逻辑的观念》，商务印书馆 2000 年版。

   ② ［德］弗雷格：《弗雷格哲学论著选辑》，王路译，王炳文校，商务印书馆 2013 年版，第 129 页。

观做出的总结？您本人秉持怎么的逻辑观？

王路：简单说，我的逻辑观和奎因是完全一致的。这一点是毫无疑问的！或者也可以这么说，我的逻辑观主要来自亚里士多德和弗雷格。亚里士多德是逻辑的创始人，弗雷格是现代逻辑的创始人，我在《逻辑的观念》那本书中说，他们二人的思想是一脉相承的。亚里士多德的逻辑出来以后，很多人都想发展逻辑，比如，培根的《新工具论》发展出了归纳法，黑格尔的《逻辑学》发展出了辩证法。但是，我认为这些都不是逻辑的发展，其实都是背离了亚里士多德的逻辑。

阴昭晖：什么叫"背离了亚里士多德的逻辑"？

王路：就是观念出问题了。因为他们的工作都涉及什么是逻辑这样一个观念的问题。这也就是我在《逻辑的观念》里面强调的，逻辑就是"必然地得出"。这不是我说的，这是亚里士多德的话：推理是一个论证，在这个论证中，一些东西被规定下来，由此必然地得出另外一些与此不同的东西。这段话我在课堂上、在文章中引用过很多遍。亚里士多德当时的描述是很直观的。他描述了一个推理的结构，他只是说从前提到结论这个推理的过程是"必然地得出"，至于什么是"必然地得出"，他没有进一步说。但是，他提供了一个三段论系统，也就是说，只要满足了三段论的那些格和式，就能保证从真的前提得出真的结论。但一阶逻辑不这么说了，一阶逻辑说逻辑是研究推理的有效性的："有效"就是保真，就是保证从真的前提一定得到真的结论。这是一个语义说明，这样的说明和亚里士多德的思想是一致的。当弗雷格说真为逻辑指引方向时，他也是从语义的角度来考虑的。所以，亚里士多德说的"必然地得出"、弗雷格说的"真（这个词）为逻辑指引方向"以及一阶逻辑说的"有效性"，这三者之间都是一致的。这就是我们平常所讲的逻辑的观念，有了这样的观念之后，再讲归纳不是逻辑，辩证逻辑不是逻辑，就是很正常的了。你刚才提到一点，奎因认为模态逻辑、高阶逻辑和集合论不属于逻辑。我认为这是很自然的，因为奎因有一个根深蒂固的观念：一阶逻辑才是逻辑。而一阶逻辑就是弗雷格所建立的逻辑。所以，奎因的思想在这一点上和弗雷格是一致的。一阶逻辑与模态逻辑是有区别的。弗雷格有一个说法：像"必然"这样的表达只起暗示作用，与判断内容无关。因此，在弗雷格的逻辑中是没有对模态词的考虑的，弗雷格也就没有构造出模态逻辑。严格地说，我们把弗雷格的逻辑叫作一阶谓词演算，因为现在所说的一阶逻辑比它丰富多了，但是，一阶逻辑的基本思想、内容和方法都是弗雷格提供的。所以，我们也可以认为，奎因说的一阶逻辑与弗雷格的逻辑是同一的，他们两人的逻辑观是一致的。从亚里士多德到弗雷格再到奎因的思想是一脉相承的，这样说是没有问题的。因此，我认为我在强调逻辑的观念时强调这一点，也是和他们一致的。

所以，当奎因不赞成把模态逻辑这样的东西弄进来，或者说他不赞成搞模态逻辑，至少不赞成搞模态谓词逻辑的时候，他是有道理的。这个道理是和弗雷格一样的。举一个简单的例子，弗雷格引入全称量词时，他给的名称不是我们现在叫的"全称量词"，而叫"普遍性"。就是说，一阶逻辑的实质是与普遍性相关的，而这种普遍性是我们借助量词达到的。在这一点上很多人不理解，甚至许多学逻辑的人也没有认识到。而这一点我认为对于逻辑而言是非常重要的。弗雷格建立的这个逻辑是能够达到普遍性的，奎因对它有非常明确的认识，他知道借助这样的逻辑可以帮助他进行哲学讨论，并在哲学讨论中获得有关普遍性的问题的认识和说明。所以，表面上奎因是坚持一阶逻辑，实际上他是坚持一种与普遍性相关的认识，坚持一种达到认识普遍性的思想和理论。我觉得在这一点上，奎因是非常睿智的，他和弗雷格的思想是完全一致的。

阴昭晖：我赞同您关于量词的说明，我也认为一阶逻辑最重要的贡献就是关于量词的研究。您说奎因借助逻辑来研究哲学，是不是主要指他关于本体论问题的研究呢？奎因在本体论方面的研究非常出名。例如他说：存在是由存在量化所表达的东西。类似说法很多，像表达存在的最佳语词就是量词。我想请您结合本体论问题再进一步谈谈量词理论的重要性，以及为什么奎因甚至要把本体论问题归结到量词上？

王路：一阶逻辑中量词为什么重要，这就涉及对量词本身的认识。现在我们学习逻辑，初始语言里面有两个量词：一个全称量词，另一个存在量词。刚才我们说了，弗雷格最初定义量词的时候，它不叫"量词"，而叫"普遍性",并且弗雷格在相关讨论中有一个明确的说法:量词是我们可以达到普遍性的唯一方式。什么叫普遍性呢?普遍性在逻辑中就是通过量词域来说明的。

阴昭晖:请您举些例子来说明。

王路:好的。比如,"如果拿破仑没有经过滑铁卢战役,那么拿破仑依然是常胜将军"。这显然是关于经验认识的表述。对于这个句子,按照弗雷格的做法,可以把它变成:"如果 x 没有经过滑铁卢战役,那么 x 依然是常胜将军。"这里的"x"是一个变元,是一个辅助符号,它替代了"拿破仑"这个专名。它们的区别在于:专名表达的是一个对象,与它相关的句子表达的是一个事实,而使用符号把专名替换掉的话,也就把专名所表达的对象给替换掉了,这样就使相关的表达达到了普遍性。为什么呢?因为含专名的句子是有思想的,而含变元的表达式不是这样:"x 没有经过滑铁卢战役"这个表达式本身是没有思想的,因为它是不完整的。但是,把两个这样的表达式合起来就有了思想,这个时候加上一个量词来限定它,它也就有了真假。量词就是起这个作用的。弗雷格说,可以通过这两个变元相互参照而达到普遍性。而奎因为什么要坚持量词呢?因为奎因恰恰认识到了这一点,他清楚地认识到我们表达中有一种语言层次的区别。当你说"拿破仑怎样怎样"的时候,你是对个体东西的表达;而当你用"x"替换"拿破仑"进行表达的时候,就涉及使用量词的表达,因为这样的表达如果不使用量词就不会有完整的思想,因而不会有真假。也就是说,当你说"拿破仑怎样怎样"的时候,这个句子是有真假的,但是当你用"x"替换之后就变成"x 怎样怎样",这是没有真假的,可是一个句子没有真假是不行的。那么怎么样才能保持句子的真假呢,那就是加量词。量词就是干这个的。所以,这就是为什么奎因和弗雷格一样,他们一定要坚持量词。但是,加了量词之后,所得到的就不是关于个体事物的认识,而是关于普遍性的认识了。想一想,哲学无疑是与认识相关的,但是它难道会是与个别认识相关而不是与普遍性认识相关的吗?

就本体论表述,奎因有一个重要的区分:世界是怎样就怎样,只有当我们谈论它的时候才有本体论承诺的问题。比如,拿破仑是怎样的,这是世界中的情况。但是，当你说一个东西是怎样的时候，才会有本体论承诺。你说的不是世界是怎样的情况，而是一种关于世界是怎样的情况的认识。这是有层次区别的。这种区别是通过量词的表达而显示出来的，这种语言层次的不同反映出人们认识层次的区别，关于这种表达方式的认识以及由此而达到关于它们所表达的东西的认识的区别，是我们通往先验性认识的必要条件。这是奎因的本体论承诺非常重要的一点，很多人忽略了这一点，不明白这一点。这是很成问题的。其实我觉得，如果懂一阶逻辑，同时仔细读奎因的话，认识到这一点是很容易的，至少是可以看出来的。而如果再把奎因的东西和弗雷格的东西结合起来，就可以看得更加清楚了。这也是我为什么总是让你们把奎因的东西与弗雷格的东西对照和结合起来看，因为他们的思想是非常一致的，只不过他们的表达方式不一样。至于你说的奎因把本体论的讨论和量词结合到一起，这又是奎因聪明的地方。比如奎因的那篇著名的论文《论何物存在》（On What There is），他一上来就说，本体论的问题可以用英文的三个单音节词来表达：what is there；而回答就是一个词：everything。there is 和 everything 不就是两个量词嘛！所以，奎因就以这种巧妙的方式把本体论问题归结到两个量词上面去了，这样他就可以使一阶逻辑理论成为他整个讨论的基础，一阶逻辑的理论和方法也就成为他讨论的工具，从而讨论出他后面所有那些东西来。这样在奎因的本体论甚至整个哲学的讨论中，量词的突出地位就非常清楚了。人们可以不同意奎因的观点，但至少要先搞懂他的理论。很多人认识不到这一点，觉得怎么会那样讨论啊，怎么会得出那样的结论啊？这主要就是理解的问题。特别是在中文里，经过翻译，奎因的许多见识都给翻没了。

阴昭晖：您提到中文的翻译，我就接着再问一个相关问题。您一直认为应该将 being 译为"是"，比如，奎因那条著名的本体论承诺"to be is to be a value of a variable"，学界一般会译为"存在是变元的值"，而您译为"是乃是变元的值"。请您谈谈对奎因这个观点的翻译和理解。

王路：简单地说，我的观点被称为"一'是'到底论"，既然如此，我就必须把它坚持到底呀。所以，我要把它翻译为"是"。当然，也许有人会说：你有点矫情，你没说出道理来。所以，还是要再说一说其中的道理。当奎因说"to be is to be a value of a variable"时，后面的"to be a value of a variable"是关于前面"to be"的解释，那么，他说的这个"to be"是什么？这个"to be"一定是传统所说的那个"to be"，也就是西方哲学从亚里士多德以来，人们讨论的那个 being。它一定是这个东西；否则的话，奎因的讨论就没有意义了。如果把它翻译为"存在是变元的值"，问题是很明显的。从现代逻辑的角度看，我们有两个量词：一个是存在量词，一个是全称量词。"存在是变元的值"相当于只涉及一个量词，难道奎因的讨论只涉及存在量词吗？显然不是。奎因在绝大多数情况下是把 there is 和 everything 并列在一起说的，他没有只说一个。并且他明确说 existence（存在）这个词不好，我们不用，我们可以用 is（是）。无论是不是有道理，这样他就很容易谈到量词。"something is such that..." "everything is such that..."这两种表达也是他经常在一起说的，它们与前两种表达显然是对应的。这样的表达是什么？量词和系词表达嘛！所以，我觉得一般地说"存在是变元的值"是没有问题的，但是，如果认真讲述奎因的思想，按照这个翻译就把奎因的思想曲解了。非常保守地说，这样的翻译至少容易对他的思想造成曲解。所以，我主张他的话要翻译成"是乃是变元的值"。

阴昭晖：您在说翻译的问题，其实强调的是背后的理解问题。如果翻译不准确，那对原文的理解一定会有偏差。我也注意到，国内学界一般会把 Quine 译为"蒯因"，而您却总是把它译为"奎因"。

王路：这里有一个拼音规则的问题。翻译人名通常要遵循韦氏拼音法。在用中文翻译外文人名时尽量避免使用中文中已有的姓氏。Quine 这个名字是姓，所以，"奎因"是姓，他并不是姓"蒯"，"蒯因"看起来就好像他姓"蒯"，实际上并不是这样。不过在我的文章中，我写成"奎因"，编辑非要改成"蒯因"也无所谓。不过就是个名字嘛。但是，这里面实际上涉及人名的翻译规则。

阴昭晖：好的，我们再回到奎因的逻辑。等词在奎因逻辑观中似乎很重要，他建构的几个逻辑系统都包含了等词。奎因还经常批评别人在等词问题上犯错误，比如混淆符号和对象的关系。此外，奎因的一些重要的哲学观点也与他对等词的认识直接相关，比如他的一个非常出名的本体论承诺"没有同一性就没有实体"。请问您如何看待奎因对等词的重视，这种重视与他关于量词的认识相关吗？

王路：我觉得不仅是相关的，而且是完全一致的。首先，等词是什么？我认为奎因对于等词的理解和弗雷格是一致的。弗雷格和罗素的逻辑都是带等词的，因为他们的那个逻辑是要推出数学的，要表达数的，而数之间的相等必须用等词，所以等词是两个项之间的关系，是两个指称个体的符号之间的关系。但是，后来人们讲逻辑的时候做了简化：不加等词了。如果这样的话，就需要用二元谓词来表示同一性了。用谓词表示同一性，同一性只能是谓词的一种语义解释。而谓词之间的关系是用逻辑联结词表示的。这样一来，谓词的作用保持不变，但名字之间的相等关系就含糊了。也就是说，由于没有等词，也就缺少了直接表示同一性的方法，而相应表达需要采用其他方式。所以，从弗雷格到奎因，带等词并不妨碍整个量词理论是一致的，它只不过表明等词是表达个体之间的一种同一性的关系。量词有量词域，量词域中都是个体的东西，在这里，个体之间可以有各种各样的关系，同一性也是其中一种关系。用等词是一种表达方式，不用等词就需要考虑其他表达方式。将这样的认识用到哲学讨论中，奎因才提出："没有同一性就没有实体"，按照这个标准，实体一定是个体的东西，而同一性是个体之间的关系，它是需要用等词或相似于等词的方式来表达的。

阴昭晖：奎因的逻辑观还有一个比较鲜明的观点，认为"模态逻辑不属于逻辑"。刚才我们也谈到了这个问题，但没有展开。奎因的这个观点遭到很多人反对。比如我们熟知的奎因和露丝·马库斯（Ruth Marcus）围绕模态逻辑的论战。我看到，其实奎因的若干观点在他学术生涯的前后期是发生过一些变化的，但他关于模态逻辑的观点似乎始终没有变，始终坚持模态逻辑不属于逻辑。这是为什么呢？

王路：这个问题说起来比较麻烦。我就直接跟你说说我现在的看法吧。我赞同奎因的观点，但是，我又与他的观点不完全一样。逻辑学家得有一个逻辑观，也就是当问什么是逻辑的时候，你要给出正面回答。假如用举例的方式来回答：一阶逻辑是逻辑，或者逻辑就是一阶逻辑，也是可以的。我们都承认一阶逻辑是逻辑。问题在于，逻辑是不是等于一阶逻辑。奎因认为模态逻辑不属于逻辑，似乎是赞同这种看法的。在这个讨论中，奎因有很多具体的说法，比如，他认为，按照模态逻辑，一阶逻辑的很多东西就要改变，如存在概括规则就会失效。因为从"□Fa"得不出"∃x□Fx"。奎因认为一阶逻辑是没有问题的，是要坚持的。人们都说，奎因的观点涉及他的本体论承诺，在我看来，这涉及他对普遍性的认识。修正一阶逻辑的东西势必影响到关于普遍性的认识。在这一点上我是赞同奎因的，我认为奎因的看法是对的，要坚持一阶逻辑的东西。又比如关于本质主义的讨论。按照模态逻辑，"□Fa"的意思是"a 必然具有 F 这种性质"，这样就使 F 这种性质成为 a 的本质，因而模态逻辑的说明与本质主义联系起来，而奎因是坚决批判本质主义的。关于本质主义我就不展开讨论了，我只说一点。在这个问题上，我与奎因有不一样的地方，我认为亚里士多德的本质主义固然有它说不清楚的地方，但是，"本质"这个概念依然是亚里士多德在讨论问题的时候对认识的一种说明，比如亚里士多德说的十范畴中第一个范畴就是本质，它是亚里士多德关于认识的一种说明，和其他范畴形成区别：其他范畴都是与感觉相关的，但是，本质一定不是与感觉相关的。用康德的话说，本质一定是与理解相关的。这等于说，本质与其他范畴的区别是亚里士多德对于认识层次的一个划分。而奎因不赞成这个，他有他的道理，没关系。后来凯特·法恩（Kit Fine）在讨论中就区别了本质的和必然的：本质的可以是必然的，而必然的不一定是本质的。所以，我们至少可以看出，奎因强调一阶逻辑和模态逻辑的区别，一阶逻辑是外延的，与本质的东西没有关系，而模态逻辑会引起这样的东西。所以，我说他有他的道理。

这里我可以关于我自己的看法再多说几句。我认为一阶逻辑是普遍的，而其他逻辑不是普遍的，比如模态逻辑就不是普遍的。以前我这样说时有人立即就问为什么，还要我举例说明。我说，数学就不用模态逻辑啊！这些年来我反复强调弗雷格那段话："逻辑关系到处反复出现，人们可以选择表示特殊内容的符号，使得它们适应概念文字的框架。"[1] 弗雷格

① ［德］弗雷格:《弗雷格哲学论著选辑》，第45页。

说的概念文字就是一阶逻辑，他的意思是说，他把这样一种逻辑做出来了；逻辑并不限于这种形式，还可以有其他形式，但是，一定要以他的逻辑为基础。模态逻辑的发展以及今天各种广义模态逻辑的发展都说明，弗雷格的论断是正确的。在这一点上，我比较赞同弗雷格的说法，后来那些逻辑也可以做，只要把它加在一阶逻辑上就可以了。但是，用这种方式做得太泛以后就可能会出问题。我认为，奎因不仅看到了模态逻辑中的问题，而且可能看到了后来可能要出的那些问题。今天有很多所谓类似广义模态逻辑的东西，大概在奎因看来都不是逻辑。所以，奎因才激烈反对像模态逻辑这样的东西。

现在我可以明确地说，我的逻辑观就是奎因的逻辑观：逻辑就是一阶逻辑。奎因可以说"加等词"，我不说"加等词"，意思也一样。

阴昭晖：奎因认为专名可以消去，而您在《语言与世界》中认为专名最终是不能消去的。这个问题涉及专名和摹状词的区别，以及可能世界语义理论的相关说明，我认为是非常重要的，但我更赞成奎因的观点和论证。您能具体谈谈吗？

王路：这是一个很有意思的问题。首先要知道奎因为什么这么说。刚才我们也说了，奎因非常强调量词，他把所有本体论问题都归结到量词上去，他要用量词来解释一切，或者是要基于量词理论对世界作出解释，这是奎因的一个基本思想。他自己有一个逻辑系统也是不含名字的。

专名表示对象。摹状词也有这种作用，因为它表达唯一性。奎因说可以把一个专名划归为一个摹状词，因为一个摹状词也表示一个对象，然后再用罗素的方法把这个摹状词消掉，这样就没有摹状词了，因而也就没有专名了。这个意思很清楚：专名变成摹状词，摹状词被消掉，结果专名和摹状词都没有了。那么，奎因为什么要这么做呢？因为把摹状词消掉以后，句子中就只剩量词了。① 所以，这个想法与奎因把本体论问题归结到量词上的思路是完全一致的。我认为奎因的这个思想是清楚的，想法是有

---

① 以罗素的摹状词理论中"《威弗列》的作者是司各脱"为例，其中的"《威弗列》的作者"这个摹状词可以表述为："至少有一个人写了《威弗列》并且至多有一个人写了《威弗列》。""至少有一个"和"至多有一个"就是量词表达式。

道理的，他的描述表面上也成立。但我不能完全同意，因为我认为专名是消不去的。把一个专名划归为一个摹状词，表面上看是消去了专名。其实并没有做到，因为摹状词除自身的定冠词外，它还隐含着名字或定冠词。这里就可以看出弗雷格不区别专名和摹状词的重要性以及它给我们的启示了。定冠词自身只表达唯一性，但是，要达到指称一个对象的目的就一定要借助一些起说明作用的东西，而这样的说明也要表达唯一性才行。举个例子：当我在教室里说"前排穿红衣服的那个女同学"这句话时，我没有说女孩子的名字，但是，大家都知道我说的是谁。因为我只是把她的名字转化为这样一个摹状词——"前排穿红衣服的那个女同学"。在这个摹状词中，好像没名字，其实不是这样。"前排"是什么？它含一个指示词，即"前"，它的意思是"第一"，相当于定冠词。此外，这个"前排"一定是我们上课的这个教室，比如"6A318"。所以，它相当于"6A318 第一排"。名字表达唯一性，不借助名字表达不了唯一性。摹状词可以替换名字没有问题，但摹状词也必须表达唯一性。所以，在替换的过程中，表达指称的方式可以改变，但是，表达唯一性的功能保持不变。所以，我认为，专名实际上是不能被消去的。

阴昭晖： 谢谢您做了深入的探讨，最后再请教您一个问题。牛津大学的蒂莫西·威廉姆森（Timothy Williamson）教授最近在一篇文章①中提到了奎因的影响，他说那时大家都对奎因感到"恐惧"，因为很少有人能与奎因在哲学争论中使用的逻辑技术这个武器相匹敌；那时哲学家们对一些日常语义概念的使用也会感到"紧张"，比如同义性、意义等，因为大家担心在使用这些概念时受到奎因理论的"指责"。但是，威廉姆森又认为，到了 20 世纪 70 年代以后，这种"紧张"和"恐惧"就逐渐消失了。他的意思是奎因的影响力在那个时候下降了。但是，就我阅读文献的感受来看，我感觉到近些年讨论奎因的文章明显增多了，有人甚至提出"回到奎因"。您对这个问题怎么看呢？

王路： 简单地说，这其实就是对逻辑的理论和方法的把握和应用的问

---

① ［英］威廉姆森：《近 40 年来分析哲学的转变》，徐召清译，《世界哲学》2015 年第 4 期。

题。20 个世纪开始的时候，奎因所讨论的都是传统哲学中的重大问题，如分析和综合命题的区分，本体论承诺等问题，这些问题当然会受到人们的重视，所以，奎因在这些问题讨论中提出的观点和疑问马上引起了哲学界的轩然大波，很多人都要和他讨论。但是，不少人在讨论中遇到了困难，因为奎因讨论问题的理论工具完全不一样，他的这种理论工具主要就是我们刚才说的一阶逻辑。这样就导致一个结果，假如不懂一阶逻辑就没法和奎因进行讨论。所以，你说威廉姆森说当时的人们"恐惧"是很正常的，因为人们对这个工具的掌握是不够的。西方人对现代逻辑的掌握也是有一个过程的，约瑟夫·鲍亨斯基（Józef Bocheński）在 20 世纪 30 年代参加过世界哲学大会，他说在那次大会上，维也纳学派全体出席，他们在黑板上书写逻辑符号进行论证，对传统哲学家进行围攻。你可以想象那个场景：哲学家们是讲究论证的，如果一个论证充满了符号，而你是看不懂的，那么你如何跟别人去讨论？哲学不是大批判，只说你是唯心的，他是唯物的，这是不行的，得论证。达米特说，20 世纪 50 年代，有一次他身边的人奔走相告，说今天奎因要来做报告，我们得去好好修理修理他。那时牛津是哲学中心，看不上美国来的哲学家，这是很正常的心态。达米特说，我读过奎因，只有我知道奎因的思想深刻，和他辩论是很难占便宜的。结果那些人根本就不是奎因的对手。达米特还说，约翰·奥斯丁（John Austin）作为报告主持人也只是就奎因某一本书的某一个脚注中的一个词提了一个小问题，因为奥斯丁知道奎因的本领。奎因是一个非常敏锐和犀利的人，他又有理论武装。按照达米特的说法，那些人修为不够，是辩论不过他的。到了 20 世纪 70 年代以后，随着现代逻辑的普及，大家都知道这套方法了，因此，再讨论的时候恐惧感就没有了，你说的东西，你所使用的理论和方法，大家都理解，差异只是认识的差异而不是方法的差异，这个时候就可以平起平坐地讨论了。所以，威廉姆森说情况好转了。

至于你说有人说要"回到奎因"，我没有看到这话具体是怎么说的。但是，我在阅读中注意到一个现象：最近文献中鲁道夫·卡尔纳普（Rudolf Carnap）倒是被人们提得很多。不管是重提卡尔纳普还是你提到的"回到奎因"，我认为，这大概主要是因为现如今人们对意义问题、真之理论等问题讨论很多，它们都是20世纪后期语言哲学所讨论的问题，与前期的讨论并不完全一样。所谓回到奎因，回到卡尔纳普可能是要重新思考他们以现代逻辑为工具所提出和讨论的那些问题，重新关注他们讨论问题的方式，从中发现新的思路和思考方式，甚至重新发现新的问题。比如，法恩是一个逻辑学家，他研究模态逻辑，由于涉及与本质相关的问题，他还构造了一个本质逻辑，可是，最后他居然去讨论亚里士多德的思想。又比如今天人们研究柏拉图、亚里士多德，研究康德、黑格尔，都是用现代逻辑的方法，这说明，应用现代逻辑进行研究在今天已经是非常普遍的事情了。而在过去的一百多年里，奎因又是运用这种方法的一个主要代表人物，因此，现在如果有人说出"回到奎因"，我觉得这个说法至多可能有些夸张，但大概是不会错的。

参考文献

一　中文文献

[1] 陈波:《蒯因的逻辑研究》,《湖南师范大学社会科学学报》1995 年第 03 期。

[2] 陈波:《奎因哲学研究——从逻辑和语言的观点看》,生活·读书·新知三联书店 1998 年版。

[3] 陈波:《论蒯因的逻辑哲学》,《中国高校社会科学》2014 年第 06 期。

[4] 陈波:《逻辑多元论:是什么和为什么》,《外国哲学》2018 年第 09 期。

[5] 陈小平:《人工智能伦理建设的目标、任务与路径:六个议题及其依据》,《哲学研究》2020 年第 09 期。

[6] [英] 达米特:《分析哲学的起源》,王路译,上海译文出版社 2005 年版。

[7] [英] 达米特:《弗雷格——语言哲学》,黄敏译,商务印书馆 2017 年版。

[8] 杜国平:《经典逻辑与非经典逻辑基础》,高等教育出版社 2006 年版。

[9] 冯棉:《奎因的逻辑系统 NF 和 ML》,《上海社会科学院学术季刊》1988 年第 01 期。

[10] [德] 弗雷格:《弗雷格哲学论著选辑》,王路译,商务印书馆 2006 年版。

[11] [美] 苏珊·哈克:《逻辑哲学》,罗毅译,商务印书馆 2003 年版。

[12] 韩林合:《分析的形而上学》,商务印书馆 2003 年版。

[13] 江怡:《论蒯因的逻辑斯蒂主义》,《哲学动态》2005 年第 03 期。

［14］孔红：《规范冲突问题及其非单调逻辑研究》，《湖北大学学报》（哲学社会科学版）2016 年第 02 期。

［15］［美］蒯因：《蒯因著作集》（1—6 卷），涂纪亮、陈波主编，中国人民大学出版社 2007 年版。

［16］［美］蒯因：《从逻辑的观点看》，江天骥等译，上海译文出版社 1987 年版。

［17］李德顺：《价值独断主义的终结——从"电车难题"看桑德尔的公正论》，《哲学研究》2017 年第 02 期。

［18］李德顺：《价值论》（第 3 版），中国人民大学出版社 2020 年版。

［19］李德顺：《人工智能对"人"的警示——从"机器人第四定律"谈起》，《东南学术》2018 年第 05 期。

［20］刘叶涛：《意义、真理与可能世界》，社会科学文献出版社 2014 年版。

［21］［波］卢卡西维茨：《亚里士多德的三段论》，李先焜等译，商务印书馆 1981 年版。

［22］马明辉：《奎因逻辑哲学研究》，科学出版社 2017 年版。

［23］马明辉：《论奎因的逻辑论题》，《世界哲学》2015 年第 05 期。

［24］马明辉：《逻辑等于初等逻辑》，《中国哲学年鉴》，中国社科出版社 2016 年版。

［25］邵强进：《逻辑真》，复旦大学出版社 2016 年版。

［26］［美］王浩：《超越分析哲学》，徐英瑾译，浙江大学出版社 2010 年版。

［27］王路：《奎因的本体论承诺》，《求是学刊》2015 年第 05 期。

［28］王路：《逻辑的观念》，商务印书馆 2016 年版。

［29］王路：《"是"与"真"——形而上学的基石》，人民出版社 2013 年版。

［30］王路：《走进分析哲学》，中国人民大学出版社 2009 年版。

［31］［英］威廉姆森：《二十一世纪的逻辑与哲学》，《北京大学学报》（哲学社会科学版）2009 年第 01 期。

［32］〔德〕维特根斯坦:《逻辑哲学论》,韩林合译,商务印书馆 2014 年版。

［33］杨红玉:《量词理论研究——从蒯因的观点看》,中国社会科学出版社 2015 年版。

［34］余俊伟:《本质主义与模态逻辑》,《哲学动态》2016 年第 01 期。

［35］余俊伟:《不同层次的逻辑多元论》,《逻辑学研究》2019 年第 02 期。

［36］余俊伟:《道义逻辑研究》,中国社会科学出版社 2005 年版。

［37］翟玉章:《奎因学述》,世界知识出版社 2012 年版。

［38］周北海:《模态逻辑导论》,北京大学出版社 1997 年版。

［39］朱建平:《逻辑与本体论:蒯因本体论理论在当代的继承、发展和超越》,《焦作大学学报》2012 年第 04 期。

二　奎因的论著

［1］Quine, W. V. O., *A System of Logistic*, Cambridge: Harvard University Press, 1934.

［2］Quine, W. V. O., "Toward a Calculus of Concepts", *Journal of Symbolic Logic*, 1, 2 – 25, 1936.

［3］Quine, W. V. O., "Set-theoretic Foundations for Logic", *Journal of Symbolic Logic*, 1 (2): 45 – 57, 1936.

［4］Quine, W. V. O., "New Foundations for Mathematical Logic", *Journal of Symbolic Logic*, 2 (2): 86 – 87, 1937.

［5］Quine, W. V. O., "Designation and Existence", *Journal of Philosophy*, 36, 701 – 709, 1939.

［6］Quine, W. V. O., *Mathematical Logic*, Cambridge: Harvard University Press, 1940.

［7］Quine, W. V. O., *Elementary Logic*, Cambridge: Harvard University Press, 1995.

［8］Quine, W. V. O., "The Problem of Interpreting Modal Logic", *Journal of Symbolic Logic*, 12, 43 – 48, 1947.

[9] Quine, W. V. O. , *Methods of Logic*, Cambridge: Harvard University Press, 1950.

[10] Quine, W. V. O. , "Variables Explained Away", *Proceedings of the American Philosophical Society*, Vol. 104, No. 3, pp. 343 – 347. 1960.

[11] Quine, W. V. O. , *From a Logical Point of View*, Cambridge: Harvard University Press, 1953.

[12] Quine, W. V. O. , *Word and Object*, Cambridge: MIT Press, 1960.

[13] Quine, W. V. O. , *Set Theory and its Logic*, Cambridge: Harvard University Press, 1963.

[14] Quine, W. V. O. , *The Ways of Paradox and Other Essays*, Cambridge: Harvard University Press, 1966.

[15] Quine, W. V. O. , *Ontological Relativity and Other Essays*, New York: Columbia University Press, 1969.

[16] Quine, W. V. O. , *Philosophy of Logic*, Cambridge: Harvard University Press, 1970.

[17] Quine, W. V. O. , *The Roots of Reference*, La Salle: Open Court, 1974.

[18] Quine, W. V. O. , *Theories and Things*, Cambridge: Harvard University Press, 1981.

[19] Quine, W. V. O. , *The Time of My life*, Cambridge: Harvard University Press, 1985.

[20] Quine, W. V. O. , *Quiddities: An Intermittently Philosophical Dictionary*, Cambridge: Harvard University Press, 1987.

[21] Quine, W. V. O. , *Pursuit of Truth*, Cambridge: Harvard University Press. 1990.

[22] Quine, W. V. O. , *The Logic of Sequences*, Ph. D. Thesis Harvard, New York: Garland, 1995.

[23] Quine, W. V. O. , *From Stimulus to Science*, Cambridge: Harvard University Press, 1995.

[24] Quine, W. V. O. and Ullian, J. S. , *The Web of Belief*, New York: Ran-

dom House, 1987.

三 英文文献

[1] Alston, W. P. , "Ontological Commitments", *Philosophical Studies*, 9, 8 – 17, 1958.

[2] Andrews B, Peter, *An Introduction to Mathematical Logic and Type Theory: To Truth Through Proof* (2nd), Dordrecht: Kluwer Academic Publishers, 2002.

[3] Ayer, A. J. , *Language, Truth, and Logic*, London: Victor Gollancz, 1967.

[4] Azzouni, J. , "On 'On What There Is'", *Pacific Philosophical Quarterly*, 79 (1), 1 – 18, 1998.

[5] Barrett, R. B. and Gibson, R. F. , *Perspectives on Quine*, Oxford: Blackwell, 1990.

[6] Beall, Jc. and Restall, G. , *Logical Pluralism.* Oxford, England: Oxford University Press. 2005.

[7] Bergström, Lars and Dagfinn Føllesdal, "Interview with Willard Van Orman Quine", *Theoria*, 60 (3): 193 – 206, 1994.

[8] Berlinski, David and Gallin, Daniel, "Quine's Definition of Logical Truth", *Noûs*, 3 (2): 111 – 128, 1969.

[9] Boolos, George, "To Be Is to Be a Value of a Variable (or To Be Some Values of Some Variables)", *Journal of Philosophy*, 81 (8), 430 – 449, 1984.

[10] Brogan, A. P. , "The Fundamental Value Universal", *Journal of Philosophy*, in Psychology and Scientific Methods, vol. 16: 96 – 104, 1919.

[11] Carnap, Rudolf, *Meaning and Necessity* (2nd), Chicago: University of Chicago Press, 1947.

[12] Carnap, Rudolf, "Empiricism, Semantics, and Ontology", *Revue Internationale de Philosophie*, 4 (11): 20 – 40, 1950.

[13] Carnap, Rudolf, *The Logical Syntax of Language*, Smeaton. A (tr.), London: Routledge, 1966.

[14] Cartwright, R. , "Ontology and the Theory of Meaning", *Philosophy of Science*, 21, 316 – 325, 1954.

[15] Chateaubriand, Oswaldo, "Quine and Ontology", *Principia: An International Journal of Epistemology*, 7 (1): 41 – 74, 2010.

[16] Chisholm, R. M. , Sosa, E. , "On the Logic of Intrinsically Better", *American Philosophical Quarterly*, 3: 244 – 249, 1966.

[17] Corcoran, John and Tarski, Alfred, "What are Logical Notions?", *History and Philosophy of Logic*, 7 (2): 143 – 154, 1986.

[18] Creath, Richard, *Quine's Challenge to Carnap*, London: Cambridge University Press, 2007.

[19] Dagfinn Føllesdal, *Quine and Modality*, *The Cambridge Companion to Quine*, London: Cambridge University Press, pp. 200 – 213, 2004.

[20] David, Marian, "Quine's ladder: Two and a Half Pages from the Philosophy of Logic", *Midwest Studies in Philosophy*, 32 (1): 274 – 312, 2008.

[21] Davidson, Donald, "The Structure and Content of Truth", *Journal of Philosophy*, 87, 279 – 328, 1990.

[22] Decock, Lieven, "Quine on Names", *Logique et Analyse*, 167: 373 – 379, 1999.

[23] Decock, Lieven, *Trading Ontology for Ideology: The Interplay of Logic, Set Theory and Semantics in Quine's Philosophy*, Kluwer/Springer: Synthese Library, 2002.

[24] Decock, Lieven, "Inception of Quine's Ontology", *History and Philosophy of Logic*, 25 (2): 111 – 129, 2004.

[25] Dummett, Michael, *Frege: Philosophy of Language* (2nd), London: Duckworth, 1981.

[26] Dummett, Michael, *Origins of Analytical Philosophy*, Cambridge: Harvard University Press, 1993.

[27] Ebbs, G. , "Carnap and Quine on Truth by Convention", *Mind*, 120

(478): 193 – 237, 2011.

[28] Edmond Awad, Sohan Dsouza, Richard Kim, Jonathan Schulz, Joseph Henrich, Azim Shariff, Jean-François Bonnefon, Iyad Rahwan. , "The Moral Machine experiment", *Nature*, 563 (7729): 59 – 63, 2018.

[29] Eklund, M. , "Recent Work on Vagueness", *Analysis*, 71 (2), 2011.

[30] Feferman, S. , "Logic, Logics, and Logicism", *Notre Dame Journal of Formal Logic*, 40 (1), 31 – 54, 1999.

[31] Feferman, S. , "Tarski's Conception of Logic", *Annals of Pure and Applied Logic*, 126 (1), 5 – 13, 2004.

[32] Fine, Kit, "Semantics for the Logic of Essence", *Journal of Philosophical Logic*, 29 (6): 543 – 584.

[33] Fine, Kit, *The Question of Ontology*, In David Chalmers, David Manley & Ryan Wasserman (eds.), Metametaphysics: New Essays on the Foundations of Ontology. Oxford University Press pp. 157 – 177, 2009.

[34] Gary Kemp, *Quine's Relationship with Analytic Philosophy*, *A Companion to W. V. O. Quine*, Wiley-Blackwell: 69 – 88, 2013.

[35] Geach, Peter, "Names and Identity", In Samuel D. Guttenplan (ed.), *Mind and Language*, Oxford: Clarendon Press, pp. 139 – 58, 1975.

[36] Geoff, G. , " A Propositional Semantics for Substitutional Quantification", *Philosophical Studies*, 172 (5): 1183 – 1200, 2015.

[37] Gibson, Roger, *The Philosophy of W. V. Quine: An Expository Essay*, Tampa: University Presses of Florida, 1982.

[38] Glock, Hans-Johann, *Quine and Davidson on Language*, *Thought and Reality*, Cambridge: Cambridge University Press, 2003.

[39] Gödel, Kurt, *Collected Works*, London: Oxford University Press, 1986.

[40] Gogoll, J. , Müller, J. F. , "Autonomous Cars: In Favor of a Mandatory Ethics Setting" . *Science and Engineering Ethics*, 23 (3): 681 – 700, 2017.

[41] Haack, R. J. , "Quine's Theory of Logic", *Erkenntnis*, 13 (1): 231 –

259, 1978.

[42] Haack, Susan, *Philosophy of Logics*, London: Cambridge University Press, 1978.

[43] Hahn, L. and Schilpp, P. , *The Philosophy of W. V. Quine*, La Salle: Open Court, 1986.

[44] Hansen, J. , *Imperatives and Deontic Logic: On the Semantic Foundations of Deontic Logic*. Doctoral dissertation, Germany: University of Leipzig, 2008.

[45] Hansson, S. O. , "A New Semantical Approach to the Logic of Preference", *Erkenntnis*, 31: 1 – 42, 1989.

[46] Harman, G. , "Quine on Meaning and Existence II. Existential Commitment", *Review of Metaphysics*, 21, 343 – 367, 1967.

[47] Hintikka, Jaakko, "Three Dogmas of Quine's Empiricism", *Revue International ede Philosophie*, 51 (202): 457 – 477, 1997.

[48] Hofweber, T. , "A Puzzle about Ontology", *Noûs*, 39 (2), 256 – 283, 2005.

[49] Hylton, Peter, "Quine on Reference and Ontology", R. F. Gibson. Jr. (ed.). *The Cambridge Companion to Quine*, London: Cambridge University Press, 2004.

[50] Hylton, Peter, *Quine*, New York: Routledge, 2007.

[51] Isaacson, Daniel, "Carnap, Quine, and Logical Truth", In Dagfinn Føllesdal (ed.), *Philosophy of Quine*, Garland. pp. 360 – 391, 2000.

[52] Johnp. Burgess, *Quine's Philosophy of Logic and Mathematics Harman*, A Companion to W. V. O. Quine, Wiley-Blackwell, p. 281 – 295, 2013

[53] Josephs. Ullian, *Quine and Logic*, The Cambridge Companion to Quine, London: Cambridge University Press, pp. 270 – 286, 2004.

[54] Jubien, Michael, "The Intensionality of Ontological Commitment", *Noûs* 6 (4), 378 – 387, 1972.

[55] Jubien, Michael, "The Myth of Identity Conditions", *Philosophical Per-*

spectives, 10: 343 – 356, 1996.

[56] Kaplan, David, *Foundations of Intensional Logic*, Dissertation, UCLA, 1964.

[57] Kneale, William, "The Province of Logic", *Mind*, 66 (262): 258, 1957.

[58] Kripke, S. , "Semantical Considerations on Modal Logic", *Acta Philosophica Fennica*, 16: 83 – 94, 1963.

[59] Kripke, S. , "Semantical Analysis of Intuitionistic Logic I. Formal Systems and Recursive Functions", pp. 92 – 130, 1965.

[60] Kripke, S. , *Naming and Necessity*, Cambridge: Harvard University Press, 1980.

[61] Lambert, Karel, "On the Elimination of Singular Terms", *Logique et Analyse*, 108: 379 – 392, 1984.

[62] Lewis, C. I. and Langford, C. H. , "Symbolic Logic", *Erkenntnis*, 4: 65 – 66, 1934

[63] Łukasiewicz, Jan (1970). Selected Works, Amsterdam: North-Holland Pub. Co.

[64] Marcus, R. B. , "Modalities and Intensional Languages", *Synthese*, 13, 303 – 322, 1961.

[65] Marcus, R. B. , "Essentialism in Modal Logic", *Noûs*, 1 (1): 91 – 96, 1967.

[66] Marcus, R. B. , *A Backward Look at Quine's Animadversions to Modal Logic*, *Modalities*, New York: Oxford University Press. pp. 215 – 232, 1993.

[67] Marcus, R. B. , "A Functional Calculus of First Order Based on Strict Implication", *Journal of Symbolic Logic*, 11, 1 – 16, 1947.

[68] Marcus, R. B. , *Quine's Animadversions to Modal Logic*, in Perspectives on Quine, R. B. Barrett and R. Gibson (eds), Oxford: Blackwell, p. 230, 1990

[69] Massimiliano, C. and Pierdaniele, G. , "The Many Facets of Identity Criteria", *Dialectica*, 58 (2): 221 – 232, 2004.

[70] Meyden, R. V. D. , Torre, L. V. D. , *Deontic Logic in Computer Science*. Springer Berlin Heidelberg, 2012.

[71] Moore, G. E. , "Russell's Theory of Descriptions", *Journal of Symbolic Logic*, 9 (3): 78 – 78, 1944.

[72] Murphey, M. , "The Development of Quine's Philosophy", *Boston Studies in the Philosophy of Science*, Dordrecht: Springer, 2011.

[73] Ostertag, Gary, *Quine and Russell*, In Gilbert Harman Ernie Lepore (ed.), The Blackwell Companion to Quine, Wiley-Blackwell, 2013.

[74] Parent, T. , "Quine and Logical Truth", *Erkenntnis*, 68 (1): 103 – 112, 2007.

[75] Parsons, T. , "Grades of Essentialism in Quantified Modal Logic", *Noûs*, 1 (2): 181 – 191, 1967.

[76] Priest, Graham, "Two Dogmas of Quineanism", *Philosophical Quarterly*, 29 (117), 289 – 301, 1979.

[77] Prucnal, T. , "A Proof of Axiomatizability of Łukasiewicz's Three-valued Implicational Propositional Calculus", *Studia Logica*, 20 (1), 1967.

[78] Putnam, Hilary, "The Analytic and the Synthetic", *Mind, Language and Reality* (33 – 69), London: Cambridge University Press, 1975.

[79] Ricketts, Thomas, "Carnap: from Logical Syntax to Semantics", *Giere and Richardson*, 1996.

[80] Roger Gibson, Jr. , *The Philosophy of W. V. Quine*, Florida: University of South Florida, 1982.

[81] Rosser, J. Barkley, *Logic for Mathematicians*, Dover Publications, 1953.

[82] Russell, Q. , *Logical Pluralism*. Stanford Internet Encyclopedia of Philosophy, 2013.

[83] Sandra Lapointe, "Bolzano, Quine, and Logical Truth", *A Companion to W. V. O. Quine*, Wiley-Blackwell, p. 296 – 312, 2013.

[84] SedgeWick, R. , Wayne, K. , *Algorithms 4st*, Addison-Wesley, 2011.

[85] Sennet, Adam and Fisher, Tyrus, "Quine on Paraphrase and Regimen-

tation", In Gilbert Harman and Ernest Lepore (eds.), *A Companion to W. V. O. Quine*, Wiley-Blackwell, p. 89 – 113, 2013.

[86] Simons, Peter, *Parts: A Study in Ontology*, Cambridge: Oxford University Press, 1987.

[87] Smullyan, Arthur, F., "Review: W. V. Quine, The Problem of Interpreting Modal Logic", *Journal of Symbolic Logic*, 12 (4): 139 – 141, 1947.

[88] Specker, Ernst P., "The Axiom of Choice in Quine's New Foundations for Mathematical Logic", *Journal of Symbolic Logic*, 19 (2): 127 – 128, 1954.

[89] Strawson, P. F., *Introduction to Logical Theory*, Routledge, 1952.

[90] Strawson, P. F., "Singular Terms, Ontology and Identity", *Mind*, 65 (260): 433 – 454, 1956.

[91] Strawson, P. F., "Individuals: An Essay in Descriptive Metaphysics", *Routledge*, 1959.

[92] Tarski, Alfred, *On the Concept of Logical Consequence*, Oxford: Clarendon Press, 1936.

[93] Tarski, Alfred, "The Concept of Truth in Formalized Languages", In A. Tarski (ed.), *Logic, Semantics, Metamathematics*, Cambridge: Oxford University Press, pp. 152 – 278, 1936.

[94] Tarski, Alfred, "The Semantic Conception of Truth: and the Foundations of Semantics", *Philosophy and Phenomenological Research*, 4 (3): 341 – 376, 1943.

[95] Tasioulas, John., "First Steps Towards an Ethics of Robots and Artificial Intelligence", *Journal of Practical Ethics*, 7 (1): 61 – 95, 2019.

[96] Van Benthem, J., "Logic and the Dynamics of Information", *Minds and Machines*, 13 (4): 503 – 519, 2004.

[97] Van Inwagen, P., "Why I Don't Understand Substitutional Quantification", *Philosophical Studies*, 39 (3): 281 – 285, 1981.

[98] Von Wright, G. H. , *The Logic of Preference*, Edinburgh University Press, Edinburgh, 1963.

[99] Von Wright, G. H. , "Is There a Logic of Norms", *Ratio Juris*, 4 (3): 265 – 283, 1991.

[100] Wang, Hao, "A Formal System of Logic", *Journal of Symbolic Logic*, 15 (1): 25 – 32, 1950.

[101] Williams, C. J. F. , *What is Existence* ? Oxford: Clarendon Press, 1981.

[102] Wright, Crispin, *Truth and Objectivity*, Cambridge: Harvard University Press, 1992.

[103] Zucker, J. I. , "The Adequacy Problem for Classical Logic", *Journal of Philosophical Logic*, 7 (1): 517 – 535, 1978.

索　引